POLYPHEM

Tokos

Urkunden zum griechischen Zinswesen (6.–4. Jahrhundert vor Christus)

Band 1: Historischer Überblick

Gianna Hedderich

POLYPHEM

Bibliografische Informationen der Deutschen Nationalbibliothek

Die Deutsche Nationalbibliothek verzeichnet diese Publikation in der Deutschen Nationalbibliografie; detaillierte bibliografische Daten sind im Internet über dnb.d-nb.de abrufbar.

Einbandgestaltung und Satz: Patrick Leiverkus, Wuppertal
Titelfoto: Parthenon, Athen von Patrick Leiverkus
Druck und Bindung: Books on Demand, Norderstedt

ISBN 978-3-96954-005-3

Besuchen Sie uns im Internet: www.polyphem-verlag.de

Für Tamira

Inhaltsverzeichnis

Vorwort

Die hier vorliegende Arbeit ist die überarbeitete Version meiner Dissertation, die im Rahmen des Wuppertaler DFG-geförderten Graduiertenkollegs 2196 „Dokument-Text-Edition“ entstanden ist, dem ich ganz herzlich für die Förderung sowie für die Übernahme der Publikationskosten danke.

Mein Dank gilt in erster Linie meinem Erstgutachter und Lehrer Herrn Professor Armin Eich für die wertvolle Unterstützung und die anregenden Diskussionen. Er war es, der mein Interesse im Studium nicht nur für die Alte Geschichte, sondern auch insbesondere für die Epigraphik geweckt hat. Auch Herrn Professor Ulrich Huttner sei an dieser Stelle ganz herzlich für sein Zweitgutachten und seine hilfreichen und klugen Anmerkungen gedankt. Ebenso Herrn Professor Jochen Johrendt, der nicht nur als Sprecher des Wuppertaler Graduiertenkollegs, stets ein offenes und interessiertes Ohr für meine Forschung hatte.

Herrn Professor Klaus Hallof und Herrn Professor Denis Ramelet danke ich besonders für die schnelle und unkomplizierte Zusendung von Digitalisaten als Corona meine Reisemöglichkeiten zu den Quellen stark einschränkte. Ohne sie wäre die Edition der Dokumente Nr. 1 und 5 nicht möglich gewesen.

Nicht zu vergessen sind ganz besonders sechs Kollegiat*innen des Wuppertaler Graduiertenkollegs ohne deren Unterstützung diese Dissertation wohl nicht zu diesem Werk geworden wäre: Meine beiden Bürokollegen der ersten anderthalb Jahre Dr. Oliver Humberg und Dr. David Herbison, die in philologischen und editionswissenschaftlichen Diskursen stets gute Partner waren. Dirk Schäfer, Annkatrin Sonder, Melanie Stralla und Bart van Hees gilt mein Dank insbesondere für die Unterstützung, den Austausch sowie die räumliche Anwesenheit im GRK in dem letzten, doch so anderen Corona-Jahr.

Vom ganzen Herzen danken möchte ich meinen Kolleginnen Dr. Astrid Albert, Mira Berghöfer-Weidhaas und Antina Scholz, dass sie das Abenteuer Dissertation mit mir gemeinsam gewagt und mit regelmäßigen Treffen den Weg oft erleichtert haben. Mira, Dir sei ganz besonders gedankt, dafür, dass Du meine Liebe zum Altertum teilst, den ganzen Weg von der Themenfindung über die Verteidigung bis zur Publikation mit mir gemeinsam gegangen bist und für unsere Freundschaft. Dr. Thorsten Beigel danke ich ganz herzlich dafür, dass er mich nicht nur mit Anmerkungen an meinem Manuskript unterstützt, sondern auch mit motivierenden Gesprächen stets aufgefangen und vorangetrieben hat.

Meinen studentischen Mitarbeiter*innen Elsa Fladung, Marco Laudenberg und Paul Reinke danke ich für die Anmerkungen und Korrekturen an meinem Manuskript. Vielen Dank für die gute Unterstützung in meinem letzten Bearbeitungsjahr sowie bei der Überarbeitung für die Publikation.

Ein besonderer Dank gilt meinen Eltern sowie Swen und Tom, die mir nicht nur während der Abfassung meiner Dissertation, sondern auch während meines Studiums immer unterstützend zur Seite stand und meinen gewählten Weg nie hinterfragt hat.

Peggy und Patrick Leiverkus vom Polyphem-Verlag haben mir ermöglicht, dass dieses Buch nun so aussieht, wie ich es mir gewünscht habe. Das ist keine Selbstverständlichkeit.

Einführende Worte

Die beiden hier vorliegenden Bände sind die geringfügig überarbeitete Version meiner im Rahmen des DFG-geförderten Graduiertenkollegs 2196 „Dokument – Text – Edition“ verfassten und 2021 eingereichten Dissertation mit dem Titel „Urkunden zum Zinswesen im griechischen Kulturraum des sechsten bis vierten Jahrhunderts vor Christus. Studie und Edition“. Wie bereits der Titel dieses Buches sagt, geht es in erster Linie um eine am Dokument[1] orientierte Edition ausgewählter Urkunden zum Zinswesen im griechischen Kulturraum des sechsten bis vierten Jahrhunderts vor Christus samt Kommentar. Es handelt sich folglich nicht um eine rein althistorische oder rein editionswissenschaftliche Arbeit, sondern sie steht auf der Schwelle zwischen diesen beiden Fächern und ihren jeweiligen Fachkulturen, was sich optisch auch in ihrer Zweiteilung widerspiegelt. Hervorzuheben ist dabei der hybride Charakter der Arbeit: Auch wenn beide Bände, der geschichtswissenschaftliche und der editorische, für sich stehen können, so entfalten sie ihr volles Potential nur in Kombination. Denn die Edition profitiert von der kommentierenden Funktion des historischen Überblicks zum Zinswesen, der die edierten Dokumente in einen breiteren Kontext einordnet und sie in der Welt des sechsten bis vierten Jahrhunderts

1 Dokument wird hier im editionswissenschaftlichen Sinne gebraucht und ist keinesfalls als Abgrenzung zum Monumentbegriff zu sehen. Vielmehr umfasst mein Dokumentbegriff auch den des Monuments. Siehe dazu Eich, Armin, Editionswissenschaft und antike Epigraphik, in: Eich, Armin (Hg.), Inschriften edieren und kommentieren, Beihefte zu editio, Berlin 2022, S. 1-24, S. 4.

vor Christus verortet. Ebenso ermöglicht sie dem Leser[2] des historischen Überblicks einen fokussierten Blick auf die zeitgenössischen Quellen. Denn diese werden nicht einfach nur als edierter oder übersetzter Text präsentiert, sondern in einer stark am Dokument orientierten Edition. Zunächst gilt es daher, die bearbeiteten Dokumente in ihren historischen Kontext und ihre jeweilige epigraphische Landschaft einzuordnen. Epigraphische Dokumente stehen nicht für sich alleine, sie übertragen ihre jeweiligen Informationen nicht nur durch ihren Text, ebenso bedeutsam sind Aufstellungsort und Gestaltung des Monuments selbst. In welcher Nachbarschaft zu anderen Monumenten oder bedeutungstragenden Gebäuden standen sie? Wie sichtbar waren sie für die Zeitgenossen? Diese Informationen werden durch die vorliegende Edition dem Leser mitgeteilt. Dies geschieht zum einen durch eine ausführliche Dokumentbeschreibung, zum anderen durch abgedruckte Photographien der Dokumente. Auch ist es dem Benutzer durch die kleinschrittige Edition mit diplomatischer Umschrift möglich, einen buchstabengetreuen Einblick in den Ist-Zustand des Dokumenttextes zu gewinnen.

Die Genese der Arbeit spiegelt sich in der getroffenen Auswahl der edierten Dokumente wider. Ziel der Edition ist nicht nur die Publikation der Dokumente, sondern auch eine transparente Darstellung des jeweiligen Editionsprozess. So wird dem Benutzer ermöglicht, jeden der getätigten Schritte nachzuvollziehen und auch eigene editorische Überlegungen anzustellen. Die fünf edierten Dokumente wurden nicht nur aufgrund ihrer unterschiedlichen inhaltlichen Charakteristika ausgewählt. Auch aus editionswissenschaftlicher Perspektive sind diese fünf Dokumente äußerst interessant, da sie sich sowohl in ihrer Materialität als auch in ihrem Erhaltungszustand deutlich voneinander unterscheiden und die Vielschichtigkeit von Urkunden zum Zinswesen deutlich aufzeigen. Sie alle stellen ihren Editor vor unterschiedliche Aufgaben.

Ediert wurde daher *erstens* eine Bleitafel aus dem fünften Jahrhundert vor Christus, die von einem nicht näher bekannten Kredit-

2 Hier und im Folgenden verwende ich das generische Maskulinum.

geschäft in der Umgebung des heutigen Kalapodi berichtet. Für die Zinsthematik handelt es sich bei diesem Dokument aufgrund seiner frühen Datierung sowie seiner unklaren Aussage und der damit verbundenen Forschungsdiskussion um eine unumgängliche Quelle. Durch ihre Materialität unterscheidet sich die Bleitafel deutlich von den anderen editieren Dokumente, die allesamt Steininschriften sind.

Zweitens ein inschriftlich festgehaltener Demenbeschluss aus Plotheia, der Kreditvergaben aus der Demenkasse regelt. Aus historischer Perspektive ist diese Quelle besonders interessant, da sie frühe Versuche eines Demos der Kapitalvermehrung durch Kreditvergabe belegt. Editionswissenschaftlich ist dieses Dokument auf den ersten Blick unspektakulär, auf den zweiten Blick zeigt sich jedoch, dass es bei einer gründlichen Betrachtung durchaus Geheimnisse offenbart. Der obere Teil der Inschrift wurde rasiert und neu beschrieben und dem tatsächlichen Kreditvergabevolumen des Demos angepasst. Diese Besonderheit macht die ansonsten in einem guten Zustand befindliche Stele auch aus editionswissenschaftlicher Perspektive höchst bedeutsam.

Drittens eine Abrechnung der athenischen Tempelkassen zu Zeiten des Peloponnesischen Krieges. Die detaillierte Buchführung einer *polis* im Ausnahmezustand offenbart einiges über die finanzielle Situation der Stadt im Kriegszustand und verdeutlicht gleichzeitig ihre transparente Finanzbuchhaltung. Aus editionswissenschaftlicher Perspektive ist die stark fragmentarische und restaurierte Stele ebenfalls interessant, da an ihr verdeutlicht werden kann, vor welchen Schwierigkeiten Editoren fragmentarischer Inschriften stehen und welche Möglichkeiten es gibt, sie zu edieren und welche Arbeitsschritte dafür notwendig sind.

Viertens ein epigraphisch überlieferter Kreditvertrag zwischen der amorgischen *polis* Arkesine und einem ausländischen Finanzier aus dem vierten Jahrhundert vor Christus. Dieses Dokument wurde ebenfalls ausgewählt, weil es sowohl für die Zinsthematik heraussticht – es handelt sich um einen der wenigen fast komplett überlieferten Kreditverträge im griechischen Kulturraum des sechsten bis vierten Jahrhunderts – als auch aus editionswissenschaftlicher

Perspektive höchst interessant ist. Denn der Textträger ist nahezu unbeschädigt erhalten, sein Text jedoch durch Witterung stark verblast. Überliefert ist er daher nur noch durch Stellvertreter: einen Abklatsch sowie ältere Editionen. Hier stellt sich die Frage, welchen Text bzw. welche Textstufe es zu edieren gilt.

Fünftens ein Gesetz aus der kleinasiatischen Stadt Ephesos, das Schuldentilgung innerhalb der Bevölkerung nach einer kriegerischen Auseinandersetzung regeln sollte. Die *polis* greift in private Kreditverträge ihrer Bürger ein, reglementiert die Zinshöhe in bestehenden Verträgen und versucht so weitere Konflikte innerhalb ihrer Bürgerschaft zu vermeiden. Auch diese Inschrift ist aus editionswissenschaftlicher Perspektive höchst spannend: denn im Gegensatz zu den vorherigen Dokumenten ist der Text dieser Quelle über mehrere Textträger verteilt, von denen jedoch nur noch vier von einer unbekannten Anzahl Steinblöcke erhalten sind. Drei der vier Blöcke sind in einem guten Erhaltungszustand und weisen nur wenige Beschädigungen auf. Anders der vierte Block, der durch Beschädigungen zum einen doch ein hohes Ausmaß an Textverlust aufweist, zum anderen nach seiner Auffindung auch wieder verloren wurde.

Begleitet wird die Edition dieser ausgewählten Dokumente durch einen Kommentar, der sich nicht nur den edierten Quellen widmet, sondern auch einen ausführlichen Überblick zum Zinswesen bietet und damit an die 1898 veröffentlichte Dissertationsschrift zum antiken Zinswesen von Gustav BILLETER[3] anschließt. Seine Forderung nach einer Corpusedition aller Zinsinschriften muss jedoch an spätere Forscher weitergegeben werden und konnte nur im Rahmen dieser Arbeit in Auszügen erfolgen.[4] Es sei ausdrücklich klargestellt, dass es sich bei dem vorliegenden Buch nicht um eine umfassende Studie handelt, die alle Aspekte des antiken Zinswesens berücksichtigt. Damit unterscheidet sich diese Arbeit von einer rein geschichtswissenschaftlichen Abhandlung, die zumeist

---

3 BILLETER, Gustav, Geschichte des Zinsfusses im griechisch-römischen Altertum bis auf Justinian, Leipzig 1898.

4 BILLETER, Geschichte des Zinsfusses, S. IV.

als Studie zu einem Thema erfolgt und hofft, Fragen an die überlieferten Quellen beantworten und dann die Antworten in Buch-, Aufsatz- oder Blogform präsentieren zu können. Neben dieser gibt es eine weitere Kategorie der wissenschaftlichen Publikation: die Edition, die teils als puristische Darstellung des edierten Textes und teils als ausführlich kommentierte Darstellung des Dokuments in all seinen Facetten vor dem Benutzer liegt. Editionen können den edierten Text eines oder mehrerer Werke enthalten – wie bspw. eine Rede des Demosthenes oder die Komödien des Aristophanes – oder aber verschiedene Texte zu einem Oberbegriff – wie Inschriften zu Staatsanleihen[5] – sowie aus einer geographischen Region. Eine Edition ist, ihrer Etymologie nach, zunächst einfach die Herausgabe eines Textes. Denn so, wie das Dokument notwendig ist für einen schriftlich festgehaltenen Text, so ist wiederum der Text notwendig für die Edition. Ist der Text einmal von seinem Dokument gelöst – sei es durch Transkription, Abklatsch oder Photographie – so bedarf es, jedenfalls auf den ersten Blick, nicht mehr des ursprünglichen Dokuments. In der Edition abgebildet wird der edierte Text, ein Produkt des Editors, das nach kritischen Maßgaben durch ihn geschaffen worden ist. Für die Geschichtswissenschaft (und ebenso für die anderen Fächer der Geisteswissenschaften) sind Editionen unerlässliche Grundlage für weitere wissenschaftliche Arbeiten, nämlich die Behandlung einer Fragestellung, die zumeist nur unter Zuhilfenahme edierter Quellen erfolgen kann. Der Text der Edition wird nach editionskritischen Regeln hergestellt und publiziert. Die Studie dagegen ist rein technisch gesehen ein von ihrem Autor und auf Basis einer Forschungsfrage hergestellter Text. Die Herangehensweise dieser beiden Publikationsformen unterscheidet sich also auf den ersten Blick deutlich.

Doch können diese beiden Publikationsformen der historischen Arbeit nicht immer so deutlich voneinander getrennt werden, wie es die Begriffe Edition und Studie vermuten lassen, es ist in eini-

5 Als prominentes Beispiel ist hier die gründliche Quellensammlung von MIGEOTTE, Léopold, L'emprunt public dans les cités grecques. Recueil des documents et analyse critique, Québec/Paris 1984 zu nennen.

gen Fällen viel eher eine hybride Fassung dieser beiden Modelle gefragt. So ist die Grenze zwischen einer Studie zum Zinswesen im griechischen Kulturraum des sechsten bis vierten Jahrhunderts vor Christus und einer Edition der Urkunden zum Zinswesen desselben Zeitfensters fließend. Je nachdem ist eine Edition mit einem ausführlichen Kommentar und einer präzisen Einleitung zum historischen Kontext eben nicht nur eine Edition, sondern überschreitet schon die definitorische Schwelle zur Studie.[6] Bei näherem Hinsehen fällt auf, dass viele Editionen eben nicht nur den edierten Text herausgeben, sondern diesen auch kommentieren, übersetzen und in seinen historischen Kontext einzuordnen versuchen. Die wissenschaftliche Aufnahme und Bearbeitung erfolgt dabei nicht durch den Autor des Gegenstandes selbst, sondern entspringt den Überlegungen, Analysen und letztlich der Feder des Editors, weshalb es folglich *sein* Text ist, den er der Edition beisteuert. Es ist somit die Fragestellung und der Umfang, die als charakteristisches Merkmal die Grenze zwischen einer Edition und einer Studie schlussendlich bestimmen. Edition *und* Fragestellung sorgen dafür, dass nicht nur das Dokument, seine Geschichte und der sich darauf befindliche Text abgebildet, sondern dieser auch analysiert und in einen größeren Gesamtkontext eingeordnet wird. Die Edition fungiert also als eine hilfreiche Botin, die die Forschungsgegenstände (Quellen) aufbereitet und für weitere Arbeiten zur Verfügung stellt. Als Resultat dieser Überlegungen ist auch dieses Buch anzusehen, das nicht nur Quellen zum Zinswesen bereitstellen, sondern auch Impulse für weitere Forschungen setzen möchte.

Die beiden Bestandteile, Edition und Kommentar, sollen zwar für sich allein stehen können, aber gleichzeitig reziprok verbunden sein und durch Querverweise auch miteinander agieren. Dafür bieten sich bei einer Printausgabe grundsätzlich zwei Darstellungsmöglichkeiten an: einerseits eine integrierte Darstellung, bei der Ausschnitte des edierten Textes (samt Kommentar) an thematisch

---

6 Als Beispiel sei an dieser Stelle die Edition des ephesischen Schuldentilgungsgesetzes von WALSER zu nennen: WALSER, Andreas V., Bauern und Zinsnehmer. Politik, Recht und Wirtschaft im frühhellenistischen Ephesos, München 2008.

passender Stelle innerhalb des historischen Überblicks eingeblendet werden, oder anderseits ein eigenständiger Text- und ein Kommentarteil, wobei die beiden Komponenten in getrennten Bänden publiziert werden. Die Entscheidung für die zweite Variante begründet auf folgenden Überlegungen:

1. Zunächst gilt es festzuhalten, dass eine dokumentorientierte Edition mit Kommentar auch für den Leser einen beträchtlichen Mehrwert bietet. Denn sie liefert nicht nur den Text, sondern auch wichtige Informationen zu seinem Textträger sowie dem historischen Kontext, in dem der Text und auch seine Repräsentation entstanden ist.

2. Der Benutzer kann sich den genauen Wortlaut des Textes im Ganzen vor Augen führen, ohne das physische Dokument selbst an seinem Verwahrungsort zu sehen. Oft wird überhaupt erst bei Betrachtung des edierten Textes deutlich, welche Passagen auf dem Textträger überliefert sind und welche Worte der rekonstruierenden Feder des Editors entstammen, welche also auf der Interpretation des Editors beruhen.

3. Ein Text ist oft nicht nur für einen Aspekt des Kommentars relevant, sondern zumeist für gleich mehrere. Durch die ausgelagerte Edition ist es stets möglich, ohne blättern oder mehrfachen Abdruck auf sie zuzugreifen.

4. Der Kommentar kann unterstützend zur Edition als großer Globalkommentar wirken, in dem die verschiedenen *edenda* nicht nur in ihren größeren historischen Kontext eingeordnet, sondern auch zueinander in Bezug gesetzt werden können.

Aus den Überlegungen zur Edition und dem editorischen Bericht hervorgegangen ist eine kleine Einführung in die griechische Epigraphik, die der Edition vorangestellt ist. Sie richtet sich in erster Linie an Neulinge in der Epigraphik und verdeutlicht zudem, wie die folgende Edition entstanden ist und welche Überlegungen meinen editorischen Entscheidungen zu Grunde liegen. Zusätzlich gibt sie den aktuellen Stand der Forschung in der griechischen Epigraphik wieder. Der Benutzerkreis der ganzen Arbeit zieht sich dagegen bedeutend weiter und richtet sich nicht nur an Fachwissenschaftler der altertumswissenschaftlichen Wirtschaftsgeschichte, sondern soll auch Interessierten aus benachbarten Fächern einen Einblick in das Zinswesen im griechischen Kulturraum des sechsten bis vierten Jahrhunderts bieten. Damit schließt der Kommentar an die vor 130 Jahren getätigten Forschungen von Gustav BILLETER[7] an und aktualisiert diese für die griechische Antike auf den neuesten Forschungsstand. Dieser Kommentar gliedert sich in mehrere Unterkapitel. Während die ersten Kapitel grundlegende Aspekte des griechischen Zinswesens behandeln, widmen sich die beiden letzten der Kontextualisierung der fünf edierten Urkunden.

Obwohl alle drei Teile, die Edition, ihr Kommentar und die Einführung in die griechische Epigraphik, auch für sich allein stehen können, entfalten sie ihren ganzen Nutzen für den Leser erst im gemeinsamen Verbund. Daher hat dieses Trio, das zunächst so unterschiedlich wirkte, nicht nur eine Berechtigung, sondern erscheint auch als Einheit.

---

7 BILLETER, Geschichte des Zinsfusses.

1. Einleitung

> μεταβολῆς γὰρ ἐγένετο χάριν, ὁ δὲ τόκος αὐτὸ ποιεῖ πλέον ὅθεν καὶ τοὔνομα τοῦτ' εἴληφεν: ὅμοια γὰρ τὰ τικτόμενα τοῖς γεννῶσιν αὐτά ἐστιν, ὁ δὲ τόκος γίνεται νόμισμα ἐκ νομίσματος. ὥστε καὶ μάλιστα παρὰ φύσιν οὗτος τῶν χρηματισμῶν ἐστιν.[1]

Im vierten Jahrhundert vor Christus versuchte der griechische Philosoph Aristoteles in seiner *Politik* die Herkunft des Zinses zu ergründen und kam dabei zu der Schlussfolgerung, dass der Zins ein Kind des Geldes sei.[2] Bereits mehrere Jahrhunderte zuvor – vor der Einführung des Münzgeldes – war es allerdings bereits üblich, Zinsen zu nehmen und zu zahlen.[3] Dahingehend kann angenommen werden, dass die Praxis der Zinserhebung im Alltag der Zeitgenossen als Element von Zahlungsvereinbarungen bereits fest verankert

1 Arist. Pol. 1,1258b, 4f.

2 Vgl. LEESE, Michael, Making Money in Ancient Athens, Ann Arbor 2021, S. 18f.

3 Hes. erg. 396f. Vgl. HUDSON, Michael, Did the Phoenicians Introduce the Idea of Interest to Greece and Italy – And If So, When?, in: Kopcke, Günter, Tokumaru, Isabelle (Hgg.), Greece between East and West. 10th–8th centuries BC. Papers of the Meeting at the Institute of Fine Arts, New York University, March 15–16th, 1990, Mainz 1992, S. 128–143, hier S. 128f. HUDSON geht davon aus, dass die Phönikier oder Syrier bereits im achten Jahrhundert vor Christus das Zinswesen analog zu Maßeinheiten und Gewichten nach Griechenland exportiert haben, wenn er konstatiert, dass „archaic interest rates typically reflected the smallest unit-fraction measure of their local societies: 1/60 per month in Sumer (a shekel per mina, working out to twelve 60ths, or 20 % a year). A tenth (*dekate*) in Greece and a twelfth (an *uncia* per as) in Rome.“ (S. 131f.).

war. Mit der Komödie *Die Wolken* von Aristophanes, aufgeführt im Dionysostheater 423 vor Christus zu Zeiten des Peloponnesischen Krieges, findet das Zinswesen im Theater erstmalig Erwähnung. Zwar brachten die phantasievollen Versuche des verschuldeten Protagonisten Strepsiades, die Zahlungen seiner fällig gewordenen Zinsen zu umgehen, Aristophanes nicht den Sieg bei den Dionysien ein, doch geben sie uns heutzutage einen Einblick in das Zinswesen des fünften Jahrhundert vor Christus und dessen Bedeutung für das tägliche Leben. Denn, auch wenn es auf den ersten Blick nicht den Anschein erwecken mag, so beeinflusste die Möglichkeit, Zinsen zu erheben und damit Kapital gewinnbringend einzusetzen, den griechischen Kulturraum des sechsten bis vierten Jahrhundert vor Christus doch maßgeblich. Sowohl im kleineren Raum, wie im *oikos* – wie das Beispiel des Strepsiades anschaulich belegt –, als auch auf der Ebene der *polis* spielten Kredite und damit auch Zinsen eine durchaus wichtige Rolle. Sie erleichterten den Handel und trugen zur profitablen Gestaltung für die jeweilige Stadt oder den individuellen Haushalt bei. Dabei war es unerheblich, ob es sich um kleine lokale (*kapeloi*) oder überregionale Händler (*emporoi*) handelte.[4] Beide Personengruppen verfügten zumeist über nicht ausreichendes eigenes Kapital und mussten für ihre jeweiligen Tätigkeiten Kredite aufnehmen. Auch in anderen Berufsfeldern waren Kredite notwendig: So wurden beispielsweise in der Landwirtschaft zu Beginn der Saatsaison Kredite in Form von Saatgut aufgenommen.[5] Für die Anschaffung von Arbeitsmaterial, beweglichen und festen Gütern oder Sklaven wurden Kredite benötigt und auch die Übernahme einer Liturgie konnte selbst vermögende Bürger zu einer Kreditaufnahme nötigen. Ein typisches Beispiel ist die Triarchie des Apollodoros, Sohn des Bankiers Pasion. Sein verlängerter

4 HASEBROEK, Johannes, Staat und Handel im alten Griechenland. Untersuchungen zur antiken Wirtschaftsgeschichte, Hildesheim 1966, S. 1–3. Zur genauen Abgrenzung dieser beiden Gruppen und der Problematik, dass gerade diese Abgrenzung die überlieferten Quellen nicht immer ermöglichen, FINLEY, Moses, ἔμπορος, ναύκληρος and κάπηλος: A Prolegomena to the Study of Athenian Trade, in: Classical Philology 30, 4 (1935), S. 320-336.

5 RUPPRECHT, Hans-Albert, Untersuchungen zum Darlehen im Recht der graeco-aegyptischen Papyri der Ptolemäerzeit, München 1967.

Einsatz am Hellespont überstieg seine Liquidität, sodass er mehrere Kredite zur Zahlung der laufenden Unterhaltskosten aufnehmen musste.[6] Überdies belegen zahlreiche Inschriften, dass auch *poleis* Kredite für anfallende Kosten aufnehmen mussten.[7]

Die zu betrachtende Epoche unterlag sowohl einem politischen und militärischen als auch einem sozialen und ökonomischen Wandel, auf den die Zeitgenossen reagieren und mit dem sie sich arrangieren mussten. Während das sechste Jahrhundert vor Christus zumeist von lokalen bzw. innerpolitischen Konflikten geprägt war, beeinflussten die Kriege des fünften Jahrhunderts vor Christus fast den gesamten griechischen Kulturraum. Durch die Perserkriege zu Beginn dieser Epoche sahen sich die *poleis* und ihre Untergliederungen (Demen und Phylen) vor neue militärische und damit auch finanzielle Herausforderungen gestellt. Die *polis* Athen benötigte beispielsweise im Peloponnesischen Krieg für ihre Truppen und Flotten Geldsummen, die den Inhalt ihrer Staatskassen deutlich überstiegen, was zur Folge hatte, dass die Stadt letztlich selbst zu einer Schuldnerin ihrer Tempelkassen wurde.[8] Aber auch ohne kriegerische Handlungen war es möglich, dass *poleis* anfallende Ausgaben nicht mehr zahlen konnten und versuchten, durch Kredite wieder liquide zu werden, auch wenn dies wie im Fall der *polis* Arkesine auf Amorgos bedeutete, einen Kreditvertrag abzuschließen, der hohe Strafmaßnahmen bei Nichtrückzahlung der Raten und Zinsen vorsah.[9]

6 Demosth. or. 50. Hier und im Folgenden werden alle dem *corpus Demosthenicum* zugeordnete Reden als Demosth. or. zitiert.

7 Eine ausführliche Dokumentation findet sich bei MIGEOTTE, L'emprunt public sowie MIGEOTTE, Léopold, Les Finances des cités grecques aux périodes classique et hellénistique, Paris 2014.

8 Siehe Nr. 3 im editorischen Teil dieser Arbeit.

9 Siehe Nr. 5 im editorischen Teil dieser Arbeit sowie IG XII 7, 66; IG XII 7, 67 A; IG XII 7, 69 und weitere.

1.1 Geographischer und zeitlicher Rahmen der Untersuchung

Der geographische Rahmen orientiert sich am griechischen Kulturraum und umfasst das griechische Mutterland und die *poleis* an der kleinasiatischen Küste. Der behandelte zeitliche Rahmen richtet sich nach der schriftlichen Überlieferung, die für das Zinswesen mit dem sechsten Jahrhundert vor Christus einsetzt. Dabei wird von der grundlegenden Hypothese ausgegangen, dass bereits vor der Entwicklung des Münzgeldes sowohl Kreditgewährungen als auch Zinsnahmen in Form von Naturalien in Hellas praktiziert wurden.[10] Die reichhaltige Quellenlage für die klassische Zeit, also für die Zeit nach der Einführung des Münzgeldes (sechstes Jahrhundert vor Christus),[11] bietet für dieses Unterfangen einen ausgiebigen Untersuchungsgegenstand.[12]

Die Rolle des Zinses im griechischen Kulturraum der Bronzezeit ist in den Quellen schwer zu fassen und lässt sich allenfalls in den Reformen des Solon deutlicher erkennen und datieren.[13] Handel mit Kulturen, in denen das Zinswesen bereits etabliert war, fand dabei nachweislich schon seit der Bronzezeit statt, wie archäologische Erkenntnisse über bronzezeitliche Handelsrouten zwischen Ugarit und dem mykenischen Griechenland aufzeigen.[14] Über etwaige Kredite oder gar Zinsen schweigen die Linear-B-Tafeln jedoch.[15] Belastbare schriftliche Aussagen gibt es vor dem sechsten Jahrhundert nicht, da es an einem breiteren Corpus schriftlicher Quellen fehlt,

---

10 BILLETER, Geschichte des Zinsfusses; BOECKH, August, Die Staatshaushaltung der Athener, Berlin 1886³.

11 HOWGEGO, Christopher, Geld in der Antiken Welt. Eine Einführung, Darmstadt 2011², S. 2.

12 Siehe 1.2 Quellenauswahl.

13 RUSCHENBUSCH, Eberhard, Solonos Nomoi. Die Fragmente des solonischen Gesetzeswerkes mit einer Text- und Überlieferungsgeschichte, Wiesbaden 1966 sowie zur Problematik der solonischen Reformen siehe RUSCHENBUSCH, Eberhard, Solon: Das Gesetzeswerk – Fragmente. Übersetzung und Kommentar, hrsg. von Klaus Bringmann, Stuttgart 2010, S. 134-136.

14 Vgl. HUDSON, Idea of Interest, S. 128f.

15 Vgl. FINLEY, Moses I., The Legacy of Greece: A new Appraisal, Oxford 1981, S. 206.

die diese Annahme belegen und somit im Rahmen der hier behandelten Fragestellung untersucht werden können.[16] Der Untersuchungszeitraum endet mit dem ausgehenden vierten Jahrhundert vor Christus. Nicht berücksichtigt werden folglich Quellen aus dem ptolemäischen Ägypten.[17]

1.2 Quellenauswahl

Auch wenn Zinsen in den Quellen nur selten explizit benannt werden, gibt es dennoch eine breite Quellenbasis aus epigraphischen und literarischen Quellen, die für die Behandlung der gewählten Fragestellungen konsultiert werden können. Eine Eingrenzung auf eine Quellengattung ist auf Grund der gewählten Forschungsfragen nicht möglich und würde zu einer Verzerrung des Befundes führen. Daher findet eine solche ausschließlich hinsichtlich des zeitlichen Rahmens statt, weshalb die meisten der für meine Arbeit ausgewählten Quellen aus dem Zeitraum zwischen dem sechsten und vierten Jahrhundert vor Christus stammen. Eine Ausnahme bilden Auszüge aus späteren Quellen, bei denen es sich jedoch lediglich um paraphrasierte Fassungen der hier herangezogenen Quellen des genannten Zeitraums handelt. Ein Beispiel sind hier die Gesetze Solons, die unter anderem durch Plutarch überliefert sind.

---

16 Vgl. HUDSON, Michael, How Interest Rates Were Set, 2500 BC–1000 AD: Máš, tokos and fœnus as Metaphors for Interest Accruals, in: Journal of the Economic and Social History of the Orient 43,2 (2000), S. 132–161, hier S. 152 sowie HUDSON, Idea of Interest, S. 134.

17 FINCKH, Helmut Ernst, Das Zinsrecht der gräko-ägyptischen Papyri, Erlangen/Nünberg 1962. FINCKH berücksichtigt alle in griechischer Sprache verfassten Papyri zum Thema „Zins“ und untersucht das Zinswesen chronologisch bis in die byzantinische Zeit hinein nach Kredittypen sowie Zinsarten und Rückzahlungsmodalitäten. Seine Ergebnisse, die er zum großen Teil auf einen größeren Zeitraum überträgt, basieren jedoch oft auf Papyri aus römischer und byzantinischer Zeit. Diese Übertragung der römischen und byzantinischen Gegebenheiten birgt jedoch die Gefahr, ein verzerrtes Bild der Handhabung zum Zinswesen im griechischen Kulturraum des sechsten bis vierten Jahrhunderts vor Christus zu erzeugen. Aus diesem Grund sollte eine Übertragung auf den Untersuchungszeitraum dieser Dissertation mit äußerster Vorsicht erfolgen.

Die die Zinsthematik behandelnden Quellen spalten sich in folgende Gattungen auf:

I. Literarische Quellen und ihre Untergruppen

Streitfälle über Kredite und damit auch über ihre Zinsen sind in verschiedenen Gerichtsreden bezeugt: Mit einem Seekredit über 16 Minen mit vier Minen Zins setzt sich bspw. die 19. Rede des Lysias auseinander. Auch 32 der dem Corpus Demosthenicum zugeordneten Reden behandeln Aspekte der Kreditnahme bzw. -vergabe und des Zinswesens, die in Gänze Rückschlüsse auf 130 verschiedene Kredite geben. Auch wenn nur in der Rede *Gegen Lakritos*[18] ein Kreditvertrag[19] in die Rede eingesetzt ist, so vermitteln all diese Zeugnisse doch einen Einblick in die alltäglichen Möglichkeiten, Bedingungen und Probleme, die in Verbindung mit dem Zinswesen auftreten konnten. Ferner wird Zins bei Lykurgos in der Rede *Gegen Leokrates*[20] sowie in der Rede des Aischines *Gegen Ktesiphon*[21] thematisiert. Einen ausführlichen Einblick in das Bank-, Kredit- und Zinswesen bietet ebenfalls der *Trapezitikos*[22] des Isokrates. Auch der attische Redner Isaios thematisiert in drei seiner Reden Kredite und die damit einhergehende Erhebung von Zinsen.[23]

Die 423 vor Christus in Athen aufgeführte Komödie *Die Wolken*[24] des Aristophanes dient als ein überaus anschauliches Beispiel für

18 Demosth. or. 35.

19 Demosth. or. 35, 10-13. Trotz der allgemeinen Skepsis von CANEVARO, Mirko, The Documents in the Attic Orators: Laws and Decrees in the Public Speeches of the Demosthenic corpus, Oxford/New York 2013, ist dieser Text als historisches Zeugnis verwendbar. Auch wenn es sich um ein rekonstruiertes Sekundärprodukt handelt, sind in der Urkunde die wesentlichen Vertragselemente aus der Rede kondensiert. Vgl. zum Vertrag in der Lakritosrede CASSON, Lionel, New Light on Maritime Loans, in: Zeitschrift für Papyrologie und Epigraphik 84 (1990), S. 195-206. Siehe auch Kapitel 2.

20 Lykurg. 23; 58.

21 Aischin. Ctes., 04.

22 Isokr. 17.

23 Siehe Isokr. 2,28; Isokr. 8,35–37; Isokr. 11,42.

24 Aristoph. Nub.

die Behandlung des Zinswesens im griechischen Theater. Gleichzeitig bieten sie einen guten, wenn auch überspitzten Einblick in die alltägliche Praxis des Kredit- und Zinsnehmens.[25] Wortspielereien zu *tokos* finden sich auch in den *Thesmophoriazusen*[26] des Aristophanes.

Neben den kontextgebenden Schriften, bspw. von Thukydides zum Peloponnesischen Krieg,[27] sind es auch Auszüge aus der *Solonbiographie* des Plutarch,[28] die Auskunft über das frühe Zinswesen geben. Besonders sind auch die *Politik*[29] des Aristoteles und der pseudo-aristotelische *Oikonomikos* hervorzuheben. Auch bei Platon (sowohl in den *Nomoi*[30] als auch in der *Politeia*[31]) finden sich Ausführungen und Wertungen zum Zinswesen. In Theophrasts *Charakteren* finden sich 30 Passagen,[32] die weiterhin zum Thema Bezug nehmen.

II. Epigraphische Quellen

Das durch die Entstehungsorte der inschriftlich überlieferten Quellen eingegrenzte geographische Gebiet erstreckt sich über den gesamten griechischen Kulturraum. Während sich für die literarisch überlieferten Quellen Athen als zentraler Entstehungsort ausmachen lässt, stammen die inschriftlich überlieferten Quellen aus dem griechischen Mutterland und den *poleis* an der kleinasiatischen Küste und sind somit insgesamt auf ein weitläufigeres geographisches Gebiet verteilt.

25 Besonders hervorzuheben ist die Passage Aristoph. Nub. 16-20, in der geschildert wird, dass die Zinsen monatlich fällig werden.
26 Aristoph. Thesm. 840-842.
27 Seine *historiae* ermöglichten eine genauere Einordnung der unter Nummer 3 edierten Inschrift zu den Abrechnungen aus den Tempelkassen.
28 Plut. Sol. 15.
29 Aristot. pol. 1, 1258b; 7, 1335a.
30 Plat. leg. 5, 742c; 5, 743d; 8, 842d.
31 Plat. rep. 6, 507a.
32 Theophr. char. 1,5; 4,13-14; 6,9; 9,1 und 7; 10,1 und 10; 12,11; 14,8; 15,7; 17,9; 18,5; 22,9; 23,2; 30,13 und 15.

Verschiedene inschriftlich überlieferte Dekrete thematisieren das Zinswesen. Die hier angeführten Beispiele dienen als Vertreter einer großen Gruppe. Aus dem attischen *demos* Plotheia stammt ein Demenbeschluss, der festlegt, wie mit überschüssigem Kapital des *demos* umgegangen und wie dies angelegt werden solle.[33] So galt es feste Summen gegen einen möglichst hohen Zinssatz sicher zu verleihen. Staatliche Regelungen zur Schuld- und Zinstilgung finden sich im Ephesischen Schuldentilgungsgesetz[34] sowie in zwei inschriftlich überlieferten Briefen[35] des Antigonos I. Monophthalmos über die Zusammenführung der Städte Lebedos und Teos. Aber auch zahlreiche Ehrendekrete für wohlwollende Kreditgeber belegen Kreditvergabe- und Zinsnahmepraxis im griechischen Kulturraum.[36]

Auch Bankabrechnungen ermöglichen einen Einblick in die Praxis der Zinserhebung. Zu den bekanntesten Abrechnungen zählt sicherlich die unter der Nummer EM6741 im Epigraphischen Museum Athen inventarisierte Inschrift,[37] in der die Anleihen der *polis* Athen bei den Tempelkassen in den ersten Jahren des Peloponnesischen Krieges festgehalten sind. Aber auch für andere *poleis*, wie bspw. Delos,[38] sind Abrechnungen der Zinsen belegt.[39]

Obwohl die meisten Kreditverträge nicht auf Stein, sondern auf transportableren Beschreibstoffen festgehalten waren, existieren überlieferte Ausnahmen, prominente Beispiele sind verschiedene Kreditverträge aus der amorgischen *polis* Arkesine.[40] Mehr als zwei-

---

33 Siehe Nr. 3 in der Quellensammlung (= IG I³ 258).

34 Siehe Nr. 4 in der Quellensammlung (= Syll.³ 364).

35 Syll.³ 344.

36 Als Beispiel ist hier IG XII 7, 5 zu nennen. Siehe dazu auch Kapitel 3.1.2 Weitere zinslose Darlehen und Kapitel 4.2.3.2 Kreditgeber von Außerhalb – Fallbeispiel Androtion.

37 Siehe Nr. 2 in der Quellensammlung (=IG I³ 369).

38 Für Delos siehe besonders: Chankowski, Veronique, Athènes et Délos à l'époque classique. Recherches sur l'administration du sanctuaire d'Apollon délien, Athen 2008.

39 Siehe dazu die ausführliche Quellensammlung von Migeotte, L'emprunt public, der fast alle bekannten öffentlichen Staatsanleihen aufgenommen hat.

40 IG XII 7, 66; IG XII 7, 67 A; IG XII 7, 67 B (hier Nr. 5); IG XII 7, 68 (gemeinsam mit zwei anderen amorgischen *poleis*); IG XII 7, 69; IG XII 7, 70.

hundert Hypothekensteine belegen Alltagskredite, oft auch mit Verweis auf die zu zahlenden Zinsen. Aber auch zinslose Darlehen sind auf ihnen bezeugt.[41]

Die Auswertung der Quellen zum Zinswesen im griechischen Kulturraum des sechsten bis vierten Jahrhunderts vor Christus steht somit auf einem breiten Fundament, das sich von epigraphischen bis hin zu literarischen Quellen erstreckt.

1.3 Forschungsstand

Die bisher umfangreichste und grundlegende Arbeit zum antiken Zinswesen wurde 1898 von Gustav BILLETER[42] vorgelegt. Das Werk bietet in erster Linie eine Zusammenstellung der in den literarischen Quellen überlieferten Zinsdaten, d. h. es präsentiert alle BILLETER zu dieser Zeit bekannten Stellen in den literarischen Quellen, an denen Zinsen thematisch aufgegriffen werden. Aufgrund seiner sorgfältigen Arbeit ist BILLETERS Publikation noch heute als wertvolles Standardwerk zu sehen. Dabei schreibt er jedoch keine Geschichte des Zinses, vielmehr handelt es sich um eine rein positivistische Datensammlung, die nur wenig Auswertungs- und Interpretationsarbeit, gerade im Hinblick auf die oben skizzierten Fragestellungen, leistet. In seinem Vorwort äußert er sich über die Situation der verschiedenen Inschriftencorpora unter Berücksichtigung der Zinsthematik wie folgt:

> Über die Zersplitterung der griechischen Inschriftenpublikationen will ich mich hier nicht wiederholen (...). Dagegen möchte ich bemerken, daß eine vollständige Minuskelausgabe (...) der griechischen (...) Inschriften einem wirklichen Bedürfnis entgegenkäme.

---

41 Eine Auflistung findet sich bei FINLEY, Moses I., Studies in Land and Credit in Ancient Athens. 500–200 B. C. The Horos-Inscriptions, New Brunswick/New Jersey 1951.

42 BILLETER, Geschichte des Zinsfusses.

Mit „Le prêt à intérêt dans l'Antiquité préchrétienne: Jérusalem, Athènes, Rome" legte Denis RAMELET[43] 2014 ein Überblickswerk zum Zinswesen im Altertum vor, das jedoch für den griechischen Kulturraum den Fokus auf die Zinskritik der Philosophen legt und aufgrund seines großen Untersuchungszeitraums nur vergleichsweise oberflächlich bleiben kann. Auch wenn im Titel des Werkes Athen genannt und somit als Untersuchungsort einer vorhandenen Quellenbasis suggeriert wird, so beruft sich RAMELET doch nur in den wenigsten Fällen auf Quellen aus Athen in klassischer Zeit und nähert sich dem Thema Zins oft über Rückschlüsse aus der bereits vorhandenen Literatur. So beruht bspw. sein Kapitel über die Zinskritik des Aristoteles zumeist auf den Ausführungen von Marx und nicht auf Aristoteles selbst.

Breiter aufgestellt ist hingegen die Forschung zur Ökonomie und Wirtschaft in der Antike. Aus dem 19. Jahrhundert stammen die grundlegenden Arbeiten von August BOECKH zur attischen Wirtschaft und damit auch zum Zinswesen, die über 200 Jahre nach ihrer Entstehung noch immer Aktualität besitzen.[44] Johannes HASEBROEK lieferte, anschließend an BOECKH, wertvolle Beiträge zur antiken Wirtschaftsgeschichte und legte dabei auch einen Fokus auf das Bankwesen sowie den Handel.[45] Auch Moses I. FINLEY[46] widmet sich in seinen Werken zur griechischen Wirtschaftsgeschichte dem Kreditwesen und berücksichtigt dabei die Zinsthematik. Einen umfassenden Überblick über die Wirtschaft in der Antike bieten Alain BRESSON[47] sowie Sitta von REDEN[48].

---

43 RAMELET, Denis, Le prêt à intérêt dans l'Antiquité préchrétienne: Jérusalem, Athènes, Rome. Étude juridique, philosophique et historiographique, Genf 2014.

44 BOECKH, August, Die Staatshaushaltung der Athener, Berlin 1886[3], vor allem Buch 1.

45 HASEBROEK, Johannes, Staat und Handel im alten Griechenland. Untersuchungen zur antiken Wirtschaftsgeschichte, Hildesheim 1966.

46 Besonders hervorzuheben ist hier: FINLEY, Studies in Land and Credit sowie FINLEY, Moses, The Ancient Economy, Berkeley/Los Angeles 1973.

47 BRESSON, Alain, The Making of the Ancient Greek Economy. Institutions, Markets, and Growth in the City-States. Expanded and updated English edition, translated by Steven Rendall, New Jersey 2016.

48 REDEN, Sitta von, Antike Wirtschaft, Berlin/Boston 2015.

Das 1968 veröffentlichte Werk von Raymond BOGAERT „Banques et banquiers dans les cités grecques“[49] beinhaltet eine umfassende Bestandsaufnahme des Bankwesens, einschließlich der Bankkredite und Bankzinsen in der griechischen Welt. Auch diese Publikation ist nahezu ausschließlich positivistisch und deskriptiv angelegt und bietet dahingehend kaum übergreifende Interpretationen, wie bspw. zur Funktion von Bankkrediten in der griechischen Wirtschaft in klassischer Zeit. Einen engeren Fokus richtet BOGAERT auf die Seekredite und ihre Zinsen in seinem 1965 veröffentlichten Aufsatz „Banquiers, courtiers et prêts maritimes à Athènes et à Alexandrie“.[50] Zum Zinswesen bei Seekrediten erfolgte bereits eine umfangreiche Präsentation der literarischen Quellen durch Heinrich SIEVEKING.[51]

Wichtige Beiträge zur Bedeutung des Kredit- und Zinswesens in der griechischen Welt haben Paul MILLETT[52] und Edward E. COHEN[53] geliefert, die jedoch konträre Positionen vertreten. MILLETT sieht in als Bankiers tätigen Kleinunternehmern und Tageskrediten (zur Überbrückung kurzfristiger Mittellosigkeit) verbreitete gesellschaftliche Phänomene ohne nennenswerte ökonomische Bedeutung und geht davon aus, dass die große Mehrzahl der Kredite zinslose Freundschaftskredite gewesen seien. COHEN hingegen bezeichnet Kredite als ein wesentliches Mittel des unternehmerischen Handelns und hebt daher die Bedeutung von profittragenden Krediten deutlich hervor. Während MILLETT Bankiers als eine Randerscheinung sieht, vertritt COHEN die Auffassung, dass sie durch ihre Finanzierungen und Kredite maßgeblich zu der wirtschaftli-

---

49 BOGAERT, Raymond, Banques et banquiers dans les cités grecques, Leyde 1968.

50 BOGAERT, Raymond, Banquiers, courtiers et prêts maritimes à Athènes et à Alexandrie, in: Chronique d'Egypte 15 (1965), S. 140-156.

51 SIEVEKING, Heinrich, Das Seedarlehen des Altertums, Leipzig 1893.

52 MILLETT, Paul, Maritime Loans and the Structur of Credit in fourth-century Athens, in: Garnsey, Peter (Hg.), Trade in the ancient economy, London 1983; MILLETT, Paul, Lending and Borrowing in Ancient Athens, Cambridge 1994.

53 COHEN, Edward, Commercial Lending by Athenian Banks: Cliometric Fallacies and Forensic Methodology, in: Classical Philology 85 (1990), S. 177–190; COHEN, Edward, Athenian Economy and Society. A Banking Perspective, Princeton 1992.

chen Stärke Athens beigetragen hätten. Die Bankiers gaben COHENS These zu Folge den Eliten die Möglichkeit, ihre Einkünfte bedeutend zu vergrößern. Auch der Seehandel, der die *polis* mit anderen Wirtschaftsstandorten verband und maßgeblich das gesellschaftliche und ökonomische Bild des jeweiligen Ortes prägte, wurde von MILLETT als Ausnahmeerscheinung innerhalb des Finanzwesens dargestellt.

Schon mehrfach erwähnt wurde die Quellensammlung zu öffentlichen Krediten von Léopold MIGEOTTE, „L'emprunt public dans les cités grecques. Recueil des documents et analyse critique",[54] die durch seine Studie „Les finances des cités grecques aux périodes classique et hellénistique"[55] unterstützt wird. Den Ausgaben und Einnahmen der *polis* Athen von 440-338 vor Christus widmet sich Christophe FLAMENT, wobei er seinen Fokus auf die militärischen Finanzen der *polis* legt.[56]

Die Bedeutung der Kreditgeber und der Unternehmer für Griechenland im sechsten bis dritten Jahrhundert vor Christus verdeutlicht auch Armin EICH in seiner Habilitationsschrift,[57] in welcher er die Rolle der Bankiers im Verhältnis zu den Privatinvestoren bezüglich der Kreditsumme als geringfügig veranschlagt. Der griechischen Wirtschaft mit einem deutlichen Blick auf Handel und seiner Finanzierung widmet sich Darel Tai ENGEN, der sich konträr zu FINLEY und MILLETT positioniert.[58] Zum allgemeinen Thema Geld in der Antike gibt es darüber hinaus zahlreiche Publikationen und Forschungsansätze, von denen hier für die griechische Welt exemplarisch die beiden einschlägigen Bücher „Money and its Uses in the Ancient Greek World"[59] von Andrew MEADOWS und Kirsty SHIPTON

---

54 MIGEOTTE, L'emprunt public.

55 MIGEOTTE, Les finances des cités grecques.

56 FLAMENT, Christophe, Une économie monétarisée: Athènes à l'étude du phénomène monétaire en Grèce ancienne, Namur 2007.

57 EICH, Armin, Die politische Ökonomie des antiken Griechenland, Köln u. a. 2006.

58 ENGEN, Darel Tai, Honor and Profit: Athenian Trade Policy and the Economy and Society of Greece, 415-307 B.C.E., Ann Arbor 2010.

59 MEADOWS, Andrew, SHIPTON, Kirsty (Hgg.), Money and its Uses in the Ancient Greek World, Oxford/New York 2001.

sowie „Making Money in Ancient Athens“[60] von Michael LEESE genannt seien.

1.4 Aufbau des Kommentars

Zunächst wird ein kurzer Überblick über die Entwicklung des Zinswesens zwischen dem sechsten und vierten Jahrhundert vor Christus gegeben, sodass die folgenden Kapitel kontextualisiert werden können. Anschließend wird sich das dritte Kapitel dieser Arbeit der Frage widmen, welche Kreditarten Zinsen erbrachten und wie hoch die jeweiligen Zinssätze waren. Dafür erfolgt zunächst eine Unterteilung der Kreditarten in die Kategorien „zinslos“ und „zinstragend“. Die erste Kategorie spaltet sich in „freundliche Kredite“, sogenannte *eranoi*,[61] sowie weitere zinslose Kredite auf. Die zweite Kategorie umfasst Darlehen mit Naturalzins, Alltagskredite, Seedarlehen sowie weitere zinstragende Kredite. Innerhalb dieser Kategorie sollen die Zinshöhen in Abhängigkeit von ihrem jeweiligen Kredittyp betrachtet werden. Dabei gilt es auch den Fragen nachzugehen, ob innerhalb der verschiedenen Kategorien von einem üblichen Zins gesprochen werden kann und ob sich die Zinssätze von Bankiers und privaten Kreditgebern unterschieden. In einem nächsten Schritt wird dargestellt, wie die Rückzahlung der Zinsen und des Kredites vonstattenging. Hierbei wird der Frage nachgegangen, ob es für die jeweilige Kreditkategorie typische Modalitäten gab und ob die Benennungsform der Zinshöhe (pro Mine und Monat oder bspw. ein Zehntel des Kredites) aufzeigt, wann der Zins gezahlt werden musste. Daran schließen sich die Fragen an, welche Personengruppen welche Kreditmöglichkeiten überhaupt nutzten und ob für alle Personen gleiche Kreditmöglichkeiten und Zinssätze zur Verfügung standen. Diesem Fragenspektrum widmet sich Kapitel vier anhand einiger Fallbeispiele. Berücksichtigt werden soll dabei auch, wann der Zins sich veränderte oder reguliert wurde und wer in die Verzinsung eingriff.

---

60 LEESE, Making Money.
61 Siehe dazu Kapitel 3.1.

Der Kommentar liest sich dabei sowohl eigenständig als auch als Ergänzung zu seiner Edition.[62] Während in der Edition auf verschiedene Unterkapitel in diesem Teil verwiesen wird, die die edierten Quellen kontextualisieren, finden sich im Folgenden immer wieder Verweise auf die edierten Quellen, die dem Benutzer einen raschen und ausführlichen Zugriff auf die Quelle selbst ermöglichen sollen.

62 Siehe Teil III.

2. Die Entwicklung des Zinswesens im antiken Griechenland

Die Geschichte des Zinses beginnt im griechischen Kulturraum weit vor der Einführung des Münzgeldes und lässt sich bereits im Kontext der Naturalwirtschaft ausmachen. Erste Belege für Zinsen in dem hier untersuchten topographischen Raum finden sich bereits bei Hesiod. Jedoch wird bei diesem weder eine genaue Vorgehensweise noch eine Zinshöhe benannt. Es kommt lediglich zu dem Vermerk, dass derjenige, der sich bei seinem Nachbarn etwas leihe, dies und etwas mehr zurückgeben solle. Auch solle nur demjenigen Nachbarn etwas gegeben werden, der auch selbst gebe, wenn er dazu in der Lage sei.[63] Im Folgenden werden die wichtigsten Schritte für die Ausbildung des komplexen Zinswesens, wie es in den Quellen zu greifen ist, anhand zentraler Quellen dargelegt.

Konkretere Informationen über die Praxis der Zinsnahme im griechischen Kulturraum werden in Berichten über das sechste Jahrhundert vor Christus greifbar durch Erwähnungen des Pachtzinses, der unter anderem zu einer massiven Überschuldung der athenischen Bauern und einer tiefgreifenden Krise innerhalb der Bevölkerung führte.[64] Die Ausgangssituation der Bauern benennt

63 Hes. erg. 349-351: εὖ μὲν μετρεῖσθαι παρὰ γείτονος, εὖ δ' ἀποδοῦναι, αὐτῷ τῷ μέτρῳ, καὶ λώιον αἴ κε δύνηαι, ὡς ἂν χρηίζων καὶ ἐς ὕστερον ἄρκιον εὕρῃς.

64 MEIER, Mischa, Die athenischen Hektemoroi – eine Erfindung?, in: Historische Zeitschrift 292 (2012), S. 1-29, S. 4 f., der davon ausgeht, dass verschiedene ökonomische Faktoren eine Krise verursachten, die Frage nach dem genauen Verschuldungsprozess aber als ungelöst ansieht. Dabei stellt er die These auf, dass

Plutarch in seiner Vita des Solon, also desjenigen Mannes, der Athen durch seine Reformen aus der Krise führen sollte:

> ἅπας μὲν γὰρ ὁ δῆμος ἦν ὑπόχρεως τῶν πλουσίων. ἢ γὰρ ἐγεώργουν ἐκείνοις ἕκτα τῶν γινομένων τελοῦντες, ἑκτημόριοι προσαγορευόμενοι καὶ θῆτες, ἢ χρέα λαμβάνοντες ἐπὶ τοῖς σώμασιν ἀγώγιμοι τοῖς δανείζουσιν ἦσαν, οἱ μὲν αὐτοῦ δουλεύοντες, οἱ δ' ἐπὶ τὴν ξένην πιπρασκόμενοι. πολλοὶ δὲ καὶ παῖδας ἰδίους ἠναγκάζοντο πωλεῖν (οὐδεὶς γὰρ νόμος ἐκώλυε) καὶ τὴν πόλιν φεύγειν διὰ τὴν χαλεπότητα τῶν δανειστῶν.[65]
>
> Denn die ganze Bevölkerung stand in der Schuld der Reichen. Denn sie bewirtschafteten entweder ihr Land und zahlten ein Sechstel des Erwirtschafteten, weshalb sie Hektemoroi und Thetes genannt worden sind, oder sie verpfändeten ihre Körper und konnten von ihren Gläubigern in die Sklaverei geführt werden, einige blieben als Sklaven hier und andere wurden in die Fremde verkauft. Auch waren viele von ihnen gezwungen, ihre Kinder zu verkaufen (denn es gab kein Gesetz dagegen) und flohen vor der Grausamkeit der Gläubiger aus der Stadt.

Dafür, dass die Bauern das Land bewirtschaften durften, mussten sie ein Sechstel des Erwirtschafteten (γινομένων)[66] an ihre Verpächter zahlen.[67] Die Pachtabgabe war folglich nicht an das Grundstück,

---

es sich bei den Hektemoroi keineswegs um eine Gruppe unterprivilegierter athenischer Bauern oder Schuldner handele, sondern um eine versehentliche Erfindung, bedingt durch einen Abschreibfehler (S. 20-27). Ob es sich bei den Hektemoroi um eine gesellschaftlich unterprivilegierte Gruppe gehandelt hat oder nicht, wird berechtigterweise diskutiert. Ihre Benennung aufgrund der zu zahlenden Abgabe erscheint mir jedoch wahrscheinlicher als ein Schreibfehler. BRESSON, Making of the Ancient Greek Economy, S. 106. BRESSON bezeichnet die Zinshöhe von 16,6% im Verhältnis zu den Zinsen im fünften und vierten Jahrhundert vor Christus als sehr hoch und sieht auch darin einen Grund für die Überschuldung der Bauern.

65 Plut. Solon 13,2f.

66 Plut. Solon 13,2.

67 Sowohl THALHEIM, Theodor, Griechische Rechtsaltertümer, Freiburg im Breisgau/Leipzig 1895[4], S. 92 als auch BOECKH, Staatshaushaltung, S. 643 gehen

sondern an den Ertrag gebunden.[68] Die Bauern, die zur Zahlung nicht in der Lage waren, mussten zur Kompensation einen Kredit auf ihren einzigen Besitz aufnehmen – ihren Körper. Die Nicht-Tilgung des Kredits samt Zins führte in die eigene Sklaverei oder die der Kinder.[69] BILLETER ging noch davon aus, dass es sich bei der Verschuldung der Bauern Attikas um Gelddarlehen handele.[70] Denn das erwähnte Sechstel sei zwar in Naturalien zu zahlen gewesen, die Strafzinsen jedoch in Münzgeld. Der dafür aufgenommene Kredit sei, anders als das zu entrichtende Sechstel, ein Gelddarlehen, was ebenfalls mit Geld verzinst werde. Problematisch an dieser Theorie ist jedoch, dass es umstritten ist, ob es vor Solon und zur Zeit Solons überhaupt schon Münzgeld gab.[71] Wahrscheinlicher ist daher, dass die Bauern bei Missernten ein Getreidedarlehen aufnehmen mussten, um so entweder das Sechstel oder die Strafzahlung entrichten zu können.[72] Über die Höhe der Strafzinsen sowie der Zinsen für den Kredit schweigen die Quellen. Die genauen Wortlaute der Gesetze Solons sind nicht überliefert,[73] ebenso ist strittig, ob sie von Solon stammen oder nachsolonisch sind. Denn die Athener in klassischer Zeit nannten authentische und alte Gesetzte stets „solonisch", so war auch die kleisthenische Gesetzgebung „solonisch".

---

davon aus, dass nicht ein Sechstel, sondern ein Fünftel des Ertrages abgeben werden musste.

68 Siehe dazu REDEN, S. 27.

69 Siehe dazu FINLEY, Moses I., Die Schuldknechtschaft, in: Kippenberg, Hans G. (Hg.), Seminar: Die Entstehung der antiken Klassengesellschaft, Frankfurt am Main 1977, S. 173-204.

70 Vgl. BILLETER, S. 4.

71 Siehe VON REDEN, Antike Wirtschaft, S. 60, die von einer Einführung des Münzgeldes nach Solon ausgeht. Ebenso LE RIDER, Georges, La naissance de la monnaie. Pratiques monétaires de l'Orient ancien, Paris 2001, der die Münzprägung in Kleinasien auf Mitte des sechsten Jahrhunderts vor Christus datiert.

72 RUSCHENBUSCH, Eberhard, Plutarchs Solonbiographie, in: Zeitschrift für Papyrologie und Epigraphik 100 (1994), S. 351-380, S. 353.

73 Siehe SCAFURO, Adele C., Identifying Solonian Laws, in: Block, Josine H./Lardinois, André P. M. H. (Hgg.), Solon of Athen. New Historical and Philological Approaches, Leiden/Boston 2006, S. 175-196. Zum solonischen Gesetzwerk siehe RUSCHENBUSCH, Solonos Nomoi.

Berichte über die Reformen und Gesetze finden sich bei Lysias,[74] der knapp 200 Jahre nach den Ereignissen schrieb, sowie in den 600 Jahre später verfassten Doppelbiographien des Plutarch.[75] Für die Zinsthematik ist besonders eines der von Lysias angeführten Gesetze relevant:

> Νόμος: τὸ ἀργύριον στάσιμον εἶναι ἐφ' ὁπόσῳ ἂν βούληται ὁ δανείζων.[76]
>
> Gesetz: Es fallen die Zinsen für das Silber so hoch an, wie es der Gläubiger wünscht.

Daraus folgt, sofern man den Worten des Lysias Glauben schenken kann,[77] dass eine Beschränkung des Zinsfußes zu diesem Zeitpunkt noch nicht stattfand.[78] Die Reformen des Solon sollten in erster Linie die Schuldknechtschaft attischer Bürger beenden und den Zinssatz zwar vielleicht herabsetzen, jedoch kein Maximum festlegen. Eine Verschuldung auf Grund eines hohen Zinssatzes war somit auch nach den Solonischen Reformen immer noch möglich.[79] BOECKH zufolge gebe es eine Ausnahme: Die Zinsen auf die zurückzuzahlende Mitgift hingegen seien bereits in dieser Zeit begrenzt gewesen. Hier habe Solon eine Beschränkung auf 18% festgelegt, während für die übrigen Kredite keine Obergrenze bestanden habe.[80] Dabei beruft sich BOECKH auf Reden aus dem vierten Jahrhundert vor Christus,

---

74 Lys. or. 10,15-17 zitiert mehrere „solonische" Gesetze. RUSCHENBUSCH, Solonos Nomoi, 15b, 23c, 25, 29b, 30b, 34, 68.

75 Plut. Sol. 15.

76 Lys. or. 10,18.

77 Für die Frage nach der Authentizität der Gesetze siehe besonders HANSEN, Mogens H., Solonian Democracy in Fourth-Century Athens, in: Connor, Robert (Hg.), Aspects of Athenian Democracy, Kopenhagen 1990, S. 71-99.

78 Vgl. BILLETER, Geschichte des Zinsfusses, S. 8 sowie HILLGRUBER, Michael. Die zehnte Rede des Lysias. Einleitung, Text und Kommentar mit einem Anhang über die Gesetzesinterpretation bei den attischen Rednern, Berlin/New York 1988, S. 75f.

79 Vgl. THALHEIM, Griechische Rechtsaltertümer, S. 93. THALHEIM stellt in diesem Zusammenhang fest, dass erst durch die Einführung des Geldes Zinswucher möglich gewesen sei.

80 BOECKH, Staatshaushaltung, S. 163.

die diese Interpretation jedoch nicht stützen.[81] Daher schließe ich mich BILLETER an, der diesbezüglich konstatiert: „Weder in den Übergangsgesetzen noch in der eigentlichen Verfassung beschränkte Solon den Zinsfuss; er garantiert vielmehr ausdrücklich in letzterer die Zinsfreiheit."[82] Demnach gilt, dass kein üblicher Zinssatz überliefert ist, es allerdings sowohl Natural- als auch Geldzinsen im sechsten Jahrhundert vor Christus im griechischen Kulturraum gab.

Für das fünfte Jahrhundert vor Christus gestaltet sich die Quellenlage zum Zinswesen deutlich reichhaltiger als für den Zeitraum davor. Neben literarischen treten in dieser Zeit auch epigraphische Zeugnisse vermehrt auf. Gerade die literarischen Quellen erstrecken sich über die ganze Breite der Überlieferung: das Zinswesen wurde in den Gerichtshöfen und in den Schulen der Philosophen sowie im Theater thematisiert.

So erzählen beispielsweise die 423 vor Christus uraufgeführten *Wolken* des Aristophanes von Strepsiades, einem athenischen Bauern, der mit seiner Braut aus reichem Hause in die Stadt gezogen war. Dort finanzierte er nun seinen Sohn, der Dank der von seinem Vater aufgenommenen Kredite kostspieligen Freizeitbeschäftigungen, wie Pferderennen, nachgehen konnte. Strepsiades kam alsbald in Zahlungsnot und konnte weder seine Kredite tilgen noch die dafür notwendigen Zinsen zahlen, denn er lebte finanziell deutlich über seine Verhältnisse. So fürchtete er sich vor jedem neuen Monat, denn der Zins wurde immer dann fällig, wenn der Mond den zwanzigsten des Monats brachte,[83] woraus sich die Schlussfolgerung ergibt, dass das Kapital formal monatlich verliehen wurde.[84] Aristophanes führt exemplarisch vor Augen, was geschah, wenn der Schuldner weder seinen Kredit oder seine Zinsen tilgen konnte. In solchen Fällen war es den verschiedenen Gläubigern, bei denen An-

81 BOECKH, Staatshaushaltung, S. 163 bezieht sich auf Demosth. or. 27,17 sowie Demosth. or. 59, 25. BILLETER, Geschichte des Zinsfusses, S. 5, schließt richtigerweise aus, dass diese Regelungen auf Solon zurückgehen, und stellt fest, dass auch ein mittlerer Zinssatz aus solonischer Zeit nicht bekannt ist.

82 BILLETER, Geschichte des Zinsfusses, S. 8.

83 Vgl. Aristoph. Nub. 16ff.;754f.

84 Vgl. Aristoph. Nub. 757.

leihen getätigt wurden, laut seinen Schilderungen möglich, Sicherheiten für die fälligen Zinsen zu nehmen,[85] indem u.a. private Gegenstände gepfändet werden durften. Auch addierten sich die fällig gewordenen Zinsen auf und auf diesen Betrag wurde wiederum Zins fällig. Dies ist der früheste und damit einer der seltenen Belege für die Existenz von Zinseszinsen.[86]

Allein diese Erkenntnis zeugt davon, dass es im hier erwähnten Zeitraum offenbar zu Innovationen innerhalb des finanziellen Sektors kam und den Belangen rund um Anleihen eine zunehmende Komplexität zu attestieren ist. Es geht dabei nicht nur um die Pacht- und gegebenenfalls Strafzinsen, die in den verschiedenen Quellen dokumentiert sind, sondern auch um Zinsen für Privatkredite (sei es für das tägliche Überleben oder den Erwerb von Luxusgütern), Handelskredite und Darlehen zur Finanzierung kriegerischer Unternehmungen. Es fand also eine deutliche Erweiterung des Kapitalmarktes statt. Neben privaten Kreditgebern konnten es auch Banken sein, die für die Kreditvergabe zuständig waren, und zwar sowohl Tempelbanken als auch durch Einzelpersonen geführte Banken.[87] Die Kredithöhen variierten dabei zwischen wenigen Obolen und mehreren Talenten. Während kleinen Marktbudenbesitzern auf der *agora* schon einige Drachmen reichten, um ihrem täglichen Geschäft nachgehen zu können,[88] benötigten Städte für große Investitionen, wie beispielsweise Baumaßnahmen oder kriegerische Auseinandersetzungen, deutlich höhere Summen.[89]

In die gleiche Zeit wie *Die Wolken* fällt die auf 426-423 vor Christus datierte Abrechnung der staatlichen Anleihen bei den Tempelkassen,[90] in der nicht nur die Kreditsummen, sondern auch die dafür zu zahlenden Zinsen benannt werden. Die *polis* Athen trat hier als Gläubiger auf, der für den zu führenden Peloponnesischen Krieg

85 Vgl. Aristoph. Nub. 34f.
86 Vgl. Aristoph. Nub. 1155f.
87 Siehe dazu Kapitel 4.
88 EICH, Politische Ökonomie, S. 215f.
89 Für die Anleihen bei den athenischen Tempelkassen im Zuge des Peloponnesischen Krieges siehe Nr. 2 (=IG I³ 369) im Quellenteil dieser Arbeit, sowie IG I³ 363.
90 Siehe Nr. 2 im Quellenteil dieser Arbeit (=IG I³ 369).

Kredite bei den Tempeln in Athen aufnehmen musste. Auch hier variierten die Summen, denn während die Kasse des der Göttin Athena gewidmeten Tempels über mehrere Jahre hinweg Kredite in Höhe von fast 750 Talenten vergeben konnte, war die Vergabe solch hoher Summen bei kleineren Heiligtümern nicht möglich.[91] So gab der Herakles vertretende Tempel im Kynosarges gerade einmal 20 Drachmen. Die zahlreichen athenischen Tempel stellten dabei keine Ausnahme im Kreditgeschäft dar, denn Tempelbanken als kreditgebende Institutionen gab es in der griechischen Kulturwelt des fünften Jahrhunderts vor Christus auch außerhalb Athens, z.B. auf Delos.[92] Ein prominentes Beispiel ist der dortige dem Apollon geweihte Tempel, der neben Verpachtungen von Grundbesitz seine Einkünfte auch aus der Vergabe von Krediten mit Zins bezog. Spätestens seit der zweiten Hälfte des fünftes Jahrhunderts gab es zusätzlich zu den Tempelbanken auch Bankiers auf der *agora*, spätestens seit 411 vor Christus war sogar ein Teil der *agora* für Banken und Wechselstuben reserviert.[93] Banken und Bankiers und damit auch Kredite und Zinsen gehörten zum öffentlichen und ökonomischen Leben einer *polis*. Sie bezogen ihren Platz in der Mitte des öffentlichen Lebens: auf der *agora*.[94] Denn dort spielte sich das tägliche städtische Leben ab. Weitere Banken fanden sich am Hafen. Geführt wurden die Banken entweder durch den Besitzer selbst oder durch einen von ihm eingesetzten Sklaven oder Freigelassenen.[95]

Aber auch Demen nutzten die Möglichkeit, ihre Ausgaben über die aus den vergebenen Krediten resultierenden Gewinne zu bestreiten. Der athenische *demos* Plotheia vergab bspw. jährlich mehrere Kredite, aus deren Zinsen dann Opferfeste bestritten werden

91 Vgl. dazu die Aufstellung in Nr. 2, S. 51f. im Quellenteil dieser Arbeit (=IG I^3 369). Für die verschiedenen Tempelkassen und ihre Nutzung vgl. SAMONS, Loren J., Empire of the Owl. Athenian Imperial Finance, Stuttgart 2000.

92 Zu den delischen Tempelbanken siehe CHANKOWSKI, Athènes et Délos.

93 BOGAERT, Banques et banquiers, 61f.; ISAGER, Signe, HANSEN, Mogens H., Aspects of Athenian Society in the Fourth Century, Odense 1975, S. 88.

94 Zur *agora* siehe STANLEY, Philip V., Ancient Greek Markets. Regulations and Controls, Berkeley. 1976.

95 ISAGER, HANSEN, Aspects of Athenian Society, S. 88f.

konnten.[96] Fast durchweg geschah das mit sicheren Anlagen; der Text aus Plotheia enthält allerdings den singulären Beleg dafür, dass die erlosten Fondsmanager den Markt nach möglichst profitablen Anleihen beobachten sollten.[97] Dass ebenso Privatleute als Kreditgeber tätig waren, wurde für das fünfte Jahrhundert vor Christus bereits am Beispiel von Aristophanes' *Die Wolken* dargelegt.

Auch der wohl bekannteste Bankier Athens war im ausgehenden fünften Jahrhundert vor Christus tätig: Pasion, ein Freigelassener, führte bereits als Sklave die Wechselstube und Bank seines Herrn und übernahm diese nach seiner Freilassung.[98] Die Serviceleistungen der am Piräus beheimateten Bank erstreckten sich von Geldwechseln über Depositen bis hin zur Vergabe von Krediten. Pasion ist dabei als Finanzexperte anzusehen, der nicht nur in der Lage war, die Risiken seiner vergebenen Kredite einzuschätzen und die Zinsen dementsprechend zu veranschlagen, sondern der auch das Vertrauen der athenischen Oberschicht genoss, die Teile ihres Vermögens in seiner Bank aufbewahren ließ. Als prominentes Beispiel gilt der Vater des athenischen Redners und Politikers Demosthenes.[99] Offenkundig hat Pasion ihm anvertrautes Geld auch weiter ausgeliehen.[100] Allerdings ist davon auszugehen, dass Pasion seine beiden Geschäftspartner erforderlichenfalls miteinander bekannt gemacht hat und Kredite so vermittelte.

Unstrittig ist dagegen, dass es Pasion dank seiner Fähigkeiten möglich war, zu einem beachtlichen Vermögen zu gelangen. Dass seine Fähigkeiten im finanziellen Sektor und auch bei der Sicherung seines Vermögens durchaus zu würdigen sind, verdeutlicht der Umstand, dass es im Unterschied dazu vorkam, dass ganze Banken bankrottgingen.[101] Der berufliche Erfolg führte zu einem rasanten Aufstieg der Familie Pasions in Athen, die bald durch ihr Vermögen

96 Siehe Nr. 3 im Quellenteil dieser Arbeit (= IG I³ 258).

97 Siehe dazu Kapitel 4.2.1.1 Fallbeispiel Plotheia.

98 Demosth. or. 36,43.

99 Demosth. or. 27,11.

100 Demosth. or. 36,5, SCHEIBELREITER, Philipp, Der „ungetreue" Verwahrer. Eine Studie zur Haftungsbegründung im griechischen und frühen römischen Depositenrecht, München 2020, S. 202.

101 Demosth. or. 36,11; 33, 9.

und die Verleihung des Bürgerrechts zur athenischen Oberschicht gehörte.[102] Der geschickte Einsatz von Kapital und der in Form von Zinsen erlangte Gewinn führte in diesem exzeptionellen Einzelfall also innerhalb einer Generation zum sozialen Aufstieg vom Sklaven zum Bürger. Es waren also nicht nur Privatleute, sondern unter anderem auch Bankiers wie Pasion, an die sich Kreditsuchende wandten.[103] Neben ihm sind uns noch drei weitere Bankiers in Athen bekannt, die zu dieser Zeit agierten – und es werden sicherlich noch weitere gewesen sein.[104]

Die zahlreichen griechischen Heiligtümer fungierten, wie bereits für das fünfte Jahrhundert vor Christus geschildert, auch im vierten Jahrhundert vor Christus als Kapitalgeber für *poleis*, Demen oder Privatpersonen und baten in den meisten Fällen und im Vergleich zu den Bankiers auch deutlich günstigere Kredite an, was sich bei den delischen Tempelbanken im vierten Jahrhundert vor Christus anhand der Verwendung einer zehnprozentigen Zinsrate feststellen lässt.[105] Zusätzlich zu den Banken, ob private oder in Heiligtümern ansässige, vergaben weiterhin auch Privatpersonen Kredite, wie es bereits in den vorherigen Jahrhunderten üblich war. Diese konnten zinslos oder auch mit Zinsen vergeben werden, je nachdem, in welchem Verhältnis Kreditgeber und -nehmer zueinander standen. Die meisten Kredite wurden schriftlich festgehalten, andere beruhten hingegen nur auf mündlichen Absprachen.

Dass Absprachen zu Kreditverträgen und Zinszahlungen in einigen Fällen nicht zur Einhaltung des Gebotenen ausgereicht haben, sodass sich die Parteien vor Gericht wiedertrafen, verdeutlichen die zahlreichen Gerichtsreden der attischen Redner. Die Gründe, die zum Scheitern des jeweiligen Geschäftsverhältnisses führten, waren ebenso zahlreich wie die Gerichtsreden selbst. Mal war es die Zah-

---

102 Demosth. or. 36,47. Siehe dazu auch die Ausführungen von TREVETT, Jeremy, Apollodoros the Son of Pasion, Oxford 1992, S. 5.

103 Dagegen MILLETT, Lending and Borrowing. Er vertritt die Annahme, dass Bürger sich nur in sehr geringen Ausnahmefällen an Bankiers wendeten und finanzielle Engpässe durch Freundschaftskredite überbückten. Siehe zu den zinslosen Freundschaftskrediten Kapitel 3.1.

104 BOGAERT, Banques et banquiers, S. 71.

105 BILLETER, Geschichte des Zinsfusses, S. 10.

lung der Zinsen oder deren Höhe, die zu Uneinigkeit führte, ein anderes Mal vermeintlich zu Unrecht gezahlte Summen, die nun verzinst zurückgefordert wurden. Dabei war es teilweise unerheblich, ob es sich um die Mitgift einer nicht zustande gekommenen Ehe[106] oder das nach Auffassung des Klägers schlecht verwaltete Erbe handelte.[107] Auf all diese Summen forderten die Kläger Zinsen. Während bei der Mitgift die Versorgung der Frau, so scheint es jedenfalls, im Vordergrund gestanden haben mag, ging es bei den letztgenannten Fällen ganz klar darum, eventuelle finanzielle Einbußen abzuwenden. Gerade die Vormundschaftsprozesse zeigen deutlich, dass ein anvertrautes Vermögen nicht nur sicher aufbewahrt werden sollte, sondern es vor allem galt, dieses auch weiterhin gewinnbringend zu verwalten. Zinsen wurden daher auch als Kompensation angesehen.

Lysias, ein Logograph des ausgehenden fünften und beginnenden vierten Jahrhunderts vor Christus, behandelt in zwei der 31 ihm zugeschriebenen Reden Aspekte des Zinswesens.[108] Im Vergleich sticht das *Corpus Demosthenicum* hervor, in dessen 61 Gerichtsreden immerhin 130 verschiedene Kreditverträge erwähnt werden und das deshalb eine unverzichtbare Grundlage für die Rekonstruktion des griechischen Zinswesens bildet. Obwohl in vielen der Reden immer wieder implizit auf abgeschlossene Verträge verwiesen wird, die in Teilen auch vor Gericht verlesen wurden, ist nur ein Vertragstext als eingelegter Urkundenbeleg wörtlich erhalten: der in der Lakritos-Rede überlieferte Vertrag zwischen den Kreditgebern Androkles aus dem attischen *demos* Sphettos sowie Nausikrates von Karystos auf Euboia und den Kreditnehmern Artemon und Apollodoros aus Phaselis in Lykien.[109] In der Forschung herrscht seit langer Zeit

---

106 Demosth. or. 27,17. Demosthenes fordert, dass sein Vormund, der seine Mutter eigentlich heiraten wollte und die Mitgift bereits erhalten hat, diese samt Zins zurückzahlen muss, da die Ehe nicht zustanden gekommen ist. Siehe dazu besonders VÉRILHAC, Anne-Marie, VIAL, Claude, Le mariage grec du vie siècle av. J.-C. à l'époque d'Auguste, Paris 1998.

107 Demosth. or. 27 sowie Demosth. or. 36.

108 Vgl. Lys. or. 29,25f. erwähnt einen Kredit von 16 Minen für ein Kriegsschiff, auf den ein Zins von vier Minen gezahlt werden soll. In Lys. or. 22 wird Bezug auf Seekredite genommen.

109 Demosth. or. 35,10-13.

Uneinigkeit darüber, ob dieser Kreditvertrag authentisch ist oder ob es sich nicht vielmehr um eine Rekonstruktion alexandrinischer Philologen handelt.[110] Auch wenn die verschiedenen Ausführungen zu der Rekonstruktionstheorie auf den ersten Blick plausibel erscheinen, so lohnt es sich doch, den Vertrag als Ganzes genauer zu betrachten, da durchaus einige Anzeichen – wie die Nennung von drei Personen, die uns aus attischen Quellen bekannt sind, zu denen nach menschlichem Ermessen ein späterer Restaurator des Vertragstextes nur mit unverhältnismäßigem Aufwand Zugang gehabt hätte – für die Authentizität dieses Schriftstückes sprechen.[111] Der Kläger Androkles aus Sphettos ist epigraphisch belegt,[112] ebenso der Kapitän Hyblesios.[113] Selbst wenn diese Anzeichen lediglich auf die akribische Arbeit der Philologen zurückzuführen sind, so spricht dies rückwirkend dafür, dass die Aussagen einer ausführlichen Recherche unterlegen haben und die eingelegte Urkunde als erstrangige Quelle behandelt werden kann. Folglich kann dieser Vertrag durchaus als eine Art Prototyp eines Seekreditvertrages angesehen werden.

Neben Vertragsmodalitäten zeigt sich an diesem Beispiel auch die weitreichende Bedeutung der Kredite, deren Vergabe maßgeblichen Einfluss auf den Handel im griechischen Kulturraum nahm und sich nicht auf eine einzelne *polis* beschränkte. Deshalb wird der überlieferte Vertragstext hier zur Veranschaulichung in voller Länge wiedergegeben:

> ἐδάνεισαν Ἀνδροκλῆς Σφήττιος καὶ Ναυσικράτης Καρύστιος
> Ἀρτέμωνι καὶ Ἀπολλοδώρῳ Φασηλίταις ἀργυρίου δραχμὰς

110 Für die Echtheit sprach sich jüngst auch WARNKING, Pascal, Lakritos? Schuldig! Neue Beweise für einen Betrug bei einem ναυτικόν δάνειον, in: Marburger Beiträge zur antiken Handels-, Wirtschafts- und Sozialgeschichte 35 (2017), S. 175-206, S. 179 aus.

111 LAMBERT, Stephen D., Ten Notes on Attic Inscriptions, in: Zeitschrift für Papyrologie und Epigraphik 135 (2001), S. 51-62, S. 57f., Fußnoten 30 und 32.

112 IG II^2 1593.

113 Siehe dazu DEMETRIOU, Denise, Negotiating Identity in the Ancient Mediterranean. The Archaic and Classical Greek Multiethnic Emporia, Cambridge 2012, S. 79f.

τρισχιλίας Ἀθήνηθεν εἰς Μένδην ἢ Σκιώνην, καὶ ἐντεῦθεν εἰς Βόσπορον, ἐὰν δὲ βούλωνται, τῆς ἐπ' ἀριστερὰ μέχρι Βορυσθένους, καὶ πάλιν Ἀθήναζε, ἐπὶ διακοσίαις εἴκοσι πέντε τὰς χιλίας, ἐὰν δὲ μετ' Ἀρκτοῦρον ἐκπλεύσωσιν ἐκ τοῦ Πόντου ἐφ' Ἱερόν, ἐπὶ τριακοσίαις τὰς χιλίας, ἐπὶ οἴνου κεραμίοις Μενδαίοις τρισχιλίοις, ὃς πλεύσεται ἐκ Μένδης ἢ Σκιώνης ἐν τῇ εἰκοσόρῳ ἣν Ὑβλήσιος ναυκληρεῖ.[114]

Androkles aus Sphettos und Nausikrates aus Karystos liehen Artemon und Apollodoros, beide aus Phaselis kommend, dreitausend Drachmen Silbergeld für eine Reise von Athen nach Mende oder Skione und von dort an den Bosporos oder, wenn sie es wünschen, an der linken Küste des Pontos entlang bis zum Fluß Borysthenes und von dort zurück nach Athen, mit einem Zinssatz von zweihundertfünfundzwanzig Drachmen pro tausend Drachmen. Wenn sie aber erst von Pontos nach Hieron segeln sollten, wenn der Arkturos schon aufgegangen ist, dann sind es dreihundert Drachmen pro tausend Drachmen. Als Sicherheit dienen dreitausend Krüge mendischer Wein, die auf dem Zwanzigruderer des Hyblesios von Mende oder Skione befördert werden sollen.

ὑποτιθέασι δὲ ταῦτα, οὐκ ὀφείλοντες ἐπὶ τούτοις ἄλλῳ οὐδενὶ οὐδὲν ἀργύριον, οὐδ' ἐπιδανείσονται. καὶ ἀπάξουσι τὰ χρήματα τὰ ἐκ τοῦ Πόντου ἀντιφορτισθέντα Ἀθήναζε πάλιν ἐν τῷ αὐτῷ πλοίῳ ἅπαντα. σωθέντων δὲ τῶν χρημάτων Ἀθήναζε, ἀποδώσουσιν οἱ δανεισάμενοι τοῖς δανείσασι τὸ γιγνόμενον ἀργύριον κατὰ τὴν συγγραφὴν ἡμερῶν εἴκοσιν, ἀφ' ἧς ἂν ἔλθωσιν Ἀθήναζε, ἐντελὲς πλὴν ἐκβολῆς, ἣν ἂν οἱ σύμπλοι ψηφισάμενοι κοινῇ ἐκβάλωνται, καὶ ἄν τι πολεμίοις ἀποτείσωσιν: τῶν δ' ἄλλων ἁπάντων ἐντελές. καὶ παρέξουσι τοῖς δανείσασι τὴν ὑποθήκην ἀνέπαφον κρατεῖν, ἕως ἂν ἀποδῶσι τὸ γιγνόμενον ἀργύριον κατὰ τὴν συγγραφήν.[115]

Sie geben diese Waren als Sicherheit, schulden keiner anderen Person Geld und nehmen mit dieser Sicherheit kein zusätzliches Darlehen auf. Auch werden sie alle Waren, die in Pontos als Rückfracht an Bord gebracht wurden, mit dem-

114 Demosth. or. 35,10.
115 Demosth. or. 35,11.

selben Schiff nach Athen zurückzubringen. Und wenn die Waren sicher nach Athen gebracht werden, müssen die Kreditnehmer den Kreditgebern das fällige Geld gemäß dem Vertrag innerhalb von zwanzig Tagen nach ihrer Ankunft in Athen ohne Abzug zahlen. Mit Ausnahme für einen Abwurf der Waren über Bord, den die Passagiere tätigen mussten nach gemeinsamer Vereinbarung oder gegebenenfalls für Geld, das an Feinde gezahlt wird; aber ohne Abzug durch andere Verluste. Und sie geben die als Sicherheit angebotenen Waren vollständig unter die Kontrolle der Kreditgeber, bis sie selbst das fällige Geld gemäß dem Vertrag bezahlt haben.

ἐὰν δὲ μὴ ἀποδῶσιν ἐν τῷ συγκειμένῳ χρόνῳ, τὰ ὑποκείμενα τοῖς δανείσασιν ἐξέστω ὑποθεῖναι καὶ ἀποδόσθαι τῆς ὑπαρχούσης τιμῆς: καὶ ἐάν τι ἐλλείπῃ τοῦ ἀργυρίου, ὃ δεῖ γενέσθαι τοῖς δανείσασι κατὰ τὴν συγγραφήν, παρὰ Ἀρτέμωνος καὶ Ἀπολλοδώρου ἔστω ἡ πρᾶξις τοῖς δανείσασι καὶ ἐκ τῶν τούτων ἁπάντων, καὶ ἐγγείων καὶ ναυτικῶν, πανταχοῦ ὅπου ἂν ὦσι, καθάπερ δίκην ὠφληκότων καὶ ὑπερημέρων ὄντων, καὶ ἑνὶ ἑκατέρῳ τῶν δανεισάντων καὶ ἀμφοτέροις.

ἐὰν δὲ μὴ εἰσβάλωσι, μείναντες ἐπὶ κυνὶ ἡμέρας δέκα ἐν Ἑλλησπόντῳ, ἐξελόμενοι ὅπου ἂν μὴ σῦλαι ὦσιν Ἀθηναίοις, καὶ ἐντεῦθεν καταπλεύσαντες Ἀθήναζε τοὺς τόκους ἀποδόντων τοὺς πέρυσι γραφέντας εἰς τὴν συγγραφήν. ἐὰν δέ τι ἡ ναῦς πάθῃ ἀνήκεστον ἐν ᾗ ἂν πλέῃ τὰ χρήματα, σωτηρία δ᾽ ἔσται τῶν ὑποκειμένων, τὰ περιγενόμενα κοινὰ ἔστω τοῖς δανείσασιν. κυριώτερον δὲ περὶ τούτων ἄλλο μηδὲν εἶναι τῆς συγγραφῆς.

Μάρτυρες: Φορμίων Πειραιεύς, Κηφισόδοτος Βοιώτιος, Ἡλιόδωρος Πιθεύς.[116]

Und wenn sie es nicht innerhalb der vereinbarten Zeit bezahlen, ist es rechtmäßig, dass die Kreditgeber die Waren verpfänden oder sie zu dem Preis verkaufen, den sie bekommen können. Und wenn der Erlös unter dem Betrag liegt, den die Kreditgeber gemäß dem Vertrag erhalten sollten, ist es

116 Demosth. or. 35,12-13.

> für die Kreditgeber rechtmäßig, den Betrag einzeln oder gemeinsam einzutreiben, indem sie gegen Artemon und Apollodoros und gegen den gesamten Besitz vorgehen, ob an Land oder auf See, wo immer er auch sein mag, genau so, als ob ein Urteil gegen sie gefällt worden wäre und sie in Zahlungsverzug geraten wären. Und wenn sie nicht abreisen, sondern zehn Tage nach dem Aufgang des Sternbildes des Hundes im Hellespont verbleiben und ihre Waren in einem Hafen von Bord laden, in dem die Athener kein Recht auf Pfandnahme haben, und von dort aus nach Athen segeln, dann sollen sie die im Jahr zuvor im Vertrag festgeschriebenen Zinsen zahlen. Und wenn das Schiff, auf dem die Waren befördert werden, irreparabel beschädigt ist, aber die Sicherheit erhalten bleibt, dann soll alles, was gesichert ist, das gemeinsame Eigentum der Kreditgeber sein. Nichts wird größere Rechtskraft haben als dieser Vertrag.
>
> Zeugen: Phormio von Piräus, Kephisodotos von Böotien, Heliodoros von Pithos

Für größere Summen als dieser Seekredit über 3000 Drachmen schlossen sich oft mehrere Kreditgeber zusammen, die nicht zwingend aus der gleichen *polis* stammen mussten, wie am Beispiel von Androkles aus Sphettos und Nausikrates aus Karystos deutlich wird. Neben den beiden Schuldnern aus Lykien waren auch noch drei Zeugen an der Entstehung des Vertrages beteiligt: ein Phormion aus Piräus (vermutlich der gleichnamige Bankier und Nachfolger des Pasion), ein Kephisodotos aus Böotien sowie ein Heliodoros aus dem attischen *demos* Pithos.[117]

Dieser Vertrag war nur einer von vielen, die während der Schifffahrtssaison in Athen abgeschlossen wurden.[118] Es handelte sich keinesfalls um eine athenische Besonderheit, vielmehr wurden auch in anderen Städten, die am Meer lagen, Kredite für Seehandelsunternehmungen vergeben. Anhand dieses Vertrages wird deutlich, was

117 Zu den Zeugen siehe BRESSON, Making of the Ancient Greek Economy, S. 284.

118 Verweise auf weitere Verträge bei: Demosth. or. 32,1f., 5, 11, 16, 26; 33, 2 (Verweis auf nicht abgeschlossene Verträge), 3, 7, 8, 15, 16, 17, 21, 23, 29, 30, 33-38; 34,3f., 6f., 11f., 31-33, 42f., 46; 50,1; 56,3, 12, 16, 26-28, 35f., 38, 41, 45-50.

sich durch die anderen in den Reden erwähnten Verträge bestätigen lässt: Die Verträge wurden vor Zeugen zwischen den beiden Parteien geschlossen und beinhalteten genaue Bestimmungen nicht nur zur Zinshöhe (eigentlich eine fixierte Gewinnbeteiligung, die aber im Griechischen, wie oben ausgeführt, ebenso wie der Zins in unserem Verständnis als *tokos* bezeichnet wird), sondern auch für den Verwendungszweck – der Ankauf von Waren –[119] bzw. die Fahrtroute und die zu ladende Sicherheit.

Festgeschrieben war auch das Transportmittel: ein Zwanzigruderer, dessen Kapitän und Miteigentümer ein Hyblesios war. Hyblesios stammte vermutlich aus Samos und befuhr neben der im Vertrag benannten Route auch andere Teile des Mittelmeers – so lässt es jedenfalls der epigraphische Befund vermuten: Weihgeschenke in seinem Namen wurden auch in Graviska und Naukratis gefunden.[120] Neben den Bestimmungen zu dem Transporteur wurden auch die Rückzahlungsmodalitäten sowie zu zahlende Strafen im Falle eines Vertragsbruchs notiert.

Der in die Lakritos-Rede eingelegte Vertragstext verdeutlicht exemplarisch, dass sowohl die Vertragspartner als auch die genannten Zeugen sowie weitere im Vertrag benannte Akteure aus verschiedenen Teilen des griechischen Kulturraums stammen konnten. Ebenso wurden im Kreditvertrag nicht nur die Kredit- sowie Zinshöhe festgehalten, sondern auch weitere Bestimmungen.

Ein ähnliches Bild zeigt sich auch bei anderen Verträgen aus dem vierten Jahrhundert vor Christus. Ein analoger Aufbau findet sich etwa in dem Kreditvertrag der *polis* Arkesine mit Praxikles aus Naxos.[121] Hier wurde ebenfalls vor Zeugen ein Vertrag geschlossen, der die Kredithöhe benannte und auch die Zahlungsmodalitäten festhielt.

---

119 Siehe dazu MILLET, Maritime loans S. 36 u.a. Dagegen SCHUSTER, Stephan, Das Seedarlehen in den Gerichtsreden des Demosthenes, Berlin 2005, S. 47, der auch Soldzahlungen nennt. Die von ihm genannte Quelle (Demosth. or. 50,14) ist jedoch nicht als typischer Seekredit anzusehen. Siehe dazu auch 4.1.2.1 Fallbeispiel Apollodoros.

120 DEMETRIOU, Negotiating Identity in the Ancient Mediterranean, S. 79f.

121 Siehe Nr. 5 im Quellenteil dieser Arbeit.

BILLETER bemerkte bereits 1898, dass sich innerhalb des vierten Jahrhunderts vor Christus keine Entwicklung bei den verschiedenen Darlehenskategorien feststellen lässt.[122] Vielmehr waren ähnliche Praktiken bereits im vorherigen Jahrhundert üblich, doch die Überlieferung ist erst für die spätere Zeit reichhaltiger. Insofern ist davon auszugehen, dass die Vergabe von Krediten im fünften Jahrhundert vor Christus in vergleichbarer Weise erfolgt ist, wie in den im nächsten Kapitel vorrangig zu untersuchenden Quellen.

Aristoteles hat in seinen unveröffentlichten, unter dem Titel *Politika* bekannten Aufzeichnungen versucht, das Zinswesen und seinen Ursprung auch theoretisch zu durchdringen. Dabei kam er zu dem Schluss, dass die Vermehrung des Geldes durch Geld gegen die Natur sei. Dies umfasse sowohl den Gewinn durch Zinsnahme als auch durch Handel.[123] Geld als reines Tauschmittel betrachtete Aristoteles dagegen als ethisch unproblematisch.[124] Mit diesem Ansatz unterschied er sich deutlich von den zuvor (um 355 vor Christus) durch den Politiker und Schriftsteller Xenophon verfassten Theorien. In den *Poroi* unterbreitete er der *polis* konkrete Vorschläge zur Steigerung der staatlichen Einkünfte. Dies sollte zum einen durch Zoll- und Marktgebühren geschehen, zum anderen aber auch durch Mieteinnahmen. Zu diesem Zweck sollte der Staat Sklaven erwerben, um diese dann für den Silberabbau an Minenbesitzer zu vermieten. Durch diese Kapitalanlage würden sich, nach Xenophon, die Einnahmen in zweierlei Hinsicht steigern: sowohl durch den Lohn, der für die versklavten Leiharbeiter gezahlt werde, als auch durch die so erhöhte Silberproduktion.[125] Das dafür (und für andere Ausgaben, wie beispielsweise für den Kauf einer staatlichen Handelsflotte) notwendige Kapital wollte er durch Anlagen der Bürger generieren und versprach dabei einen Gewinn von bis zu einem Drittel an Zinsen.[126] Auf das Jahr gesehen sollten sich so die eingebrachten

---

122 BILLETER, Geschichte des Zinsfusses, S. 32.
123 Aristot. pol. 1257a. Zur Zinskritik des Aristoteles siehe RAMELET, Le prêt à intérêt, S. 59-78; REDEN, Antike Wirtschaft, S. 77-81.
124 Aristot. pol. 1258b.
125 Xen. vect. 5.
126 Xen. vect. 3,9.

Geldmittel sogar verdoppeln lassen.[127] Hier warb Xenophon also klar mit dem, was der Gesellschaftskritiker Aristoteles einige Jahre später als unnatürlich deklarierte: die Gewinnung von Geld aus Geld. Die Lebensrealität im griechischen Kulturraum entsprach jedoch auch weiterhin dem, was Aristoteles kritisierte.

127 Xen. vect. 3,10.

3. Zins- und Kreditarten

Bevor im Folgenden die verschiedenen Zinsnehmer und -geber genauer betrachtet werden, gilt es, zunächst die im griechischen Kulturraum gebräuchlichen Kredit- bzw. Anlagearten näher zu beleuchten und in Bezug zu ihrem jeweiligen Zinssatz zu setzen. Erwähnungen von Krediten und Zinsen finden sich vor allem in den literarischen Quellen für den hier behandelten Zeitraum, insbesondere in den Gerichtsreden, aber auch in philosophischen Schriften und in den *Wolken* des Aristophanes. Inschriftlich sind ferner Zinssätze auf Abrechnungslisten verschiedener Tempelkassen[128] sowie in ganzen Kreditverträgen, die in Stein gemeißelt worden sind, überliefert.[129]

Zinsrelevante Passagen kommen in den Gerichtsreden vor allem im Kontext zu klärender Streitfälle vor.[130] Es ist allerdings davon auszugehen, dass der Großteil der Kreditverträge problemlos geschlossen und abgewickelt worden ist und daher keine Spuren in den gerichtlichen Quellen hinterlassen hat. In einer Rede[131] gegen seinen ehemaligen Vormund Aphobos führt Demosthenes eine Auflistung des Vermögens sowie der Kredite, die sein Vater als Gläubiger vergeben hatte und die während der Unmündigkeit des Demosthenes in den Händen seiner Vormünder lagen, an. Neben einer Schwert- und einer Möbelmanufaktur, die gemeinsam etwa 30 Mi-

---

128 Siehe beispielsweise Nr. 2 im Quellenteil (IG I³ 369).
129 Siehe beispielsweise Nr. 5 im Quellenteil (IG XII 7, 67 B).
130 Für eine genaue Auflistung siehe die Ausführung zu den Gerichtsreden in der Einleitung.
131 Demosth. or. 27.

nen jedes Jahr einbrachten, hinterließ der Vater des Demosthenes auch noch Geld:

> ἀργυρίου δ' εἰς τάλαντον ἐπὶ δραχμῇ δεδανεισμένου, οὗ τόκος ἐγίγνετο τοῦ ἐνιαυτοῦ ἑκάστου πλεῖν ἢ ἑπτὰ μναῖ.[132]
>
> An Geld [hat er] ein Talent [hinterlassen], verliehen für eine Drachme pro Mine und Monat, Zins fiel an dafür, jedes Jahr mehr als sieben Minen.

Neben zwei Manufakturen, die Gewinn erzielten, hatte der Vater des Demosthenes auch ein Talent gewinnbringend angelegt und zwar zu einem Zinssatz von 12% pro Jahr. Es handelt sich bei diesen ersten Positionen um fest kalkulierbare Einnahmen. Weiter führt Demosthenes an:

> καὶ ταῦτα μὲν οἴκοι κατέλιπεν πάντα, ναυτικὰ δ' ἑβδομήκοντα μνᾶς, ἔκδοσιν παρὰ Ξούθῳ, τετρακοσίας δὲ καὶ δισχιλίας ἐπὶ τῇ τραπέζῃ τῇ Πασίωνος, ἑξακοσίας δ' ἐπὶ τῇ Πυλάδου, παρὰ Δημομέλει δὲ τῷ Δήμωνος υἱεῖ χιλίας καὶ ἑξακοσίας, κατὰ διακοσίας δὲ καὶ τριακοσίας ὁμοῦ τι τάλαντον διακεχρημένον.[133]
>
> Und zu diesen Summen müssen wir einen Seekredit über 70 Minen für Xuthos hinzufügen, 2400 Drachmen auf der Bank des Pasion, 600 Drachmen auf der des Pylades, 1600 Drachmen bei Demomeles, Sohn des Demon, und ein Talent ohne Zinsen[134], ausgeliehen in Beträgen von jeweils 200 und 300 Drachmen.

---

132 Demosth. or. 27,9.

133 Demosth. or. 27,11.

134 Die Annahme, dass diese Kredite zinslos vergeben worden sind, wird aus der Verwendung von κιχράναι (ausleihen im Allgemeinen) erschlossen, wobei es sich hierbei auch um einen Zirkelschluss handeln kann. Während bei dem mit einer Drachme pro Mine und Monat verliehenen Geld das Verb δανείζειν verwendet worden ist, siehe KORVER, Johannes, Demosthenes gegen Aphobos, in: Mnemosyne 10,1 (1941) S. 8-22, S. 14.

Demosthenes unterscheidet zwischen verschiedenen Kreditarten wie Kleinkrediten, Seedarlehen, unverzinsten Freundschaftskrediten und der Verzinsung einer Mitgift. Aber auch eine verzinste Anlage bei der Bank des Pasion ist unter der Aufzählung vorzufinden.[135] Zu dieser Auflistung treten noch die Zinsformen des Naturalienzinses sowie des Pachtzinses, des Zinses durch Pfandleihen und verschiedene Formen des Strafzinses hinzu, die im Folgenden ebenfalls untersucht werden sollen. Zusammenfassend lassen sich all diese Kreditarten unter dem Oberbegriff *daneion* (Darlehen) sammeln. Er umfasst die Überlassung von Gütern (beispielsweise Bergwerken, Saatgut oder Werkstätten) oder Geld für einen bestimmten Zeitraum, zumeist für eine festgelegte Gegenleistung (den Zins).[136]

Das *daneion* stellt folglich den Tatbestand eines echten Darlehens dar und ist gekennzeichnet durch folgende Merkmale: die Gewährung nach Zahl, Maß und Gewicht bestimmter Güter und die Gebrauchsabtretung sowie die Rückgabepflicht von Gütern gleicher Art oder Wertigkeit zu einem festgesetzten Zeitpunkt. In den klassisch griechischen Quellen tritt es als verzinstes Darlehen auf, während es in den Papyri sowohl als verzinstes als auch als unverzinstes Darlehen zu finden ist.[137] Um welche Art des Darlehens es sich dann handelt, kann häufig anhand der Zuschreibung *tokos* (Zins) bzw. *atokos*[138] (ohne Zins) bestimmt werden. Das *daneion* ist rechtlich

135 KORVER, Demosthenes gegen Aphobos, darin eine Auflistung der Summen auf S. 9.

136 BREDOW, Iris von, Daneion, in: DNP 3 (2003), Sp. 309, definiert: „Das Darlehen, die befristete Überlassung vertretbarer Sachen (Naturalien oder Geld) war als Geschäft des täglichen Lebens im gesamten griech. Raum bekannt. Es fand sowohl unter Privatleuten als auch im öffentlichen Leben statt. Kreditgeber waren oft Banken oder Tempel, Kreditnehmer oft Staaten, die manchmal auch bei Privatpersonen verschuldet waren." Bei MAIER, Günther, Eranos als Kreditinstitut, Erlangen 1969, S. 21, findet sich eine weiter spezifizierende Definition für Darlehen, die neben dem *daneion* auch die *chresis* umfasst: „Die zeitweilige Überlassung bestimmter vertretbarer Sachen zum wirtschaftlichen Verbrauch unter Rückerstattungspflicht von Sachen gleicher Art, Güte und Menge (Darlehen) wird im griechischen und graeco-ägyptischen Recht vornehmlich unter den Begriffen δάνειον und χρῆσις verstanden."

137 Vgl. MAIER, Eranos, S. 21f.

138 Belege für die Verwendung von *atokos* als zinslos finden sich bei Lysias, Fragment 65 (Ausgabe CAREY) sowie Plat. leg. 5,742c und 8, 921c. Damit ist die

unserem heutigen Darlehen analog, wie auch MAIER konstatiert.[139] Zu unterscheiden sind die *daneia* von der *chresis* sowie dem *eranos*, einem unverzinslichen Darlehen, das eine Gemeinschaft zweckgebunden an einen Begünstigten zuführte.[140]

Wie schon FINCKH richtig bemerkt hat, handele es sich bei dem *daneion* um „ein verzinsliches Geschäftsdarlehen"[141], das sich nur durch das Motiv der Geschäftlichkeit von der *chresis* unterscheide. Das Motiv des Gläubigers, sein Kapital dem Schuldner zu überlassen, liegt in diesem Fall in dem Bestreben begründet, das eigene Kapital durch Zinsen zu vergrößern.[142] Die *chresis* hingegen diente in klassischer Zeit als Hilfestellung zur Überbrückung einer vorübergehenden Bedürftigkeit aus Gefälligkeit, zumeist durch Personen aus dem näheren Umfeld, und unterlag ebenfalls einer Verzinsung.[143] Im Hellenismus hingegen lassen sich diese beiden Darlehensformen nicht derart voneinander abgrenzen, da sowohl *chresis* und *daneion* juristisch das Gleiche bedeuten und jeweils sowohl im geschäftlichen als auch im privaten Bereich angetroffen werden.[144] Die von FINCKH und KÜHNERT vorgenommene Unterscheidung, die auf der Unterscheidung zwischen dem freundschaftlichen bzw. geschäftlichen Bereich beruht, basiert ihrerseits vermutlich auf der Definition von CVETLER, der den Beweggrund der Darlehensgabe des Gläubigers als das entscheidende Merkmal zur Differenzierung begreift. Allerdings stellt auch er fest, dass die Grenze zwischen dem *daneion* und der *chresis* subjektiv und oft fließend sei, es so zu einer Verwechslung

---

Bedeutung von *atokos* für den Untersuchungszeitraum deutlich von der im hellenistischen Ägypten zu unterscheiden. Die Verwendung innerhalb der Papyri legt nahe, dass in den als *atokos* bezeichneten Krediten der Zins bereits eingerechnet war, folglich nicht extra angeführt wurde und sie dementsprechend auch nicht zinslos waren. Dagegen RUPPRECHT, Untersuchungen zum Darlehen, S. 79, der diese Darlehen als ausdrücklich nicht verzinst bezeichnet.

139 MAIER, Eranos, S. 22.

140 Vgl. THÜR, Gerhard, Eranos, in: DNP 4 (2003), Sp. 40.

141 FINCKH, Zinsrecht, S. 9.

142 Vgl. KÜHNERT, Hanno, Zum Kreditgeschäft in den hellenistischen Papyri Ägyptens bis Diokletian, Freiburg im Breisgau 1965, S. 38.

143 Vgl. FINCKH, Zinsrecht, S. 10.

144 Vgl. MAIER, Eranos, S. 22f.

und Verknüpfung kommen könne.[145] Demnach ist festzuhalten, dass eine rigorose Abgrenzung zwischen diesen beiden Darlehensformen stets einen spekulativen Aspekt aufweist. Im Folgenden wird daher der Begriff *daneion* allgemein für Darlehen gebraucht, um einer solchen subjektiven Einschätzung zu entgehen. Eine Ausnahme wird lediglich dann gemacht, wenn in der betreffenden Quelle die explizite Nennung des Begriffs *chresis* gebraucht wird. Anders verhält es sich bei den in 3.1.1 erwähnten *eranoi* (Freundschaftskrediten), die sich auch juristisch vom *daneion* abgrenzen lassen.

Das Darlehen selbst wurde zumeist in einem schriftlichen Vertrag (συγγραφή) geregelt, mündliche Absprachen konnten jedoch auch getroffen werden, sie hatten vor Gericht allerdings ein geringeres Ansehen. Zu welchem Zeitpunkt die jeweilige Urkunde erstellt wurde, ist dabei fraglich.[146] Ob eine Kopie oder das Original dieser Verträge im Tempel- oder *polis*-Archiv oder an einem anderen Ort aufbewahrt wurden, oder ob alternativ nur die jeweiligen Vertragsparteien ein Exemplar besaßen, lässt sich retrospektiv nicht mit Sicherheit feststellen, wobei jedoch die Vermutung nahe liegt, dass der Aufbewahrungsort je nach Verhältnis zwischen den Akteuren und dem behandelten Fall variierte. Es konnte durchaus möglich sein, bei einer beiden Parteien bekannten Person den Vertrag zu hinterlegen.[147] Ausnahmen bilden hier explizite Vorschriften zum Aufbewahrungsort des Vertrages – wie etwa im Darlehensgeschäft zwischen der *polis* Arkesine und Praxikles.[148]

---

145 Vgl. CVETLER, Jiří, Daneion und Chresis, in: Zeitschrift der Savigny-Stiftung für Rechtsgeschichte 55 (1935), S. 275-277, S. 277.

146 Vgl. KÜHNERT, Kreditgeschäft, S. 31, der zu dem Schluss kommt, dass die Kreditierung schon bestehender Schulden mit der Abfassung einer *daneion*-Urkunde zusammenfalle.

147 Demosth. or. 41,21. Hier wurde sowohl ein Testament als auch ein Kreditvertrag bei einem gewissen Aristogenes deponiert, der in diesem Fall als eine Art Notar fungierte.

148 Siehe Nr. 5, Z. 48f. im Quellenteil: ὡμολόγησα[ν] | [δὲ] Ἀρκεσινεῖς ἀναγεγραμμένην [π]αρέχει[ν] τήνδε τὴ[ν] συγγραφὴν | [ἐν] Ἀρκεσίνηι ἔν τε [τ]ῶι δημ[οσί]ω[ι καὶ <ἐν> τῶι ἱ]ερ[ῶι τῆς Ἥ]ρας ἐς στήληι λ[ι]|[θίνηι] ἡμερῶν ἑξήκοντα ἀφ' ἧς ἂ[ν ἐ]παγ[γείλωσιν οἱ δ]ανεισταί. Die Arkesiner stimmen überein, dass dieser Vertrag innerhalb von sechzig Tagen, nachdem die Da-

Die Überlassung war oft an einen festen Rückgabezeitpunkt gebunden, dessen Überschreitung zu Strafzahlungen oder anderen Maßnahmen führen konnte.[149] Die Laufzeit des Kredites ergab sich folglich aus dem im Vertrag genannten Rückgabezeitpunkt und variierte je nach Kredittyp. So war es bei einem Seekredit beispielsweise üblich, dass die Laufzeit des Kredites der Reisedauer des Handelsschiffes inklusive des Absatzes der Ware entsprach.[150]

Die verschiedenen Kreditgeschäfte sollen im Folgenden je nach ihrem Typus auf ihren Zinssatz hin untersucht werden. Die Untersuchung erfolgt innerhalb der Typen chronologisch. Auch die Rückzahlungsmodalitäten sollen berücksichtigt werden, um zinsspezifische Fragen klären zu können: Hat die Zinshöhe Einfluss auf die Kreditdauer? Was bedeutet es, wenn ein fester Rückzahlungstermin besteht?

3.1 Freundschaftskredite

Nicht alle Nennungen von finanziellen Forderungen in den Quellen erwähnen zwangsläufig einen Zins. So verlieh der Vater des Demosthenes ein Talent in Beträgen von 200 bis 300 Drachmen zinslos.[151] Über die genauen Umstände dieser Transaktionen gibt die Quelle jedoch keine Auskünfte, in der Gerichtsrede wird nur das Vorhandensein dieser Kredite thematisiert. Da es sich jedoch mindestens um vier solcher Kredite gehandelt haben muss, kann davon ausgegangen werden, dass solch zinslose Darlehen wohl keine Seltenheit darstellten. Bekräftigt wird diese Annahme durch Darstellungen bei Theophrast, der schildert, dass zinslose Darlehen in der Nachbarschaft sowie im Bekanntenkreis aufgenommen und vergeben

---

neistai den Kredit angekündigt haben, in Arkesine an einem öffentlichen Gebäude und im Tempel der Hera auf einer Steinstele veröffentlicht werden soll.

149 Vgl. KÜHNERT, Kreditgeschäft, S. 20, der den Rückgabezeitpunkt als wichtigen Bestandteil des *daneion* sieht.

150 Demosth. or. 35,11.

151 Demosth. or. 27,11. Ähnliche Staffelungen der Beträge finden sich auch in der Buchführung der Tempelbank in Rhamnous, s. IG I^3 248. Es kann also davon ausgegangen werden, dass es sich bei diesen Höhen um übliche Kreditsummen handelte.

worden seien.[152] In den weiteren Reden des Demosthenes finden zinslose Kredite nur dann Erwähnung, wenn sie Bestandteil eines Erbes waren. Klagen, die sich mit säumigen Rückzahlungen von *eranoi* befassen, sind für den hier behandelten Zeitraum nicht überliefert.[153] Ob dies der Überlieferungssituation oder der Möglichkeit geschuldet ist, dass es bei diesen Krediten selten zu Streitigkeiten kam, lässt sich leider nicht sagen. Jedoch zeigt sich an dem zuvor angeführten Beispiel, dass die Forderung der Rückzahlung nicht an den Empfänger des Kredites, sondern an Aphobos, den Verwalter des Gesamtvermögens des Gebers gestellt wird, der für eine mögliche Rückzahlung hätte sorgen müssen. Das Eintreiben der ausstehenden Forderungen oblag dementsprechend dem Gläubiger oder – wie in diesem Fall – seinem gesetzlichen Vertreter.

Anders zeigt sich das Bild in Urkunden des dritten Jahrhunderts vor Christus. Durch das Wort ἄτοκος wird hier die Zinslosigkeit eines Darlehns verdeutlicht.[154] Auch bezüglich ausgewählter Naturaldarlehen des ptolemäischen Ägyptens finden sich Verträge, in denen der Kredit ἄτοκος, also zinslos, ist. Neben Getreide wurde auch Wein verliehen. Anhand des Weines, der im Gegensatz zum Getreide keine Reproduktionsrate aufweist, wird der Charakter des „Freund-

---

152 Theophr. char. 15,7; 17,9; 22,9.

153 Sowohl Demosth. or. 27,11 als auch Hyp. Ath. 5 erwähnen zwar zinslose Kredite, diese fallen auch in den Streitgegenstand, jedoch nicht aufgrund ihrer Spezifizierung als zinslose Kredite, sondern wegen der mit diesen Krediten verbundenen, erst nach Vergabe der Kredite entstandenen Schwierigkeiten. Die zinslosen Kredite, die der Vater des Demosthenes vergeben hat, werden lediglich erwähnt, weil sie zum Vermögen hinzugerechnet werden. Hypereides dagegen möchte durch die Anmerkung verdeutlichen, dass sein Mandant über ein Netzwerk aus Freunden verfüge, die ihm zeitnah einen Kredit über 40 Minen zur Verfügung stellen konnten. Schwierigkeiten in Bezug auf diesen Kredit werden nicht erwähnt. Anders gestaltet sich der Sachverhalt für die *eranoi*, die der Kläger von Athenogenes im Kleingedruckten des Kaufvertrags seines Sklaven übernommen hat. Hier wird der neue Schuldner von den Gläubigern belagert, die nun ihr Geld einfordern. Zu einer gerichtlichen Auseinandersetzung kommt es jedoch nicht.

154 S. a. KÜHNERT, Kreditgeschäft, S. 42; FINCKH, Zinsrecht, S. 16.

schaftskredites“ deutlich, der auf einem Austausch im Verhältnis eins zu eins beruhte.[155]

3.1.1 Eranos-Darlehen

Einen verbreiteten Fall zinsloser Kredite stellte der *eranos* dar, ein Darlehen, das von Bekannten oder Vereinen zur Verfügung gestellt wurde.[156] Besonders bei kleineren Beträgen wurden zunächst Verwandte und Freunde nach zinslosen Krediten gefragt, die also auf einer starken Solidarität zu dem mit dem *eranos* Bedachten beruhten.[157] Das Wort *eranos* findet sich bereits bei Homer im Bedeutungszusammenhang mit einem üppigen Gastmahl.[158] So berichtet er, dass als Gegenleistung für ein Mahl jeder Gast ein Geschenk mitbrachte, das als eine Art der Vergütung für das gemeinsame Speisen im elitären Kreis erbracht worden sei. Diese Art der materiellen Darlegung zur Entschädigung des gezeigten Aufwandes wich im Laufe der Zeit einer anderen Form des Ausgleiches, indem das Gastmahl wechselseitig ausgerichtet wurde, sodass jede zu der so entstandenen Gemeinschaft (ἐρανισταί) gehörende Person einmal zum Ausrichter des Essens wurde.[159] Die Mitglieder jener Gemeinschaft unterstützten sich ferner in finanziell schwierigen Zeiten gegenseitig, woraus sich ebenfalls kleine Kreditgemeinschaften entwickelten. Somit erscheint es nicht verwunderlich, dass ab dem ausgehenden fünften Jahrhundert vor Christus der Begriff *eranos* auch einen gemeinsamen, durch mehrere Personen gesammelten, Betrag für ein

---

155 Siehe KÜHNERT, Kreditgeschäft, S. 51 mit Verweis auf beispielsweise Grenf I 18, Grenf II 6 sowie Grenf II 29 für Getreidedarlehen sowie für Wein Grenf II 24 und für Salz Grenf I 29. Es handelt sich in den beiden letzten Fällen folglich nicht um Saatgutdarlehen, die für sich selbst produktiv sind, sondern um Verbrauchsgüter.

156 Siehe besonders VONDELING, Johannes, *Eranos*. Groningen 1961, sowie MAIER, Eranos und FINLEY, Studies in Land and Credit, S. 100.

157 BRESSON, Alain, Making of the Ancient Greek Economy, S. 279.

158 Vgl. Hom. Od. 1,226.

159 Vgl. MAIER, Eranos, S. 18.

gemeinschaftliches Ziel bezeichnen konnte.[160] Ein gemeinsames Ziel der Geldgeber bestand somit in der Darlehensgabe an einen (den Gläubigern bekannten) Darlehensnehmer zur Überbrückung von finanziellen Schwierigkeiten.[161]

Die dafür notwendige Sammlung von Geldbeträgen konnte sich unterschiedlich gestalten. Zum einen war es möglich, dass der Begünstigte selbst die Beträge von den *eranos*-Gebern einsammelte.[162] So geschehen durch Antiphon, der einen *eranos* von seinen Freunden erhielt (κἂν ἔρανον παρὰ τῶν φίλων συλλέξας).[163] In diesem Fall schloss der *eranos*-Nehmer mit jedem einzelnen Geber ein Darlehensgeschäft ab, wobei sich der Gesamtkredit aus einer Anzahl an kleineren Einzelkrediten zusammensetzte.[164] Die Darlehensgeber mussten sich untereinander nicht kennen, es verband sie nur die Tatsache, dass sie jeweils Geld einem gemeinsamen Begünstigten zukommen ließen.[165]

Für die klassische Zeit fügt THOMSEN hinzu, dass sich „freundschaftlich" auf das Verhältnis zwischen Kreditgeber und -nehmer beziehe und „not between lenders, and there is no evidence that the contributors to a friendly *eranos* loan knew each other let alone coordinated the loan between them."[166] So liegt der Schluss nah, dass sich gerade aus dem Studium der literarischen Quellen der Eindruck ergibt, dass der *eranos* nur aus der Sicht des Kreditnehmers ein Sammelkredit war, es sich für die Geber jedoch lediglich um Einzelkredite handelte, die sie zum Kollektivbetrag beisteuerten.[167]

---

160 Vgl. MAIER, Eranos, S. 19f.; THÜR, Eranos, der als Ziele Erlegung einer Geldstrafe, Auslösung aus Kriegsgefangenschaft, Loskauf aus Sklaverei nennt; BRESSON, Making of the Ancient Greek Economy, S. 165.

161 THOMSEN, Christian A., The Eranistai of Classical Athens, in: Greek, Roman and Byzantine Studies, Bd. 55, 1 (2015), S. 154-175, S.156.

162 Vgl. z. B. Demosth. or. 53,12; Lys. Fr. 1,4; Hyp. Ath. 5.

163 Antiph. Tetr. 1,2,9.

164 Vgl. MAIER, Eranos, S. 62.

165 MAIER, Eranos, S. 63.

166 THOMSEN, The Eranistai of Classical Athens, S. 158.

167 Theophr. char. 17,9.

Anders bildet sich die Situation auf den *horoi*[168] ab, auf denen die Geber immer als eine Gruppe mit einer gemeinsamen Summe präsentiert werden.[169] Jedoch dienten die *horoi* in ihrer Funktion nicht der detaillierten Aufzeichnung der Darlehensumstände, die schließlich im jeweiligen Kreditvertrag festgehalten worden sind, sondern lediglich der Markierung einer Hypothek auf dem gekennzeichneten Grundstück und/oder Haus. Folglich erscheint es kaum überraschend, dass auf dem Stein lediglich – zumeist jedenfalls – die kreditierte Summe sowie der Zusatz vermerkt ist, dass es sich um einen *eranos* bzw. einen durch die *eranistai* vergebenen Kredit handelt.[170]

Zum anderen konnte die Sammlung auch durch einen Vermittler oder Sammler (πληρωτής)[171] erfolgen. An dieser Stelle sei zur Position des Vermittlers innerhalb der Rechts- und Gesellschaftsstruktur gesagt, dass er selbst nicht zwingend einen eigenen Beitrag beisteuerte, sondern auch nur als Mittler zwischen den Darlehensgebern und dem Darlehensnehmer fungieren konnte.[172] Diesbezüglich vermerkt THOMSEN, dass es auch in einem solchen Fall keine Anzeichen dafür gebe, dass Zinsen für diesen vermittelten Kredit genommen worden, auch wenn es schwierig sei, sich vorzustellen, „why the *plêrôtai eranou* - and the creditors they represented - would brave the inherent risks involved in money-lending if not for the prospect of a profit."[173] Eine weitere Möglichkeit zur Generierung einer größeren Summe bildeten monatliche Beitragszahlungen von Vereinsmitgliedern in einen Fonds.[174] Ab welchem Zeitpunkt diese Gesellschaften in Athen auftraten, ist nicht mit Sicherheit zu bestimmen. Als *terminus ante quem* ist das Jahr 320 vor Christus zu

---

168 Zu den *horoi* (Hypothekensteine) siehe die grundlegende Arbeit von FINLEY, Studies in Land and Credit sowie FINE, John V. A., Horoi. Studies in Mortgage, Real Security, and Land Tenure in Ancient Athens, Athen 1951.

169 THOMSEN, The Eranistai of Classical Athens, S. 158.

170 IG II² 2699; IG II² 2700; IG II² 2701 und weitere.

171 HARRIS, Edward M., Women and Lending in Athenian Society. A "Horos" Re-Examined, in: Phoenix, 46, 4 (Winter, 1992), S. 309-321, S. 311.

172 Vgl. MAIER, Eranos, S. 32ff.

173 THOMSEN, The Eranistai of Classical Athens, S. 161.

174 Vgl. MAIER, Eranos, S. 36ff.

nennen.[175] In diesen Zeitraum fällt auch ein *horos* aus Arkesine, in dessen Text als *eranos* nicht der Kredit allein gemeint sein kann, vielmehr die *eranos*-Gesellschaft als Ganzes:

> ὅρος χωρίων [τῶν ἐν ......]-| ρει καὶ οἰκίας καὶ κ[ήπων]| τῶν Ξενοκλέος τῶ[ν κει-]| μένων ἐμ Φυλινχείαι καὶ τῶν| ἐπικυρβίων ἐνεχύρων, ὑποκει-|μένων συνεπιχωρούσης τ[ῆ] ς | γυναικὸς Ἐρατοκράτης καὶ τοῦ| κυρίου Βρουκίωνος τῶ[ι] ἐράν[ωι] | καὶ Ἀρισταγόραι τῶι ἀρχεράνωι | καὶ τῆι γυναικὶ αὐ[τοῦ] Ἐχε[ν(?)— —]| πρὸς τὴν ἐγγύαν ἣν ἐγ[ράψα]-| το Ξενοκλῆν τοῦ ἐρά[νου ὂν] | συνέλεξεν Ἀρισταγόρα[ς] | [κα]τὰ τὸν νόμον τῶν [ἐρα-]|[νισ]τῶν.[176]
>
> Hypothekenstein der Ländereien in (...) und des in Phylincheia liegenden Hauses und der Gärten des Xenokles sowie der aufgezeichneten Pfänder verpfändet im Einverständnis der Ehefrau Eratokrates und ihres Rechtsvertreters Broukion an die Eranosgemeinschaft und Aristagoras, der Vorsitzende und dessen Ehefrau Echenike (?). Als Bürgen für den *eranos*, den Aristagoras eingesammelt hat, verzeichnet (er) Xenokles, gemäß der Satzung der *eranistai.*[177]

Aufgrund der Eigenart dieser Quelle werden die hinter den Eranosgemeinschaften liegenden Strukturen transparenter. Aus den einstigen, oben beschriebenen Freundschaftstreffen, bildeten sich zusehends professionalisierte Clubs mit Vorsitzendem, Schatzmeister, Mitgliedern und eigener Satzung (νόμος), die sich vom Aufbau durchaus mit heutigen Vereinen vergleichen lassen. Neben der Vergabe von Krediten widmeten sich die *eranistai* auch gemeinnützigen Aufgaben wie der Tempelpflege oder Ähnlichem.[178]

Die Geldbeträge der überlieferter Eranosdarlehen schwankten zwischen 60 Drachmen und 40 Minen. Die Höhe des von dem ein-

175 THOMSEN, The Eranistai of Classical Athens, S. 165.
176 IG XII 7, 58.
177 Übersetzung in Anlehnung an A. Eich, dem ich herzlich für die Überlassung seines Vortragsmanuskripts zu Kleinkrediten danke.
178 Siehe VONDELING, Eranos, Kapitel IV.

zelnen Gläubiger gegebenen Betrages war von der Zahlungsfähigkeit sowie Zahlungsbereitschaft des Einzelnen abhängig, sodass auch innerhalb einer Sammlung die einzelnen Beträge variierten.[179] Das so gesammelte Kapital wurde als Darlehen unter Vereinbarung einer Überlassungsdauer sowie oft mit Vermerk einer Praxis-Klausel[180] dem Kreditnehmer überlassen.[181] Die Laufzeit betrug zumeist ein Jahr, die Rückzahlung konnte im Gegensatz zu den anderen Kredittypen in Raten erfolgen. Bei nicht fristgerechter Rückzahlung wurden Strafzahlungen fällig, die unter Umständen auch verzinst werden mussten.[182] Darüber hinaus war es durchaus üblich, dass die *eranistai* ihr Geld zurückforderten, sei es durch massive Ansprache oder gar durch eine „Belagerung“ des *oikos* des Schuldners.

Sehr selten zeigt sich in den Quellen, dass die Rückzahlung des Darlehens nicht erwartet, sondern es als ein Geschenk für einen zuvor geleisteten (Freundschafts-)Dienst betrachtet wurde. MAIER wertet diesen Umstand zumeist als Bestechungsgeld für eine erbrachte oder zu erwartende Gegenleistung.[183] THALHEIM dagegen kommt zu dem Schluss, dass es sich beim *eranos* um eine kurzzeitige Schenkung gehandelt habe, die den Beschenkten nach Kräften zur Rückzahlung verpflichtet habe. Diese Möglichkeit gelte jedoch nur für Athen, in anderen *poleis* war die Darlehenssumme durchaus einklagbar.[184] Der Begriff Schenkung ist an dieser Stelle allerdings missverständlich, denn er suggeriert die dauerhafte Überlassung der Kreditsumme. Auch geben die Quellen keine Auskunft darüber, ob diese Darlehen in Athen nicht ebenso eingeklagt werden konnten, was auf Basis der kontextualen Überlieferung durchaus plausibel erscheint und nicht im Widerspruch zu der Quellenlage steht.

---

179 Vgl. MAIER, Eranos, S. 40.

180 Die Praxis-Klausel besagt, dass bei Nicht-Einhaltung der Vereinbarung, wie keine Rückzahlung in der vorgegebenen Zeit, so vollstreckt werden darf, als wenn bereits ein Gerichtsurteil über sie ergangen wäre.

181 Vgl. MAIER, Eranos, S. 49ff.

182 Siehe Kapitel 3.6 Strafzinsen.

183 Vgl. MAIER, Eranos, S. 44.

184 THALHEIM, Griechische Rechtsaltertümer, S. 74.

Eine Besonderheit des *eranos* sei, so SCHMITZ, die unterlassene Forderung nach Sicherheiten.[185] Dagegen spricht jedoch, dass sich gerade im Raum Attika zahlreiche *horoi* an Grundstücken mit dem Vermerk von *eranoi* finden, denen die so ausgewiesenen Grundstücke und/oder Häuser als Sicherheit gedient haben können.[186] Auch waren auf diesen die Höhe des *eranos* vermerkt und für den vorbeigehenden Nachbarn lesbar. Obwohl der Kredit im freundschaftlichen Bekanntenkreis gewährt wurde, fand die Kreditvergabe öffentlich statt.

Im Gegensatz zu den später behandelten Kredittypen standen Darlehensgeber und Darlehensempfänger zumeist in einer persönlichen Beziehung zueinander, die auf Freund-, Nachbar- oder Bekanntschaft beruhte. In diesem Umstand sieht HARRIS den Grund, weshalb in den Quellen keine Zinsen auf *eranoi* zu finden seien.[187] Eben durch die Nähe zwischen *eranos*-Geber und -nehmer wird dieses Modell gerade zur Überbrückung von kleineren finanziellen Notlagen genutzt worden sein. Es war nicht der Gang zur Bank (der auch die Zahlung von Zinsen bedeutet hätte), sondern lediglich zu Nachbarn oder Freunden notwendig. Eine dem attischen Redenschreiber Hypereides zugeschriebene Rede berichtet von einem jungen Athener, Epikrates, der die Summen für ein geplantes Kaufgeschäft zügig bei seinen Freunden eintrieb.[188] Die Bitte nach Krediten im Freundeskreis bzw. in der Nachbarschaft scheint also durchaus üblich gewesen zu sein. Ob es sich dabei um ein kurzfris-

---

185 Vgl. SCHMITZ, Winfried, Darlehen, in: DNP 3 (2003), Sp. 326-329, ebenso MILLETT, Maritime Loans, S. 47.

186 IG II^2 2700 und IG II^2 2701 dienen hier als Beispiele. Kreditiert werden Summen von 200 bzw. 800 Drachmen. So auch HARRIS, Women and Lending, S. 314, der die Stellung von Sicherheiten für *eranoi* in Form von Ländereien und Häusern hervorhebt. Dabei sieht er die Phrase „ἐπὶ λύσει" ebenfalls als unproblematisch an, da dieser „Kauf" nicht als regulärer Kauf anzusehen sei, sondern im Kontext der Darlehensvereinbarung stehe. Dass es sich nicht bei allen auf den *horoi* festgehaltenen Darlehen um *eranoi* handelt, ist jedoch offensichtlich. Die Höhe der fälligen Zinsen kann bei diesen Fällen nur in den wenigsten Fällen rekonstruiert werden, da zumeist ausschließlich die Kreditsumme benannt wird. Siehe Kapitel 3.3 Alltagskredite sowie 3.5.3 (Mitgift).

187 HARRIS, Women and Lending, S. 312.

188 Hyp. Ath. 5.

tiges Liquiditätsproblem handelte oder um ein tiefgreifendes finanzielles Problem, ist dabei unerheblich. Ein Umstand, der vermutlich den ein oder anderen Nachbarn dazu brachte, die Straßenseite aus Angst vor Bittstellern zu wechseln, wie Theophrast überspitzt bei seiner Charakterisierung des „Aneleutheros" darstellt:

> καὶ φίλου ἔρανον συλλέγοντος καὶ διειλεγμένου αὐτῷ, προσιόντα προϊδόμενος ἀποκάμψας ἐκ τῆς ὁδοῦ τὴν κύκλῳ οἴκαδε πορευθῆναι.[189]
>
> Wenn ein Freund einen *eranos* einsammeln möchte und es ihm zuvor erzählt hat, biegt er, sobald er ihn kommen sieht, von der Straße ab und geht auf einem Umweg nach Hause.

Zusammenfassend ist festzustellen, dass der *eranos* von der homerischen Zeit bis ins vierte Jahrhundert vor Christus eine Entwicklung von einem gemeinschaftlichen Essen mit wechselnden Gastgebern über Kreditgemeinschaften hin zu professionalisierten Kreditvereinen und -vermittlern vollzog. In Hinblick auf die verschiedenen Formen des *eranos* finden sich in den Quellen keinerlei Angaben zu einer mit ihnen einhergehenden Zinserhebung. Im Gegensatz dazu wird jedoch stets auf die Pflicht zur Rückzahlung der Darlehen verwiesen. Sehr deutlich wird dies auch in der Aussage des „Nörglers" bei Theophrast:

> ὅτι δεῖ τἀργύριον ἀποδοῦναι ἑκάστῳ καὶ χωρὶς τούτων χάριν ὀφείλειν ὡς εὐεργετημένον.[190]
>
> Weil ich das Geld einem jedem zurückzahlen und obendrein eine Dankesleistung erstatten muss, als sei mir eine Wohltat geschehen.

189 Theophr. char. 22,9.
190 Theophr. char. 17,9.

3.1.2 Weitere zinslose Darlehen

Neben den bereits geschilderten *eranoi* sind gerade durch Ehreninschriften zahlreiche Beispiele für weitere zinslose Darlehen belegt. In diesen Fällen sind es jedoch nicht Privatpersonen, sondern Städte, die die Darlehen erhielten. So konnte bereits im Kreditvertrag vereinbart worden sein, dass das Darlehen zinslos war, oder der Kreditgeber erließ dem Gläubiger im Nachhinein die vertraglich vereinbarten Zinsen. Dabei verdeutlicht die Überlieferungslage, dass es unerheblich war, ob es sich um Geld- oder Naturaldarlehen handelte. Entlohnt wurden die Gläubiger in den uns bekannten Fällen jedoch trotzdem, denn die *poleis* stellten ihren großzügigen Gläubigern zu Ehren Steindenkmäler auf und würdigten sie in vielen Fällen zusätzlich mit einem goldenen Kranz. So geschehen im Falle des Atheners Androtion, der der *polis* Arkesine auf Amorgos im Jahr 357/56 vor Christus die Zinsen für einen Kredit im Nachhinein erließ und laut der erhaltenen Stele dafür einen goldenen Kranz im Wert von 500 Drachmen sowie zusätzlich den Titel eines Wohltäters verliehen bekam.[191] Die Zinsen indes hätten sich auf 12 Minen,[192] also 1200 Drachmen, belaufen. Die Motivation Androtions für dieses Kreditgeschäft wird daher weniger finanzieller als politischer Natur gewesen sein. Denn als Kommandeur der athenischen Garnison und vermögender Mann wird für ihn der aus den Ehrungen hervorgegangene politische Nutzen deutlich höher gewesen sein als der mögliche finanzielle Gewinn durch die Zinsen. In Zahlen entsprach dieser Nutzen 700 Drachmen.

Mehrere zinslose Kredite vergab auch ein gewisser Malousios aus Gargara an die *polis* Ilion um das Jahr 306 vor Christus.[193] Wie bei Androtion wurde auch zu seinen Ehren eine Stele errichtet und Malousios darüber hinaus mit einem Goldkranz im Wert von 1000 Drachmen ausgestattet. Zusätzlich befreite die Stadt ihn und sei-

---

191 IG XII 7, 5. Das hier angefügte Beispiel ist eines von vielen. Für weitere Ehrungen s. a. MIGEOTTE, L'emprunt public, Nr. 19, 40, 42 und weitere; ENGEN, Honor and Profit.

192 IG XII 7, 5, Z. 13f.

193 I.Ilion, 1.

ne Nachkommen von sämtlichen Steuern.[194] Für Malousios waren die wiederholten zinslosen Kredite wohl trotzdem profitabel, denn insgesamt sind fünf Ehrendekrete auf der ihm gewidmeten Stele überliefert, von denen zwei mit einem Goldkranz im Wert von 1000 Drachmen dotiert waren. Die Gesamtsumme der zahlreichen Kredite, die Malousios gewährte, kann nur schwer ermittelt werden, belief sich aber auf mindestens 105 000 Drachmen. Ob die einzelnen Kredite jemals zurückgezahlt wurden oder ob lediglich die Ehrungen vorgenommen wurden, ist nicht überliefert.[195]

Dass Städte versuchten, durch Versprechen von Ehrungen zinslose Kredite zu erlangen, scheint ein übliches Vorgehen gewesen zu sein. So vermutlich auch im Falle des Hephaistos, der einen Kredit, den sein Vater mit der *polis* Istros abgeschlossen hatte, in einen zinslosen Kredit umwandelte, jedoch nur für die Dauer von zwei Jahren.[196] Allerdings wird es auch bei dieser Strategie immer wieder vorgekommen sein, dass der Kreditgeber die ihm angetragene Ehrung ablehnte und weiterhin Zinsen für seinen Kredit forderte, so wie es Aischines über Demosthenes berichtet:

> ἐξανηλωμένοι γὰρ ἐν τῷ πολέμῳ καὶ παντελῶς ἀπόρως διακείμενοι, πέμπουσι πρὸς αὐτὸν Γνωσίδημον τὸν Χαριγένους, υἱὸν τοῦ δυναστεύσαντός ποτε ἐν Ὠρεῷ, δεησόμενον τὸ μὲν τάλαντον ἀφεῖναι τῇ πόλει, ἐπαγγελούμενον δ᾽ αὐτῷ χαλκῆν εἰκόνα σταθήσεσθαι ἐν Ὠρεῷ. ὁ δὲ ἀπεκρίνατο τῷ Γνωσιδήμῳ, ὅτι ἐλάχιστα χαλκοῦ δέοιτο, τὸ δὲ τάλαντον διὰ τοῦ Καλλίου εἰσέπραττεν.[197]
>
> Weil sie durch den Krieg zugrunde gerichtet und in einer ganz und gar hilflosen Lage waren, schickten sie Gnosidemos, Sohn des Charigenes, der in Oreus politisch sehr ein-

194 I.Ilion, 1, Z. 18ff.

195 Vgl. MIGEOTTE, L'emprunt public, Nr. 79, der ebenfalls feststellt, dass die Darlehen zwar ursprünglich auch als solche konzipiert waren, es aber durchaus im Rahmen des Möglichen liegt, dass sie nicht komplett erstattet und schließlich zur Schenkung wurden.

196 MIGEOTTE, L'emprunt public, Nr. 41.

197 Aischin. Ctes., 103f.

> flussreich war, zu ihm (Demosthenes) mit der Bitte, der Stadt das Talent zu erlassen, wenn sie ihm dafür eine Ehrenstatue in Oreus errichten. Er antwortete aber Gnosidemos, dass das, was er am wenigsten brauche, Bronze sei, das Talent lasse er daher durch Kallias eintreiben.

Demosthenes besteht folglich auf die Zahlung des Talents und den damit verbundenen Zinsen und lehnt die ihm angebotenen Ehrungen ab. Ähnlich werden auch die zuvor aufgezeigten Beispiele zustande gekommen sein. Entweder traten die privaten Kreditgeber mit der Bitte um eine Ehrung an die jeweilige *polis* oder aber die *polis* unterbreitete den Kreditgebern ein Angebot, das sicher auch bis zum gewünschten Resultat verhandelt werden konnte. Ob die Kredite jedoch als echte zinslose Darlehen angesehen werden können, ist fraglich. Denn für die Ehrungen durch Bronzestatuen, Stelen und goldene Kränze, mussten die *poleis* trotzdem Kapital aufbringen. Auch der Kreditgeber erlangte eine Vergütung für seine erbrachte Leistung, wenn auch nicht in Form von Geld, nämlich durch Vergünstigung und Ruhm.[198] Eine öffentlich sichtbare Ehrung diente dem Geehrten auch immer als Vorleistung für einen späteren Zeitpunkt, an dem er dann vielleicht auf die Gunst und Unterstützung der Stadt hoffen konnte.

3.2 Naturaldarlehen

Die Geschichte des Naturalzinses reicht bis in das zweite Jahrtausend vor Christus zurück und soll als Gegenstand einer gesamthistorischen Betrachtung daher an dieser Stelle nicht aufgegriffen werden.[199] Auch im hier behandelten Zeitraum war eine Verzinsung in Form von Naturalien üblich gewesen. Im Folgenden stehen ebensolche Fälle im Zentrum, ohne sie in eine gesamthistorische Betrachtung einzubringen. In den Wirtschaftswissenschaften wird der

---

198 Dazu ausführlich ENGEN, Honor and Profit.

199 Für weiterführende Literatur siehe RAMELET, Le prêt à intérêt; SZLECHTER, Émile, Le prêt dans l'Ancien testament et dans les Codes mésopotamiens d'avant Hammourabi, in: Revue d'Histoire et de Philosophie religieuses (1955), S. 16-25.

Naturalzins als die in einer Naturaltauschwirtschaft für die zeitweilige Überlassung einer Gütermenge bezahlte Vergütung definiert.[200] Aus althistorischer Perspektive bedarf diese Definition einer Erweiterung, weil der Naturalzins in der Antike nicht nur in einer reinen Naturaltauschwirtschaft auftaucht, sondern auch parallel zum Geldzins. Dieser Zins auf Fruchtdarlehen ist, wie im Folgenden ausgeführt wird, auch in Kombination mit Strafzinsen in Form von Münzgeld belegt. Daher wird unter Naturalzins die Vergütung für ein Darlehen in Naturalien verstanden. Eventuelle Strafzahlungen in Form von Münzgeld und die spätere Umwandlung in eine solche Form der Rückzahlung ändern an der Definition dieser primären Zuweisung nichts.

Für das griechische Mutterland und auch die Kolonien ist die Quellenlage in Bezug auf den Naturalzins ab dem sechsten Jahrhundert vor Christus äußerst dürftig. Die unter Solon geschilderte Verschuldungsproblematik am Übergang vom siebten zum sechsten Jahrhundert vor Christus bezieht sich in einem großen Umfang auf Bauern, die nicht (mehr) in der Lage waren, aufgelaufene Zinsen zu tilgen und deshalb in die Schuldknechtschaft[201] gelangten. Denn dafür, dass die Bauern das Land bewirtschaften durften, mussten sie ein Sechstel des Erwirtschafteten – eben in Naturalien – an ihre Verpächter zahlen.[202] Die Pachtabgabe war dabei nicht an die Grundstücksgröße, sondern an den wirtschaftlichen Ertrag der Ernte gebunden. Als Sicherheit für dieses Geschäft diente – sicher mangels Alternative – der Körper des Schuldners.[203] Durch die Reformen des Solon kam es zwar zu einer Abschaffung der Schuldknechtschaft, die Zinsen von einem Sechstel[204] des Ertrages wurden jedoch beibehalten und können auch für die Zeit nach Solon als gültig angesehen werden.[205]

200 https://wirtschaftslexikon.gabler.de/definition/naturalzins-40292/version-263680 (zuletzt aufgerufen am 22.03.2021).
201 Siehe dazu FINLEY, Schuldknechtschaft.
202 Plut. Sol. 13,2; Aristot. Ath. pol. 2,2.
203 Aristot. Ath. pol. 2,2.
204 Siehe dazu Kapitel 2, Fußnote x.
205 Zu den Hektemoroi siehe WAGNER-HASEL, Beate, Hektemoroi: Kontraktbauern, Schuldknechte oder abgabenpflichtige Bauern?, in: Ruffing, Kai, Dross-

Direkte Kreditverträge zu Naturalkrediten und -zinsen sind für den Untersuchungszeitraum allerdings nicht überliefert. Dieser Befund sollte jedoch nicht vorschnell als Beleg für das Fehlen von Naturalzinsen im klassischen Griechenland gedeutet werden. Vielmehr scheint hier eine Überlieferungslücke vorzuliegen, die jedoch durch indirekte Belege gefüllt werden kann. Besonders in ländlichen Gebieten, ähnlich wie im ptolemäischen Ägypten, wird es eine Vielzahl solcher Kredite samt Zinsen auf das Saatgut gegeben haben. Uns davon berichtende Verträge sind vermutlich auf Grund der Vergänglichkeit ihrer Textträger oder ihres mündlichen Abschlusses nicht mehr erhalten. Dass diese Kredite dennoch im großen Maße vorhanden waren, wird durch Ehreninschriften belegt, die ausgewählten Personen durch die *polis* zuteilwurden, die dem Stadtstaat ein Naturaldarlehen oder seine Zinsen erließen und als Gegenleistung und Dank auf solchen Inschriften Erwähnung fanden.[206]

Anders sieht es bei den Papyri aus Ägypten aus, hier sind Naturalzinsen schriftlich belegt.[207] Auch wenn das ptolemäische Ägypten streng genommen nicht mehr in den hier behandelten Zeitraum fällt, so können die dort entstandenen Papyri womöglich Rückschlüsse auf das Zinswesen in Bezug auf den griechischen Kulturraum des sechsten bis vierten Jahrhunderts vor Christus zulassen. Denn gerade aus dem ptolemäischen Ägypten ist eine Vielzahl von Urkunden überliefert, die die Praxis der Erhebung von Zinsen in Naturalien belegen und somit Hinweise auf eine gegebenenfalls gängige Art der Naturalzinserhebung im Mittelmeerraum geben. Ein prominentes Beispiel liefert das im Verbund erhaltene Archiv des

---

Krüpe, Kerstin (Hgg.), Emas non quod opus est, sed quod necesse est: Beiträge zur Wirtschafts-, Sozial-, Rezeptions- und Wissenschaftsgeschichte der Antike: Festschrift für Hans-Joachim Drexhage zum 70. Geburtstag, Wiesbaden 2018, S. 295-308; Welwei, Karl-Wilhelm, Athen – Vom neolitischen Siedlungsplatz zur archaischen Großpolis, Darmstadt 1992; Lotze, Detlef, Grundbesitz- und Schuldverhältnisse im vorsolonischen Attika, in: Lotze, Detlef (Hg.), Bürger und Unfreie im vorhellenistischen Griechenland, Stuttgart 2000. S. 49-55; Meier, Hektemoroi.

206 Migeotte, L'emprunt public, Nr. 42.

207 Rupprecht, Untersuchungen zum Darlehen, S. 157-160.

Dionysios, Sohn des Kephalas.[208] Dionysios, selbst ein Bauer, der königliches Land gepachtet hatte, verwahrte in diesem Archiv nicht nur seine Korrespondenzen, sondern auch verschiedene Kreditverträge. Seine Geschäftsunterlagen ermöglichen einen detaillierten Einblick in die alltäglichen Geschäfte der ägyptischen Bauern und somit auch in die Praxis der Zinserhebung. Eine Vielzahl der dort überlieferten Urkunden behandelt das Verleihen von Weizen. Dieser wurde in den meisten Fällen ebenfalls mit Weizen, zumeist mit 50% der geliehenen Menge, verzinst.[209] Der Kredit selbst war gültig bis zu der nächsten anstehenden Ernte. Erst wenn er zu diesem Zeitpunkt nicht getilgt werden konnte, waren Strafzahlungen fällig, dann jedoch in Form von Münzgeld.[210]

Der mit 50% bezifferte Zinssatz mag auf den ersten Blick sehr hoch erscheinen, begründet sich allerdings einerseits vermutlich darin, dass das einzelne gesäte Weizenkorn eine Vielzahl von neuen Weizenkörnern nach der Ernte hervorbringen konnte und der Verleiher so einen Ausgleich für den ihm entgangenen Ertrag erhielt, und andererseits in der wachsenden und zeitlich bedingten Nachfrage. Denn während direkt nach der Ernte, sofern sie gut ausfiel, Weizen in größeren Mengen zur Verfügung stand und dementsprechend auch günstiger verkauft und gekauft werden konnte, stand Weizen im Zeitraum zwischen Aussaat und Ernte deutlich weniger zur Verfügung und war folglich auch teurer. Zusätzlich mussten auch die Preise für die Lagerung des Weizens seit der Ernte berücksichtigt werden. Die 50% Zinsen setzten sich folglich aus mehreren Faktoren zusammen: eine Kompensation der anfallenden Kosten (Lagerung des Saatgutes etc.), Abgabe des Getreides an den Schuldner zu einem Zeitpunkt, an dem der Marktpreis für die gewünschte Ware sehr hoch stand, sowie eine hohe Gewinnspanne, die der Bauern durch die Aussaat erzielen konnte. Die Forschung kommt daher zu dem Schluss, dass es sich bei der Höhe von 50%

---

208 Siehe die Corpusedition des Archives: BOSWINKEL, Ernst, PESTMAN, Pieter W. (Hg.), Les archives privée de Dionysios, fils de Kephalas (P. L. Bat. 22). Textes grecs et démotiques. Leiden 1982.

209 KÜHNERT, Kreditgeschäft, S. 51.

210 RUPPRECHT, Untersuchungen zum Darlehen, S. 99f.

um einen Pauschalzuschlag handelte, der somit unabhängig von der Laufzeit war.[211] Da die Zeitspanne jedoch bereits in den Verträgen genau angeben und meist bis zur nächsten Ernte festgelegt wurde, wurde die Laufzeit dennoch in gewisser Form berücksichtigt. Ähnlich wie beim Seedarlehen erfolgte die Verzinsung nicht monatlich, sondern für einen festgelegten Zeitraum, der jedoch nicht auf den Tag genau angegeben wurde. Abschließend sei noch erwähnt, dass unter Naturalien nicht nur Getreide zu verstehen ist, sondern auch Futtermittel wie Heu, das ebenfalls mit 50% verzinst wurde.[212] Heu erbrachte zwar im Gegensatz zu Getreide durch die nicht vorhandene Möglichkeit der Aussaat keinen hohen Ertrag, verursachte dem Kreditgeber durch die Lagerung jedoch höhere Kosten. Die Tilgung des Kredites und Zahlung des Zinses erfolgte in den meisten Fällen aus der neuen Ernte.[213]

3.3 Konsum- und Überbrückungskredite

Nachdem bereits die zinslosen *eranoi* und die hoch verzinsten Naturaldarlehen betrachtet worden sind, widmet sich dieser Abschnitt den vielen verschiedenen Kreditarten und ihren Zinsen, die für das alltägliche Leben in den griechischen *poleis* des sechsten bis vierten Jahrhunderts vor Christus aufgenommen wurden: Kleinstkredite über wenige Obolen, aber auch umfangreichere Kredite über mehrere Talente, die für größerer Investitionen benötigt wurden. Grund dafür konnte sein, Kaufgeschäfte tätigen und Mitgiften[214] sowie Löhne zahlen zu können oder auch Nahrungsmittel für den täglichen Bedarf anzuschaffen. Als Kreditgeber dienten Banken, Privatpersonen und auch Demen. Ebenso vielschichtig war die Gruppe der Kreditnehmer, die einen Querschnitt der Bevölkerung abbilde-

211 Siehe KÜHNERT, Kreditgeschäft, S. 51, sowie FINCKH, Zinsrecht, S. 96.
212 Vgl. KÜHNERT, Kreditgeschäft, S. 164: P. Hamb. II 183.
213 So auch belegt auf einer Inschrift aus Thrakien aus dem ausgehenden dritten Jahrhundert vor Christus: GAUTHIER, Philippe, Nouvelles récoltes et grain nouveau: à propos d'une inscription de Gazarôs, Bulletin de Correspondance Hellénique 111 (1987), S. 413-418.
214 Gesondert betrachtet werden unter 3.5 die Zinsen auf Mitgiften.

te, neben Einzelpersonen waren aber auch Institutionen oder *poleis* auf der Schuldnerseite. FINLEY postulierte in seinen *Studies in Land and Credit*, dass es sich bei den meisten aufgenommenen Krediten um Überbrückungshilfen handelte, also um solche Darlehen, die nicht zu produktiven Zwecken verwendet wurden.[215] Für kleine Kreditsummen, wie sie unter dem Punkt Kleinstkredite weiter unten behandelt werden, mag dies stimmen. Anders positioniert sich BRESSON, der richtigerweise annimmt, dass Kredite auch für ökonomisch förderliche Unternehmungen aufgenommen worden seien, wie etwa die Erweiterung der Ländereien, die Verbesserung von Arbeitsmaterialien oder die Anschaffung von Arbeitskräften (Zugtiere oder Sklaven).[216] Abgesichert wurden diese Kredite zumeist über Ländereien, Manufakturen oder Häuser. Aber auch bewegliche Güter und Handelsschiffe[217] konnten als Sicherheit dienen. Was die Zinshöhe betrifft, so sind im Vergleich zu den bereits besprochenen Naturaldarlehen und den im nächsten Kapitel zu behandelnden Seekrediten aufgrund der genannten Verwendungszwecke gemäßigtere Zahlungsumfänge zu erwarten, zumal hohe Alltagskredite, die u.a. der Existenzgründung gedient haben können, wohl eher seltener vorkamen. Bedeutet dies im Umkehrschluss, dass, gemessen an dem zu erwartenden Gewinn, bei solchen Krediten auch ein höherer Zinssatz zu beobachten ist? Dieser Frage und weiteren Fragen zu Konsum- und Überbrückungskrediten soll auf den folgenden Seiten nachgegangen werden, genauer gesagt: Welche Zinshöhen in den Quellen genannt werden, ob überhaupt von einem üblichen Zinssatz, wie ihn gerade die ältere und auch moderne Literatur

---

215 FINLEY, Studies in Land and Credit, S. 84.

216 BRESSON, Ancient Greek Economy, S. 280. So auch BOGAERT, Raymond, La banque à Athènes au IVe siècle. État de la question, in: Brulé, Pierre, Oulhen, Jacques, Prost, Francis (Hgg.), Économie et Société en Grèce antique (478-88 av. J.-C.), Rennes 2007, S. 405-436, S.412-414 mit Verweis auch auf Seekredite.

217 Vgl. dazu beispielsweise Nr. 5 im Quellenteil (=IG XII 7, 67 B), als Sicherheit für den Kredit dienen alle Güter der Bewohner der *polis* Arkesine, sowohl die Güter, die sich auf dem Land befinden, als auch die Güter auf dem Meer.

annimmt,[218] die Rede sein kann und welche Umstände die Zinshöhe womöglich beeinflussten.

Eine Bleitafel aus Kalapodi, die sich in den Zeitraum zwischen 525 und 450 vor Christus datieren lässt, und die stellvertretend für eine große Anzahl steht, berichtet von einem Zinssatz von zehn Stater für einen Kredit über zwanzig Minen,[219] was umgerechnet einen Zinssatz von einer Drachme pro Mine und Monat bedeutet. Je nach Annahme der Wertigkeit einer phokischen Mine entspricht dies einer Zinshöhe entweder von 17,14% oder von 12% pro Jahr.[220] Eine Abrechnung der Tempelbank des Apollo aus Delos aus den Jahren 434 bis 432 vor Christus belegt die Auszahlung von Krediten über eine Gesamtsumme von neun Talenten und 20 Drachmen. [221] Die Laufzeit der Kredite ist dabei auf fünf Jahre mit einem Zinssatz von 10% festgelegt, was einer Gesamtrückzahlung von 13 Talenten und 3030 Drachmen entspricht.[222]

Um 300 vor Christus tätigte die *polis* Arkesine mehrere verzinste Anleihen bei verschiedenen Kreditgebern aus anderen *poleis*, wie inschriftliche Zeugnisse belegen. Während der Naxier Praxikles fünf Obolen pro Mine und Monat für ein Darlehen über drei Talen-

---

218 BRESSON, Ancient Greek Economy, S. 279, gibt für Kredite von professionellen Geldverleihern einen Zinssatz von 10 bis 12 % an. BILLETER, Geschichte des Zinsfusses S. 15 gibt ebenfalls 12% als mittlere Zinsrate an.

219 Nr. 1 im Quellenteil.

220 Vgl. Anmerkungen zu Nr. 1 im Quellenteil sowie MIGEOTTE, Les Finances des cités grecques, S. 205, der sich für 17,14% ausspricht. Dagegen FELSCH, Rainer, SIEWERT, Peter, Inschriften aus dem Heiligtum von Hyampolis bei Kalapodi, in: Archäologischer Anzeiger 1987, S. 681-687, die sich auf einen Zinssatz von 12% berufen. Siehe ROUSSET, Denis, Épigrahie grecque et géographie historique du monde hellénique, in: Annuaire de l'École pratique des hautes études (EPHE), Section des sciences historiques et philologiques. Résumés des conférences et travaux, 149 (2018), S. 96-101, S. 100f.

221 Siehe besonders CHANKOWSKI, Veronique, Le sanctuaire d'Apollon et le marché délien: une lecture des prix dans les comptes des hiéropes, in: Andreau, Jean, Briant, Pierre, Descat, Raymond (Hgg.), Économie antique. Prix et formation des prix dans les économies antiques. Entretiens d'archéologie et d'histoire, Saint-Bertrand-de-Comminges 1997, S. 74-89 sowie CHANKOWSKI, Athènes et Délos, besonders S. 399-520.

222 IG I^3 402, Z. 12ff.

te verlangte,[223] forderte ein nicht näher bekannter Alexandros eine Drachme pro Mine und Monat.[224] Einen weiteren Kredit zu dieser Zeit stellte eine Kreditgemeinschaft, fünf Männer aus Astypalaia, aus. Für ihr Darlehen über fünf Talente und eine nicht überlieferte Anzahl an Drachmen wurden gemäß der Publikation des Kreditgeschäfts vier Obolen und zwei Chalkoi pro Mine und Monat fällig.[225] Ein weiterer Kredit, dessen Höhe nicht überliefert ist, verzeichnet einen Zinssatz von einer Drachme pro Mine und Monat. Das Besondere an diesem Kredit im Vergleich zu den vorherigen ist, dass hier ein Verbund mehrerer Städte von der Insel Amorgos – neben Arkesine noch Aigiale sowie Minoa – gemeinsam den Kredit aufgenommen hat.[226] Die Bestimmungen indes unterscheiden sich kaum von denen der anderen Verträge. Es wurden stets Personen bestimmt, die für die Zahlung der Zinsen zuständig waren, wobei die Tilgung im Normalfall einmal jährlich erfolgte. Im Falle einer Nichtzahlung wurden Strafzahlungen fällig. Eine geplante Laufzeit des Kredites ist nicht angegeben, vielmehr scheint es so, als hätten die Kreditgeber eine langfristige Anlage getätigt, die sie jedoch nach einer bestimmten Frist – mal sind es drei, mal sechs Monate – kündigen konnten.[227] Durch die durchaus harten Strafregelungen im Falle einer verspäteten Rückzahlung handelte es sich um sichere Kredite für die Gläubiger, da sie in diesem Fall auf das gesamte bewegliche Vermögen aller Bewohner in Arkesine zugreifen konnten.

Dass sichere Kredite im Gegensatz zu den risikoreichen Seekrediten gerade für die Anlage größerer Summen oder auch staatlicher Gelder attraktiv war, wird durch einen Demenbeschluss aus Plotheia deutlich, in dem explizit gefordert wird, dass der Fond, der dazu diente Feierlichkeiten auszurichten, in einem sicheren Kredit zu einem möglichst hohen Zinssatz angelegt werden soll.[228]

---

223 Nr. 5 im Quellenteil dieser Arbeit (= IG XII 7, 67 B).

224 IG XII 7, 69, Z. 5.

225 IG XII 7, 67 A, Z. 6f.

226 IG XII 7, 68.

227 Nr. 5 im Quellenteil dieser Arbeit (= IG XII 7, 67 B) nennt eine Kündigungsfrist von sechs Monaten.

228 Nr. 3 im Quellenteil (=IG I[3] 258).

Zu welchem Zinssatz die Gelder des Demos schlussendlich angelegt worden sind, ist nicht überliefert, allerdings ist es wahrscheinlich, dass sich der Zinssatz im Bereich der zuvor genannten Darlehen aus Arkesine befand. Bestärkt wird diese Annahme durch die Überlieferung eines weiteren Kredits, den die *polis* Akraiphia in Böotien im dritten Jahrhundert vor Christus aufnahm und dessen Zinssatz sich ebenfalls auf 10% belief.[229] Die Zinshöhe von 10% findet sich auch auf mehreren Inschriften aus Delos aus dem fünften[230], vierten[231] und dritten[232] Jahrhundert vor Christus wieder.

Ein vergleichbar niedrigerer Zinssatz, nämlich von 6%, lässt sich bei einer Inschrift aus Paros aus dem vierten Jahrhundert vor Christus rekonstruieren.[233] Das Darlehen belief sich auf 2 Talente und 3075 Drachmen, bei einer Laufzeit von 133 Monaten fielen an Zinsen und Zinseszinsen 2 Talente und 2190 Drachmen an. Vergleichsweise hoch erscheint dagegen der Zinssatz in einer Ehreninschrift des dritten Jahrhunderts vor Christus aus Sigeion, einer *polis* am Hellespont, die einem unbekannten Adressaten gewidmet ist:

229 MIGEOTTE, L'emprunt public, Nr. 16A. Die Interpretation des Textes ist allerdings mit einigen Schwierigkeiten verbunden. Sowie BOGAERT, Raymond, Remarques sur deux inscriptions grecques concernant le credit public, in: Zeitschrift für Papyrologie und Epigraphik 33 (1979), S. 126-130, die Inschrift wird auf den Seiten 126-128 behandelt. BOGAERT präsentiert dabei zwei Möglichkeiten, die zur Abfassung des Inschriftentextes geführt haben könnten: Erstens einen Kredit, dessen Zinsen erst nach fünf Jahren mit einem Teil der Schuld gezahlt worden sei oder zweitens das Resultat eines alten, gescheiterten Kompromisses. So stellt BOGAERT die These auf, dass es einen ursprünglichen Kredit gegeben habe, der allerdings nicht beglichen worden sei. Fünf Jahre vor Erstellung der Inschrift sei es dann zu einer Einigung der beiden Parteien gekommen, bei der das ursprüngliche Darlehen samt der angefallenen Zinsen in eine neue Schuld umgewandelt worden sei, woraus die doch sehr krumm erscheinende Kreditsumme von 1672 Drachmen und 5,5 Obolen resultiere. Für die Frage nach dem Zinssatz ist diese Diskussion allerdings unerheblich, da sowohl ein neuer Kredit als auch die alte Schuld mit 10% pro Jahr verzinst werden.

230 ID 89, Z. 12.

231 ID 104 (28), Z. 19 und 23.

232 IG XI 152 A, Z. 9.

233 IG XII 5,112, zur Berechnung des Zinssatzes s.a. MIGEOTTE, L'emprunt public, Nr. 61, S. 214.

> [ἐδάνε]ισεν τῆ[ι πόλει χρυσίου] | στατῆρας φωκ[α]εῖς διακασίους | τόκων ἐφέκ[τ]ων.[234]
>
> Er lieh der Stadt 200 phokische Goldstatere zu einem Zinssatz von einem Sechstel.

Trotz des doch vermeintlich sehr hohen Zinssatzes von über 16% wurden der Kreditgeber sowie auch all seine Nachkommen geehrt. Ein Umstand, der gerade im Vergleich zu den Ehrenbeschlüssen für die Kreditgeber zinsloser Darlehen ungewöhnlich erscheint[235] und nur durch besondere Umstände zum Zeitpunkt der Kreditaufnahme zu erklären ist, nämlich, dass sich die *polis* in einer Notlage befand, in der sie keine Sicherheiten bieten konnte, die mit einem niedrigen Zinssatz verbunden wären. Eine solche Notlage könnte durch kriegerische Auseinandersetzungen entstanden sein, wie sie Sigeion im Zuge der Diadochenkriege erfuhr, oder im Vorfeld der Krise, die 50 Jahre später zur Zerstörung der Stadt Sigeion durch den Nachbarn Ilion führte.[236] Somit wäre der namenlose Geehrte kein Wucherer, sondern vielmehr der sprichwörtliche Retter in der Not, der in unsicheren Zeiten einen Kredit zur Verfügung stellte, dessen Zinssatz sich wiederum an vergleichbaren, risikoreichen Kreditvergaben – beispielsweise bei Seekrediten – orientierte.[237]

Ein noch höherer Zinssatz ist in einer fragmentarisch überlieferten Rede des Lysias belegt.[238] Der Philosoph Aischines von Sphettos nahm wohl aus akutem Geldmangel (und unter dem Vorwand eine Parfümfabrik führen zu wollen) mehrere Kredite auf. Seine ersten

---

234 MIGEOTTE, L'emprunt public, Nr. 78, Z. 2-4.

235 Vgl. dazu Kap. 3.1.2.

236 Vgl. IG VII 4263. Auch wenn diese Inschrift nicht mehr in den behandelten Zeitraum fällt, so schildert das Dekret aus dem Jahr 221 vor Christus doch sehr passend die Situation. Um den Bau ihrer Mauern zu finanzieren, beschloss die *polis* Oropos, Geld zu einem möglichst niedrigen Zinssatz aufzunehmen. Dem Kreditgeber winken zusätzlich Ehrungen durch die Stadt. S.a. MIGEOTTE, L'emprunt public, Nr. 9.

237 S.a. MIGEOTTE, L'emprunt public, Nr. 78, der die Theorie vertritt, dass der Geehrte vielleicht sogar als Einziger kreditwillig gewesen sein könnte.

238 Vgl. Lysiae orationes cum fragmentis, ed. Chr. Carey (OCT), Oxford 2007, orat. frag. XVIII, frag. 39.

beiden Kreditgeber, ein Bankier namens Sosinomos und ein Aristogeiton, stellten ihm Kapital zu einem Zinssatz von je 36%[239] zur Verfügung, das jedoch wohl nicht ausreichte, weshalb sich der Philosoph an den Sprecher der Rede wandte und bei ihm ebenfalls einen Kredit abschloss, diesmal jedoch mit einer Zinshöhe von 18%.[240] BILLETER versucht, diesen höheren Zinssatz von 18% mit der Funktion des Darlehens als kaufmännischer Kredit zu begründen.[241] Mit Blick auf die zuvor durch Aischines bezogenen Kredite mit ebenfalls sehr hohen Zinsen ist jedoch davon auszugehen, dass die Zinshöhe wohl eher in der Person des Schuldners und seiner Zahlungsmoral begründet lag. Eine Annahme, die die durch Lysias formulierte Rede, wenn sie denn dann wirklich so gehalten wurde, unterstützt.

3.3.1 Kredite für kriegerische Unternehmungen

Einer der größten Kostenfaktoren einer *polis* stellten kriegerische Auseinandersetzungen dar. Nicht nur die hohen Ausgaben, die u.a. der Bau von Schiffen erforderte, sondern vor allem die stetig laufenden Kosten während des Krieges belasteten die Staatskasse stark, wenn die mobilisierte Streitmacht finanziell unterhalten und ständig versorgt werden musste. So rechnet Demosthenes in seiner Rede gegen Philipp um 350 vor Christus exemplarisch vor:

> χρήματα τοίνυν: ἔστι μὲν ἡ τροφή, σιτηρέσιον μόνον, τῇ δυνάμει ταύτῃ τάλαντ᾽ ἐνενήκοντα καὶ μικρόν τι πρός, δέκα μὲν ναυσὶ ταχείαις τετταράκοντα τάλαντα, εἴκοσιν εἰς τὴν ναῦν μναῖ τοῦ μηνὸς ἑκάστου, στρατιώταις δὲ δισχιλίοις τοσαῦθ᾽ ἕτερα, ἵνα δέκα τοῦ μηνὸς ὁ στρατιώτης δραχμὰς σιτηρέσιον λαμβάνῃ, τοῖς δ᾽ ἱππεῦσι διακοσίοις οὖσιν, ἐὰν τριάκοντα δραχμὰς ἕκαστος λαμβάνῃ τοῦ μηνός, δώδεκα τάλαντα.[242]

239 3 Drachmen pro Mine und Monat.
240 9 Obolen pro Mine und Monat.
241 BILLETER, Geschichte des Zinsfusses, S. 20.
242 Demosth. or. 4,28f.

> Die Kosten dafür: Der Unterhalt, und zwar nur für das Versorgungsgeld dieser Streitkräfte, beläuft sich auf etwa neunzig Talente, für die zehn Kriegsschiffe vierzig Talente, zwanzig Minen pro Schiff und Monat, der gleiche Betrag für die zweitausend Fußsoldaten, damit jeder von ihnen zehn Drachmen pro Monat Versorgungsgeld bekommt, für die zweihundert Reiter zwölf Talente, damit jeder von ihnen dreißig Drachmen pro Monat bekommt.

Zusätzliche Kosten verursachte der Sold für die Soldaten, dessen Höhe je nach Zeit und finanziellen Möglichkeiten der *polis* variierte. Zu Beginn des Peloponnesischen Krieges konnte die *polis* Athen Hopliten einen Sold von einer Drachme pro Tag zahlen, eine Soldhöhe, die im Verlauf des Krieges aufgrund der steigenden Verschuldung immer weiter verringert werden musste, sodass 408 vor Christus nur noch drei Obolen pro Tag gezahlt wurden.[243] Große militärische Operationen konnten daher mehrere tausend Talente in der Gesamtsumme verschlingen.[244]

Die wohl längste überlieferte Liste von Kreditsummen samt Zinsen (IG I³ 369) findet sich auf einer im Epigraphischen Museum Athen ausgestellten Stele aus Zeiten des Peloponnesischen Krieges.[245] Dabei handelt es sich nicht um die Gesamtaufnahme, sondern nur um Kredite aus den genannten Tempelkassen. Zur Kriegsfinanzierung nahm die *polis* Athen mindestens 75 Kredite[246] bei den Tempelkassen verschiedener Gottheiten auf.[247] So wurde im Jahr 426/25 vor Christus von der Kasse des der athenischen Staatsgöttin Athena Polias geweihten Tempels eine Summe von 261 Talenten, 5610 Drachmen

243 Eich, Politische Ökonomie, S. 201f. mit Verweis auf Xen. hell. 1,5,6 und Plut. Alcibiad. 35,4.

244 Beigel, Thorsten, Die Kosten der Demokratie, in: Beigel, Thorsten, Eckert, Georg (Hgg.), Vom Wohl und Wehe der Staatsverschuldung. Erscheinungsformen und Sichtweisen von der Antike bis zur Gegenwart, Münster 2012, S. 29-48, S. 32.

245 Vgl. Nr. 2 im Quellenteil.

246 Da die Inschrift gerade im unteren Bereich, in dem Kleinkredite aufgeführt werden, stark fragmentarisch ist, können weitere Kleinkredite nicht ausgeschlossen werden.

247 Vgl. dazu die Tabelle auf S. 50f. im Quellenteil.

und 3,5 Obolen, verteilt auf insgesamt sechs Kredite, aufgenommen. Die damit einhergehenden Zinsen für dieses Jahr beliefen sich insgesamt auf 11 Talente, 199 Drachmen und 1 Obole.[248]

Bei der Betrachtung der Einzelzinssummen fällt auf, dass sie sich prozentual gesehen, je nach Aufnahmezeitpunkt im laufenden Jahr, verringern. Diese Beobachtung stellt jedoch keineswegs eine Besonderheit dar, weil Zinsen (bei fiskalischen Berechnungen, wie sie in Dokumenten wie IG I³ 369 dokumentiert sind) pro Monat berechnet wurden. Je weiter das Jahr und somit auch die Prytanien voranschritten, umso mehr verringerten sich die prozentual auf die Summe zu zahlenden Zinsen. Der erste Kredit wurde während der zweiten Prytanie (fünfter Tag) aufgenommen. Der Zinssatz für den Kredit betrug in diesem Fall für das bereits angebrochene Jahr 4,75%.[249] Der letzte Kredit in dem laufenden Kalenderjahr wurde am siebten abgelaufenen Tag der zehnten Prytanie, folglich im letzten Zehntel des Jahres, aufgenommen. Für dieses Darlehen verbleibt ein Zinssatz von 3,76% für das fast abgelaufene Jahr. Anhand dieses Beispiels wird deutlich, dass bei solchen Krediten nicht pauschal von einer Zinshöhe in Form von Betrag x pro Mine und Monat gesprochen werden kann, da sich der Betrag ansonsten deutlicher verringern müsste.

Eine Reduktion des Zinssatzes lässt sich auch bei einem direkten Vergleich zwischen den vier aufgezeichneten Jahren erfassen. Während im ersten Jahr für eine Kreditaufnahme am siebten Tag der vierten Prytanie ein Zinssatz von 4,45% fällig wurde, waren es im zweiten Jahr am dritten Tag der vierten Prytanie 3,28%. Es kann daher nicht von einem festen Zinssatz innerhalb der vier behandelten Jahre gesprochen werden, vielmehr reduzierte sich die Höhe des zu zahlenden Zinses von 426/25 bis 425/24 vor Christus deutlich. Während zu Beginn der Abrechnung noch ein höherer Zinssatz vereinbart wurde, verringerte sich dieser mit dem Fortschreiten des Krieges, vermutlich weil abzusehen war, dass die Zahlung einer sol-

---

248 Siehe Nr. 2 im Quellenteil, Z. 15f.

249 HORSTER, Marietta, Landbesitz griechischer Heiligtümer in archaischer und klassischer Zeit, Berlin 2004, S. 198, nimmt eine Zinshöhe von 7% für die ersten Jahre an.

chen Zinshöhe nicht geleistet werden konnte.[250] Ein direkter Vergleich der einzelnen Zinssätze untereinander durch das Umrechnen der einzelnen Beträge in die bereits erwähnte Form (Betrag x pro Mine und Monat) ist nur schwer möglich, da in der Inschrift nicht die Monate, sondern lediglich die Prytanien genannt werden. Einen Versuch in diese Richtung hat MERITT[251] unternommen, der dabei von einer Rate von 1 Drachme pro Tag bei 5 Talenten ausgeht. Problematisch ist allerdings, dass er versucht, mehrere Variablen, die anhand des überlieferten Materials nicht (mehr) definierbar sind, zu berücksichtigen. So muss er zum einen das Kalenderjahr selbst rekonstruieren und zum anderen auch den Zinssatz.

Das Vorhaben zur Wiederherstellung der Zinssätze wurde indessen bereits vor MERITT durch die Pioniere des 19. Jahrhunderts in der Wirtschaftsgeschichte angegangen. Diese kamen zu dem Schluss, dass für die ersten sieben Jahre zunächst ein höherer Zinssatz von 6% veranschlagt worden sei, es dann jedoch nachträglich zu einer Reduktion auf 1,2% gekommen sei.[252] BOECKH versucht diesen Zinssatz „als einen Zehnten von dem nicht ungewöhnlichen Zins von monatlich 1 von 100“[253] zu begründen. Daraus resultiert auch die Annahme, dass es sich bei diesen Anleihen und damit auch Zinssätzen um fiktive Angaben gehandelt habe, die nur dazu dienten, „den betreffenden Geldentnahmen aus dem heiligen Schatze den Charakter von δανείσματα zu wahren.“[254] Besonders die zuvor angeführten Beispiele sprechen meiner Meinung nach jedoch gegen die Annahme einer fiktiven Anleihe, sondern gegenteilig für real verzinste Kredite, deren Verzinsungen sich an den Möglichkeiten der *polis* während des Krieges orientierten. Auch die alleinige Auflistung der fälligen Gesamtzinsen[255] für die vier Jahre von 426-422 vor Christus verstärkt den realen Charakter der Anleihe, ebenso

250 Siehe HORSTER, Landbesitz griechischer Heiligtümer, S. 199.
251 MERITT, Benjamin D., Athenian Financial Documents of the fifth Century, Ann Arbor 1932, S.144, so auch HORSTER, Landbesitz griechischer Heiligtümer, S. 198.
252 BILLETER, Geschichte des Zinsfusses, S. 42.
253 BOECKH, Staatshaushaltung, S. 153.
254 BILLETER, Geschichte des Zinsfusses, S. 43.
255 Nr. 1 im Quellenteil (= SEG 37, 422), Z. 99-111.

die Rückblicke in frühere Jahre, aus denen Einzelrechnungen zwar nicht mehr erhalten sind, die jedoch in den letzten Zeilen der Inschrift als Summe auftauchen. Dass die Kredite nicht zeitnah getilgt werden konnten, liegt auf der Hand. Während der Inschriftentext noch die fälligen Zinsen für die nächsten Jahre angibt und schließlich abbricht, dauerte der Krieg bis zur Kapitulation Athens im Jahr 404 vor Christus an. Ob und wann die finanziell schwer gebeutelte *polis* die Kredite samt Zinsen in letzter schriftlich festgehaltener Höhe von mindestens 1248 Talenten begleichen konnte, ist nicht überliefert.[256]

Dass militärische Konflikte zu unvorhersehbaren Ausgaben für einzelne Bürger und ganze Städte führen konnten, war sicher kein seltenes Phänomen. Den daraus resultierenden finanziellen Kollaps galt es durch die Aufnahme von Überbrückungskrediten zu verhindern. 365 vor Christus sah sich die *polis* Arkesine auf Amorgos im Zuge des Bundesgenossenkrieges gezwungen, bei Androtion, dem Kommandanten der athenischen Garnison, ein Darlehen aufzunehmen. Der mit großer Sicherheit schriftlich festgehaltene Kreditvertrag ist leider nicht überliefert, allerdings berichtet uns eine verzierte Marmorstele[257] von dem für die *polis* hilfreichen Darlehensgeschäft, für das der Kreditgeber gebührend geehrt wurde, weil er auf die Zinsen in Höhe von 12 Minen für den gestellten Kredit gänzlich verzichtete. Ein ähnliches Beispiel findet sich auf der Insel Samos: Auch hier wurde ein Kredit vergeben, bei dem der Gläubiger bei der Rückzahlung auf die Zinsen verzichtete und von der *polis* Samos dementsprechend geehrt wurde.[258]

Dokumentiert ist für die *polis* Klazomenai ebenfalls eine finanzielle Belastung durch Kriegshandlungen, sodass sie den Sold ihrer Soldaten in Höhe von 20 Talenten nicht begleichen konnte.[259] Das Geld für die Auszahlung des Soldes mussten die Heerführer vor-

---

256 Zur Dokumentation der Kreditverläufe PRITCHARD, David M., Athenian Democracy at War. Cambridge 2019, S. 158-168 sowie SAMONS, Empire of the Owl, S. 280f.

257 IG XII 7, 5.

258 IG XII 6, 37.

259 Aristot. oec. 1348b.

strecken, dieses Darlehen wurde allerdings mit vier Talenten pro Jahr verzinst, was einer durchaus lukrativen Zinshöhe von 20% entsprach. Zu berücksichtigen ist allerdings, dass es sich für die Trierarchen unter Umständen schwierig gestaltete, das nötige Geld aufzutreiben, wie Apollodoros[260] in seiner Rede gegen Polykles vermerkt.[261] Durch die Ausrüstung der Triere, die er überdurchschnittlich reich ausstattete und mit hochbezahltem Personal versah, und weitere Ausgaben war sein Vermögen bereits dermaßen verringert, dass er für die Zahlung des Soldes selbst einen Kredit aufnahm, den er wiederum mit einem Zinssatz von 12,5% abzahlen musste.[262]

3.3.2 Kleinstkredite

Während die zuvor betrachteten Kredite meistens Summen von mehreren hundert bis tausende Drachmen umfassten, geht es nun um wesentlich kleineren Kreditsummen. Derjenige Ort, an dem innerhalb einer *polis* wohl die meisten kurzfristigen Überbrückungskredite vergeben wurden, war sicherlich die *agora*.[263] Die hier bei Theophrast geschilderte Szene stellt die Gegebenheiten zwar eindeutig überspitzt dar, jedoch kann davon ausgegangen werden, dass es durchaus genug verzweifelte Männer gab, die sich auf einen solchen Handel mit dem „Bedenkenlosen" einließen:[264]

> Οὐκ ἀποδοκιμάζει δὲ οὐδ' ἅμα πολλῶν ἀγοραίων στρατηγεῖν καὶ εὐθὺς τούτοις δανείζειν καὶ τῆς δραχμῆς τόκον τρία ἡμιωβόλια ἡμέρας πράττεσθαι καὶ ἐφοδεύειν τὰ μαγειρεῖα,

---

260 Siehe Kap. 4.1.3 zur Schilderung der Situation des Apollodoros.

261 Demosth. or. 50.

262 Demosth. or. 50,17.

263 Zur *agora* und ihrer Bedeutung als Ort des Handels und der politischen Organisation siehe STANLEY, Ancient Greek Markets. Stanley verdeutlicht bereits in seinem ersten Kapitel, dass unter ἀγορά sowohl eine Versammlung als auch ein Ort für Versammlungen als auch ein Handelszentrum verstanden werden kann (S. 8).

264 Zu dieser Passage siehe MILLETT, Lending and Borrowing, S. 179-184.

> τὰ ἰχθυοπώλια, τὰ ταριχοπώλια, καὶ τοὺς τόκους ἀπὸ τοῦ ἐμπολήματος εἰς τὴν γνάθον ἐκλέγειν.[265]
>
> Er lehnt es nicht ab, gleichzeitig viele Marktschreier zu befehligen und sofort ihnen zu borgen und für eine Drachme dreieinhalb Obolen Zins am Tag zu verlangen und sich bei den Bratbuden, Fischständen, Fischräuchereien herumzutreiben und die Zinsen aus seinem Geschäft in die Backe zu sammeln.[266]

Der in diesem Beispiel genannte Zinssatz von über 58% für den jeweiligen Tag kann sicherlich als absoluter Wucher bezeichnet werden, war aber für einige Markthändler, die damit die Ware für den Tag kaufen mussten, alternativlos. Die Angabe von einer Drachme soll in dieser Darstellung lediglich die Zinshöhe in exemplarischer Funktion verdeutlichen und ist somit weniger als reale Kreditsumme zu betrachten, die sich nämlich im Alltag eher auf wenige Obolen[267] oder aber auch auf einige Drachmen belief. Die Praxis der Wucherer – bei denen es sich vermutlich nicht um professionelle Geldverleiher handelte[268] – wird anhand dieses Beispiels jedoch allemal deutlich. Diese blieben stets in der Nähe ihrer Schuldner und versuchten, die Zinsen zeitig einzutreiben, indem der Kredit, der beispielsweise dem Fischbudenbesitzer morgens eingeräumt wurde, um Fisch zu kaufen, abends nach Verkaufsende bereits wieder eingefordert wurde.

In Anbetracht des Umstandes, dass für diese Kredite oft keine Sicherheiten hinterlegt werden konnten, erklärt sich sowohl das observierende Verhalten des Kreditgebers als auch die von ihm geforderte und beträchtlich erscheinende Zinshöhe. Denn sollte der Handwerker, der sich morgens auf dem Markt um einen Kredit be-

---

265 Theoph. 6,9.

266 Übersetzung nach Dietrich Klose.

267 Ein Überbrückungskredit für den täglichen Bedarf wird sich wohl auf zwei Obolen belaufen haben müssen, die Summe, die als tägliche Unterstützung an athenische Arbeitsunfähige gezahlt wurde. Siehe EICH, Politische Ökonomie, S. 200.

268 MILLETT, Lending and Borrowing, S. 180.

mühte, am Ende des Tages nicht genug Umsatz erzielt haben, um Zins und Kredit zu tilgen, ging für den Verleiher das Geld verloren. Diesen Umständen zum Trotz ist allerdings davon auszugehen, dass der Zinssatz unter realen Gegebenheiten durchaus niedriger als besagte 58% ausfiel. BILLETER schlägt als „täglichen Zinssatz" für solche Kredite mit kurzer Laufzeit 25% vor, schließt aber noch höhere Zinsen nicht aus.[269] Bezüglich der Vergabe von Kleinstkrediten und der damit einhergehenden Risikobereitschaft auf Seiten der Kreditnehmer trifft auch die Aussage FINLEYS zu, dass eine derartige Anleihe, die in enger Verbundenheit mit einem persönlichen und existenziellen Scheitern stand, ungerne getätigt wurde. Unter Umständen werde gar „das vertraute Heim" verpfändet und die kurzzeitige Anleihe diente lediglich dazu, „Lücken in der Versorgung mit den Notwendigsten zu füllen" und somit als Indikator für eine vorhandene akute Notlage.[270] Auch wenn FINLEY als Sicherheit für die Kredite exemplarisch „das vertraute Heim" nennt, so wird dies sicherlich nicht allen Schuldnern immer zur Verfügung gestanden haben. Die tatsächlichen Sicherheiten, die auf solche Tageskredite gegeben werden konnten, waren oft nur von geringfügigerem Wert und beeinflussten aufgrund der Tatsache ihrer mangelhaften Sicherungswirkung daher auch die genannte Zinshöhe. Kleine Kreditsummen konnten daher hohe Zinssätze zur Folge haben.[271]

Inwiefern diese Zinssätze mit der Aussage in der pseudo-aristotelischen *Oeconomie*[272] in Einklang zu bringen sind, dass kleinere Haushalte keine Geldbeträge ansparten, lässt sich schwer rekonstruieren. Die Theorie, dass dies aufgrund der günstigen Kreditmöglichkeiten geschah,[273] scheint nur in Bezug auf die *eranoi* schlüssig, bei den hohen Zinsen der Alltagskredite hingegen wohl kaum.

269 BILLETER, Geschichte des Zinsfusses, S. 45 mit Verweis auf Aristot. ath. pol. 52,2.
270 FINLEY, Die antike Wirtschaft, S. 138f.
271 MILLETT, Lending and Borrowing, S. 182.
272 Aristot., oec. 1344 b, 30-33.
273 EICH, Politische Ökonomie, S. 197.

3.4 Seedarlehen

Während sich die vorangegangenen Betrachtungen zumeist auf Kreditgeschäfte gerichtet haben, die eng an das Festland gebunden scheinen, da die aufgenommenen Summen durch Sicherheiten wie Ländereien oder Häuser abgesichert waren, auf die der Gläubiger bei Bedarf leicht zugreifen konnte, zeigt sich in der nun zu betrachtenden Kategorie der Seedarlehen ein gänzlich anderes Bild.[274]

Konträr zu den zuvor behandelten Krediten verblieben die im maritimen Zusammenhang verliehenen Summen und die darauf gegebenen Sicherheiten[275] – zumeist Waren, die für das Geld gekauft wurden – nicht auf dem geschützten Festland, sondern begaben sich mit ihren Kreditnehmern auf eine mehrere Wochen andauernde Reise über die Ägäis und durch den Bosporos bis ans Schwarze Meer. Auch führten Handelsrouten über das Ionische Meer bis nach Sizilien. Die Mittelmeerinseln Kreta und Rhodos dienten als Zwischenstopp nach Ägypten. Auf den Seewegen galt es, Übergriffen durch Seeräuber oder einem Schiffsbruch zu trotzen und die Ware sicher und unverdorben an ihren Bestimmungsort zu bringen. Die Handelsschiffe waren mit Waren aller Art beladen, wie die Auswertung von Schiffswracks aus dem fünften und vierten Jahrhundert vor Christus verdeutlicht. In den entdeckten Amphoren fanden sich Rückstände von Fischkonserven, Kosmetika, Öle und Weine, geladen waren vermutlich eine Vielzahl weiterer, nicht mehr erhaltener

---

274 Zum Seedarlehen siehe insbesondere, wenn auch in einigen Punkten ungenau: SCHUSTER, Seedarlehen, S. 24, stellt die Quellenlage zum Seedarlehen als unbefriedigend dar, was sich mit einem Blick auf die allgemeine Überlieferungs- und Quellenlage nicht bestätigen lässt. Vielmehr erlauben die vorhandenen Quellen einen guten Einblick.

275 ISAGER, HANSEN, Aspects of Athenian Society, S. 77: "In Athenian law, the security seems always to be exactly those objects of value which are exposed to danger at sea, that is to say, a hypothecation of *movables*."

Waren.[276] Die Ladungsverzeichnisse aus Elephantine ergänzen den archäologischen Befund um Metalle, Holz und Wolle.[277]

Der Fernhandel konnte den Händlern Reichtum bescheren,[278] bei einem Scheitern jedoch ebenso den persönlichen Ruin oder den Verlust des eigenen Lebens bedeuten. Das erhöhte Risiko einer solchen Handelsunternehmung wirkte sich auch im monetären Kontext aus, indem die Investoren für die Vergabe ihrer Seekredite einen finanziellen Ausgleich erhielten. Denn auch wenn sie nicht ihr persönliches Leben für eine Seereise aufs Spiel setzten, so doch ihr Kapital, das sie häufig ohne greifbare Sicherheit auf die Reise schickten. Der Gläubiger übernahm damit das finanzielle Risiko der Seefahrt.[279]

Das *nautikon daneion* unterscheidet sich von den bisherig besprochenen Kreditarten folglich dadurch, dass bei ihm im direkten Vergleich – wie auch zu erwarten ist – ein deutlich höherer Zinssatz zu beobachten ist.[280] Die von Winfried SCHMITZ vorgeschlagene Definition, dass es sich bei dem *nautikon daneion* um ein Darlehen handele, das einem Fernhändler oder Schiffseigner gegen Zins (ναυτικὸς τόκος) für die Dauer einer Handelsfahrt – für eine einfache Fahrt (ἑτερόπλουν δάνειον) oder für Hin- und Rückfahrt (ἀμφοτερόπλουν δάνειον) – gewährt wurde, wobei wohl häufig das Schiff oder das Frachtgut Haftungsgegenstand war,[281] bedarf einer grundlegenden Ergänzung. Denn zu erweitern ist diese Definition durch den Zusatz, dass die Dauer des Darlehens nicht nur auf die Handelsfahrt selbst

---

276 MORLEY, Neville, Trade in Classical Antiquity, Cambridge 2007, S. 2-6; BATS, Michel, Les amphores de Marseille grecque, Aix-en-Provence 1990; TERPSTRA, Taco, Trade in the Ancient Mediterranean. Private Order and Public Institutions, Princeton 2019, S. 2-7.

277 BRIANT, Pierre, DESCAT, Raymond, Un régistre douanier de la satrapie d'Égypte à l'époque achéménide, in: Grimal, Nicolas, Menu, Bernadette (Hgg.), Le commerce en Égypte ancienne, Kairo 1998, S. 59-104.

278 BRESSON, Alain, Merchants and Politics in Ancient Greece: Social and economic Aspects, in: Zaccagnini, Carlo (Hg.), Mercanti e politica nel mondo antico, Rom 2003, S. 139-164, S. 148.

279 SCHUSTER, Seedarlehen, S. 26, der dies unter dem Stichwort „Seegefahr" zusammenfasst.

280 ISAGER, HANSEN, Aspects of Athenian Society, S. 76.

281 SCHMITZ, Winfried, Nautikon daneion, in: DNP 8 (2003), Sp. 759-760.

beschränkt gewesen ist, sondern auch den Vertrieb der Ware beinhaltete. Somit erscheint auch nicht verwunderlich, dass die Quellen zumeist darauf verweisen, dass der Kredit nicht unmittelbar mit Anlegen des Handelsschiffes zurückgezahlt werden musste, sondern erst nach Ablauf von einer bestimmten Frist.[282] Dieser Zeitraum war dafür bestimmt, die gelieferte Ware zu vertreiben und den daraus generierten Gewinn zur Tilgung des Kredites und damit zur Befriedigung des Gläubigers verwenden zu können. Diese Definition setzt einen tätigkeitsbezogenen Schwerpunkt voraus und bedarf daher ihrerseits einer Ergänzung um eine juristische Komponente, nämlich die Absicherung des Kreditnehmers im Falle eines Verlustes der Ware und damit auch des Pfandes.[283] Denn sollte das Handelsschiff sinken und die Ware nicht gerettet werden können, so musste der Schuldner seinen auf diese Sicherheit aufgenommenen Kredit sowie dessen Zinsen nicht begleichen.[284]

Die Kreditnehmer und -geber unterscheiden sich hinsichtlich ihrer Herkunft ebenso wie die Reiserouten der von ihnen finanzierten bzw. genutzten Handelsschiffe selbst. Zu den Gläubigern gehörten neben Privatpersonen mit und ohne Bürgerrecht auch Personengemeinschaften, die den Kredit im Kollektiv vergaben.[285]

---

282 Demosth. or. 34,33; Demosth. or. 35, 11 benennt eine Frist von 20 Tagen.

283 Demosth. or. 34,2. So auch COHEN, Athenian Economy, S. 160f. "Modern scholarship has treated the Athenian "maritime loan" as an established juridical category whose legal effectiveness was dependent on the presence of certain provisions. Although the nature and number these requirements is variously stated, two criteria are universally insisted upon: (1) a maritime loan must necessarily (obligatoirement) be collateralized by security of ship or sea cargo, free of other encumbrance; and (2) a maritime loan must necessarily contain a provision freeing the borrower from the obligation of repayment if this security is lost at sea."

284 Eine Regelung, die mitunter gerne als Vorläufer unserer heutigen Versicherung benannt wird, so auch FINLEY, Die antike Wirtschaft, S. 14, SCHUSTER, Seedarlehen, S. 47-81.

285 Vgl. COHEN, Athenian Economy, S. 121, anders als Cohen ISAGER, HANSEN, Aspects of Athenian Society, S. 84, kommen sie zu dem Schluss, dass auf Grund der Quellenlage der Gerichtsreden vermutlich nur private Verleiher (hier im Sinne von nicht-Bankiers verstanden) in Seedarlehen investierten. Zurück geht diese Annahme auf BOGAERT, Banquiers, courtiers et prêts maritimes, S. 141, der zu dem Schluss kommt, dass es keinen sicheren Beweis für die Ver-

Als berühmtes Beispiel ist an dieser Stelle Pasion[286] zu nennen, der Seekredite aus seinem Privatvermögen vergab. Bankiers zeigten gerade als Geldwechsler und -prüfer Präsenz rund um den attischen Hafen in Piräus,[287] weshalb davon ausgegangen werden kann, dass auch sie dem Service Kreditvermittelns und unter Umständen auch Geldverleihens nachgingen und abfahrende Händler mit Seekrediten unterstützten. Jedoch ist davon auszugehen, dass die Bankiers – angesichts des hohen Risikos – die Summen nicht aus dem Anlagevermögen ihrer Kunden, sondern aus ihrem eigenen Privatvermögen verliehen.

Da es sich bei den notwendigen Krediten für das Seehandelsgeschäft um durchaus hohe Summen handelte, war es für die Fernhändler nicht selten vonnöten, gleich mehrere Kredite bei verschiedenen Einzelpersonen oder Banken aufzunehmen, um die Gesamtsumme zu erhalten. So auch der Fernhändler Phormion,[288] der für eine Reise von Athen zum Pontus und wieder zurück drei Kredite über jeweils 2000 Drachmen, 4500 Drachmen sowie 1000 Drachmen aufnahm.[289] Im Gegenzug minimierten Gläubiger das eigene Risiko durch Investitionen in mehrere kleinere Kredite an unterschiedliche Händler.[290]

---

gabe von Seedarlehen durch attische Bankiers gebe. Endgültig entscheidbar ist diese Kontroverse allerdings nicht, da es im Gegenzug auch keinen sicheren Beweis für die Nicht-Vergabe gibt. Demosth. 33,7 berichtet von einem Kredit, der von einer Privatperson bei einem Bankier aufgenommen worden ist und dann als Seekredit durch die Privatperson weiterverliehen wurde.

286 Siehe hierzu besonders Kapitel 4.2.2.2, in dem die private Bank des Pasion behandelt wird.

287 Vgl. COHEN, Athenian Economy, S. 144f.

288 Nicht zu verwechseln mit dem gleichnamigen Bankier.

289 Demosth. or, 34,6f.; CASSON, Lionel, Ancient Trade and Society, Detroit 1984, S. 27, der davon ausgeht, dass die Gesamtsumme in mehrere Einzelkredite unterteilt worden ist. Auch konstatiert er, dass die nötigen Kredite durch Privatpersonen vergeben worden seien, da es keine großen Banken gegeben habe. Dies ist insofern korrekt, dass uns kein Zahlenmaterial überliefert ist, das so hohe Kreditsummen belegt. Allerdings zeigen die Quellen, dass kleinere Seekredite durchaus über Banken finanziert worden sind und nicht allein durch Privatpersonen. Siehe dazu auch Kapitel 4.2.2.

290 Siehe SIEVEKING, Seedarlehen, S. 9f. Auch wenn dieses Überblickswerk bereits zu Ende des vorletzten Jahrhunderts erschienen ist, ist es aktuell und besticht

Die Bedeutung, die den Kreditgebern für den Handel zuteilwird, verdeutlicht die Aussage des Chrysippos in der Rede *gegen Phormion*:

> αἱ γὰρ εὐπορίαι τοῖς ἐργαζομένοις οὐκ ἀπὸ τῶν δανειζομένων, ἀλλ' ἀπὸ τῶν δανειζόντων εἰσίν, καὶ οὔτε ναῦν οὔτε ναύκληρον οὔτ' ἐπιβάτην ἔστ' ἀναχθῆναι, τὸ τῶν δανειζόντων μέρος ἂν ἀφαιρεθῇ.[291]
>
> Denn der Wohlstand der Handelnden kommt nicht von denen, die Geld leihen, sondern von denen, die Geld verleihen, und weder ein Schiff noch ein Kapitän noch ein Reisender kann in See stechen, ohne das Zutun derer, die Geld verleihen.

Eine Aussage, der BOECKH sich anschließt.[292] Vergleichbar argumentiert auch SIEVEKING, der die Bedeutung des Seehandels für Athen ebenfalls hervorhebt, da gute Kreditverhältnisse elementare Lebensbedingung für den Seehandel seien: so ermögliche der Kredit das Gedeihen der Blüte des Piräus und den athenischen Wohlstand überhaupt.[293]

Die genannten Kreditgeber[294] lassen sich dabei in drei Gruppen aufteilen: 1) Bankiers,[295] 2) private Finanziers sowie 3) Gemein-

---

durch seine zuverlässige Quellenarbeit, auch wenn er einige papyrologische und fragmentarische Quellen – wie die Lysias Fragmente – nicht berücksichtigen konnte. Ihm folgt auch COHEN, Anthenian Economy, S. 142.

291 Demosth. or. 34,51.

292 BOECKH, Staatshaushaltung, S. 53, dagegen SCHUSTER, Seedarlehen, S. 33, der dies als rhetorische Spitze abtut und dem Seedarlehen eher eine versicherungsähnliche Funktion zuschreibt. SCHUSTERs (S. 35) Argument, dass vor Gericht nur die mittellosen Händler gestritten hätten, die wohlhabenderen dagegen ausschließlich mit eigenem Kapital gefahren und daher nicht überliefert seien, lässt sich keinesfalls belegen. Gerade bei Betrachtung der für den Seehandel nötigen Summen ist BOECKHs Darstellung deutlich plausibler.

293 SIEVEKING, Seedarlehen, S. 11f.

294 Zu den Kreditgebern und ihren jeweiligen Bedingungen und Zinshöhen siehe auch Kapitel 4.2.

295 Vgl. COHEN, Athenian Economy, S.137ff, der die These aufstellt, dass Banken Seekredite vergaben, ihm schließt sich auch SCHUSTER, Seehandel, S. 40 an. Wahrscheinlich ist jedoch, dass Bankiers als Privatpersonen Seekredite vergeben haben. LEESE, Making Money, S. 122f. geht davon aus, dass Phormion Seekredite vergab,

schaften aus privaten Finanziers.[296] Obwohl die sichere Abwicklung der Kredite durchaus im Interesse des Staates lag, trat dieser nicht selbst als Kreditgeber auf.[297] Die Kreditgeber unterlagen bei der Kreditvergabe besonderen Rechten und Pflichten, wie auch MILLETT konstatiert. Unser heutiges Wissen über die Gesetze zum Seehandel ist zwar unvollständig, lässt jedoch Rückschlüsse auf drei bestehende Regelungen zu.[298] So waren die verpflichteten sich die in Athen lebenden Kreditgeber, Kredite nur für solche Seereisen zu vergeben, deren Start- oder Zielort Athen war,[299] im Gegenzug wurde ihnen wohl eine privilegierte Terminansetzung[300] vor den Gerichten gewährt, sollte es zu juristischen und den Fall betreffenden Streitigkeiten kommen.[301] Die Motivation seitens der *polis* zu diesem Abkommen lag dabei auf der Hand, insbesondere unter Berücksichtigung des Vermerks, Kredite auf den Getreidehandel nur dann zu vergeben, wenn es sich bei dem anvisierten Hafen um Piräus handelte. Ergänzt wurde diese Bestimmung durch den komplementären Passus, dass kein Einwohner Athens einen Kredit für den Handel mit Lebensmitteln, mit dem Ziel eine andere *polis* zu beliefern, vergeben durfte.[302] Sollte ein Bürger doch in Versuchung kommen, die geltenden Bestimmungen zu umgehen, so drohte ihm eine Strafan-

296 SCHUSTER, Seehandel, S. 37-43.

297 Siehe Nr. 3 im Quellenteil, hier spricht sich ein Demos gegen unsichere Investitionen, unter die auch Seekredite fallen, aus.

298 Siehe MILLETT, Maritime Loans, S. 40.

299 ISAGER, HANSEN, Aspects of Athenian Society, S. 29; bei Krediten für Handelsreisen mit Hin- und Rückfahrt scheint nur der Zielort Athen möglich gewesen zu sein, Demosth. or. 24,51; Demosth. or. 25,50f.; Demosth. or. 56,6. Auswärtige Verleiher konnten dagegen auch auf einfache Fahrten, deren Ziel nicht Athen war, leihen (Demosth. or. 34,9). Dazu auch MILLETT, Maritime Loans, S. 40 sowie EICH, Politische Ökonomie, S. 159.

300 Siehe besonders COHEN, Edward E., Ancient Athenian Maritime Courts, Princeton 1973 sowie ISAGER, HANSEN, Aspects of Athenian Society, S. 84-87.

301 Vgl. CALHOUN, George M., Risk in Sea Loans in Ancient Athens, in: Journal of Economic and Business History 2 (1930), S. 561-584, S. 565. Dass diese Bevorzugung nicht immer zu einer schnellen Lösung des Streitfalls führt, lässt sich auch bei einem Verbesserungsvorschlag bei Xenophon herauslesen, der sich für einen Preis für denjenigen, der am schnellsten und gerechtesten die Streitfälle löst, ausspricht (Xen. vect. 3,3).

302 Demosth. or. 34,37.

zeige (φάσις) und schriftliche Anklage (εἰσαγγελία). Geschützt werden sollte folglich der Handel, der Güter nach Athen brachte und die Versorgung der Stadt gewährleistete.

Die Bedeutung des Seehandels und damit auch des Seekredits liegt auf der Hand. Denn er war es, der die jeweilige *polis* mit notwendigen und auch luxuriösen Gütern versorgte. Im fünften und vierten Jahrhundert vor Christus kamen diese Waren aus weit entlegenen Gebieten: Getreide aus dem bosporanischen Königreich, Sizilien und Ägypten;[303] Fisch aus spanischen Gewässern und dem Schwarzen Meer; Holz aus Makedonien, Asia Minor und der Levante;[304] Textilien und Luxusartikel aus dem gesamten Mittelmeerraum.[305] Grundnahrungsmittel wie Öl, Wein, Hülsenfrüchte und auch Gewürze wurden importiert.[306] Gerade für Athen, dessen Getreideversorgung nicht allein durch den eigenen Anbau im attischen Umland gewährleitstet werden konnte, war der Seehandel und die damit verbundene Möglichkeit des Getreideimports[307] zwingend notwendig.[308] Das dafür notwendige Kapital lag im vierten Jahrhundert bei ca. zwölf Millionen Drachmen pro Jahr,[309] die von Banken oder privaten Investoren übernommen werden mussten.[310]

---

303 ISAGER, HANSEN, Aspects of Athenian Society, S. 20-25.

304 ISAGER, HANSEN, Aspects of Athenian Society, S. 29-31.

305 CASSON, Ancient Trade, S. 23.

306 AMOURETTI, Marie-Claire, Le pain et l'huile dans la Grèce. De l'araire au moulin, Paris 1986.

307 Die Frachtschiffe konnte zwischen 100-400 Tonnen Getreide laden, siehe dazu CASSON, Ancient Trade, S. 25.

308 Zwar wurde auch lokal produziertes Getreide gehandelt, die Nachfrage konnte jedoch damit nicht gedeckt werden. Siehe MIGEOTTE, Léopold, Les ventes de grain public dans les cites grecques aux périodes Classique et hellénistique, in: La mémoire perdue, Rom 1998, S. 229-246.

309 Siehe dazu EICH, Politische Ökonomie, S. 387.

310 Vgl. COHEN, Athenian Economy S. 151, der einen detaillierten Überblick über die genaue Höhe sowie die Forschung gibt: CASSON, Ancient Trade and Society S. 26 schreibt von bis zu 40 000 Drachmen pro Schiff, gibt jedoch keine Hochrechnung aufs Jahr an. COHEN stimmt hingegen mit ISAGER und HANSEN überein, die von 13,8 Millionen Drachen pro Jahr ausgehen. MILLETT, Lending and Borrowing, S. 189, bestimmt als mittlere Summe 3000 Drachmen pro Schiff (1000 bis maximal 4500 Drachmen). EICH, Politische Ökonomie, S. 364, stellt richtig fest, dass es sich dabei in der Regel um Ladungsanteile gehandelt habe, Gesamtladungen dürften deutlich wertvoller gewesen sein. Bei Demosth. or.

Aber auch die Notwendigkeit der Holzversorgung der griechischen *poleis* ist nicht zu unterschätzen. Denn Holz war nicht nur als Baustoff für Schiffe, Häuser und Möbel äußerst gefragt, sondern auch als Energieträger zum Heizen und Kochen erforderlich.[311]In den gleichen Kontext ist auch Xenophons Vorschlag zu setzen, der den Handel mit Athen auch für Fernhändler und Schiffseigentümer attraktiver gestalten sollte:

> ἀγαθὸν δὲ καὶ καλὸν καὶ προεδρίαις τιμᾶσθαι ἐμπόρους καὶ ναυκλήρους, καὶ ἐπὶ ξένιά γ' ἔστιν ὅτε καλεῖσθαι, οἳ ἂν δοκῶσιν ἀξιολόγοις καὶ πλοίοις καὶ ἐμπορεύμασιν ὠφελεῖν τὴν πόλιν. ταῦτα γὰρ τιμώμενοι οὐ μόνον τοῦ κέρδους ἀλλὰ καὶ τῆς τιμῆς ἕνεκεν ὡς πρὸς φίλους ἐπισπεύδοιεν ἄν.[312]
>
> Gut und schön wäre es, die Händler und Schiffseigentümer durch Ehrenplätze im Theater zu belohnen und diejenigen, die durch Schiffe und Waren der Stadt nützlich sein könnten, als Gast zu empfangen. Denn wer sich so geehrt fühlt, ist nicht nur durch den Profit angespornt zu kommen, sondern auch durch die Ehre wie bei Freunden zu sein.

Neben den gerade beleuchteten Maßnahmen zu Land, die den wirtschaftlichen Fortbestand der Seefahrt gewährleisten sollten, versuchten Athen und andere *poleis* auch auf See, die sichere Fahrt der Handelsschiffe durch Begleitschiffe zu gewährleisten und so Angriffen durch Piraten zuvorzukommen.[313] Gerade im fünften Jahrhundert vor Christus waren Piratenangriffe wohl ein häufiges Phänomen, insbesondere zu Zeiten des Peloponnesischen Krieges, in dem die Handelsflotten nicht auf den Schutz von Begleitschiffen

---

24,11 wird ein Verkaufswert der Ladung von 57 000 Drachmen überliefert. Dazu WARNKING, Pascal, Lakritos? Schuldig! Neue Beweise für einen Betrug bei einem ναυτικὸν δάνειον, in: MBAH 35, 2017, S. 175-206.

311 MEIGGS, Russel, Trees and Timber in the Ancient Mediterranean World, Oxford 1982.

312 Xen. vect. 3,4.

313 Thuk. 1,4f. berichtet bereits von derartigen Maßnahmen unter Minos, der Seeräuber bekämpfte, um so den Handel zu stärken.

zurückgreifen konnten.[314] Die Trieren der *poleis* waren zu sehr in eigene Kampfhandlungen verwickelt, als dass sie sich den Seeräuber-Banden hätten widmen können, die die Gunst der Stunde für sich zu nutzen wussten und die ungeschützten Handelsschiffe vermehrt kaperten. Erst nach dem Ende des Peloponnesischen Krieges und einer Zeit der Regeneration gelang es zeitweise besonders der Seemacht Athen, für sichere Seehandelsrouten zu sorgen, was BURKE dazu veranlasst, die attische Flotte des vierten Jahrhunderts vor Christus als „the police force of the Aegean" zu bezeichnen.[315]

Dass politische und kriegerische Auseinandersetzungen einen Indikator für ein gesteigertes Risiko für die Handelsschifffahrt darstellten, zeigte sich in besonderem Maße im Zuge der Konflikte zwischen Athen und dem makedonischen König Philipp II. Die attische Flotte erfuhr, wenn auch nicht ganz mit den Auswirkungen des Peloponnesischen Krieges vergleichbar, eine deutliche Schwächung. Dies führte dazu, dass der Schutz der Handelsschiffe nicht gewährleistet werden konnte und sich so das Risiko für Schiff, Fracht und damit auch für den Kredit erhöhte. Über die daraus resultierenden Konsequenzen für den Zinssatz bei Seekrediten lassen sich – bedingt durch die Überlieferungslage – nur Mutmaßungen anstellen. Obwohl es in politisch unsicheren Zeiten oft schwieriger war, Kredite zu erlangen, lag die Notwendigkeit für Seehandel und die so gewährleistete Getreideversorgung weiterhin vor.

In der Rede des Lykurgos gegen den Athener Leokrates, den die politisch unsichere Situation nach der Schlacht von Chaironeia im Jahr 338 vor Christus zur Flucht nach Rhodos veranlasste, zeigen sich die Konsequenzen für die Versorgung Athens. Denn auf Rhodos angekommen, berichtete Leokrates, dass das Stadtzentrum eingenommen sei und der Piräus belagert werde:

> Οὕτω δὲ σφόδρα ταῦτ' ἐπίστευσαν οἱ Ῥόδιοι, ὥστε τριήρεις πληρώσαντες τὰ πλοῖα κατῆγον, καὶ τῶν ἐμπόρων καὶ τῶν

314 Xen. hell. 5,1,1 sowie 18-24.

315 BURKE, Edmund M., Lycurgan Finances, in: Greek, Roman and Byzantine Studies 26 (1985), S. 251-264, S. 259 mit Verweis auf Demosth. or. 7,14f.

> ναυκλήρων οἱ παρεσκευασμένοι δεῦρο πλεῖν αὐτοῦ τὸν σῖτον ἐξείλοντο καὶ τἆλλα χρήματα διὰ τοῦτον.[316]
>
> Die Rhodier vertrauten seinen Berichten so sehr, dass sie ihre Trieren bemannten und die Lastenschiffe in den Hafen einholten. Diejenigen von den Kaufleuten und Kapitänen, die schon Vorbereitungen getroffen hatten, aus Rhodos hierher (nach Athen) zu segeln, luden ihr Getreide und die übrigen Waren nur wegen dieses Mannes wieder aus.[317]

Zusätzlich gaben die rhodischen Kaufleute die Nachricht des Leokrates an ihre Kollegen aus anderen *poleis* weiter,[318] sodass vermutlich auch andere Handelsschiffe von der Reise nach Athen abgehalten wurden. Der daraus resultierende Schaden für Athen kann nur erahnt werden. Schiffe aus Rhodos erreichten erst nach einiger Zeit wieder den Piräus, nämlich als auf Rhodos bekannt wurde, dass der Handel weiterhin florierte und der Waren- bzw. Geldaustausch problemlos und in gewohnten Bahnen vonstattenging.[319]

Für die Frage nach den Konsequenzen für die Höhe des Zinssatzes lassen sich zwei Anhaltspunkte fassen: Zu nennen wäre zunächst der im Seekreditvertrag der Lakritos-Rede überlieferte Zusatz, dass der Zinssatz sich analog zum Risiko erhöhte.[320] Allerdings handelt es sich hier um ein zu kalkulierendes Risiko, das in den Wetterbedingungen, nicht aber in kriegerischen Handlungen begründet lag. Daher bietet es sich an, den zweiten Anhaltspunkt ins Auge zu fassen: einen im ephesischen Schuldentilgungsgesetz[321] überlieferten Passus, der gerade diejenigen Gläubiger schützen soll, die im Krieg Vertrauen bewiesen und ihr Vermögen zur Verfügung stellten. Von einem höheren Zinssatz ist in diesem Zusammenhang allerdings nicht die Rede, vielmehr fand nach Beendigung des Krieges eine De-

316 Lykurg. 18.
317 Übersetzung nach Johannes Engels.
318 Lykurg. 15.
319 Lykurg. 21.
320 Demosth. or. 35.
321 Siehe Nr. 4 im Quellenteil (= Syll.[3] 364).

ckelung der Zinshöhe auf ein Maximum von einem Zwölftel statt.[322] Mit Blick auf die Vergabe von Seekrediten lässt sich somit die Vermutung aufstellen, dass solche auch in Zeiten der Unruhe (notwendigerweise) vergeben wurden, sich die dafür erhobenen Zinsen vermutlich jedoch kaum merklich von denen schon verhältnismäßig hohen Zinsen in ruhigen Zeiten unterschieden. Eine Zinserhöhung wurde bei planbaren Risiken einkalkuliert.

Das wiederum wirft die Frage auf, ob denn allgemein von einem üblichen Zinssatz bei Seekrediten gesprochen werden kann. Eine solche Vorstellung vermittelt jedenfalls Xenophon, der in seinen *poroi* angibt, dass der Gewinn für einen Bürger, der zehn Minen Steuern zahle, bei seinem vorgeschlagenen Zahlmodell von drei Obolen pro Tag bei 1/5 läge, was er wiederum mit dem Gewinn eines Seedarlehens vergleicht.[323] Die Verzinsung läge dementsprechend bei zwanzig Prozent per annum. Bei einem Blick in die Reden des *Corpus Demosthenicum* zeigt sich allerdings ein ähnliches und hier bereits geschildertes Bild:[324] Die Verzinsung bzw. die Höhe des Zinses der Seekredite orientierte sich an einer Vielzahl von Faktoren, worunter die Entfernung vom Zielort oder die Dauer und das Risiko, dass der Kredit nicht zurückgezahlt werden kann, zu verstehen sind.[325] Das Risiko wurde vornehmlich an Faktoren wie Schiffbruch und Seeräuberei bemessen, weil als Sicherheit für den Kredit zumeist das Schiff oder seine Ladung dienten. Differenziert wurde hier, ob der Schiffseigentümer (ναύκληρος) selbst der Kreditnehmer war oder ein Fernhändler (ἔμπορος)[326] den Kredit aufnahm, denn nur

322 Nr. 4 im Quellenteil, Z. 75.

323 Vgl. Xen. vect. 3.9.

324 Demosth. or. 34; 35; 56.

325 Vgl. SIEVEKING, Seehandel, S. 17 sowie MILLETT, Maritime Loans, S. 36.

326 Zur Problematik der Begriffe ἔμπορος und ναύκληρος siehe die ausführliche Analyse der Verwendungen bei FINLEY, ἔμπορος, ναύκληρος and κάπηλος. Er kritisiert berechtigterweise, dass in der modernen Forschung eine nicht auf sicherer Quellenbasis stehende Typisierung in drei Kategorien von Händlern vorgenommen worden ist. So wird, wie wir eingangs in der Definition von Seekrediten bei Schmitz gesehen haben, zumeist unkritisch festgestellt, dass es sich beim ἔμπορος um einen Fernhändler ohne eigenes Schiff handele, der ναύκληρος der Schiffseigentümer oder Kapitän sei und der κάπηλος für den Weiterverkauf der Waren auf dem jeweiligen lokalen Markt zuständig sei.

in ersterem Fall konnte der Gläubiger zu jedem Zeitpunkt auf die materielle Sicherheit zugreifen und nicht nur, wenn das Schiff den vereinbarten Hafen sicher erreichte.[327]

Dass es unter den Händlern bzw. Schuldnern auch solche gab, die sich bemühten, Schlupflöcher in ihren Kreditverträgen zu finden, und durch Betrug versuchten, die Zahlung der Zinsen oder gar die Rückzahlung des Kredites zu umgehen, ist ebenfalls belegt. Daraus resultierte offenkundig ein weiteres Risiko für den Gläubiger, der vor Gericht in solchen Fällen nun versuchen musste, sein Geld

---

Die gängigen Quellen hingegen hinterlassen uns eher ein Chaos, als das sie die Bedeutungen klar definieren. So besonders beim ἔμπορος und κάπηλος die je nach Quelle identisch (Isokrates und Platon, *Politeia*) oder in Abgrenzung zueinander bezeichnet werden. Der ἔμπορος ist in diesem Fall ein ausländischer Händler (ebenfalls Platon). Nach einer ausführlichen Diskussion der Forschungsliteratur seiner Zeit kommt FINLEY abschließend zu folgenden Schlüssen, von denen hier nur ein Auszug wiedergegeben werden soll: 1. ἐμπορεύμαι wird von den Griechen des fünften und vierten Jahrhunderts vor Christus genutzt, um etwas auszudrücken, das mit dem Konzept „Handel" zu tun hat, gelegentlich wird auch καπηλεύειν genutzt (S. 334). 2. Mit ναύκληρος ist zumeist der Schiffseigentümer gemeint, aber es kann auch Variationen in der Bedeutung geben (S. 335). 3. Der ἔμπορος ist normalerweise ein Seehändler, aber nicht notwendigerweise (S. 335). 4. Meistens transportiert der ἔμπορος Waren auf fremden Schiffen, manchmal besitzt er es auch selbst (S. 335). Anders SIEVEKING, Seedarlehen, S. 10, der unter ναύκληρος sowohl den Schiffseigentümer (Reeder) als auch den Kapitän versteht, der gegen Bezahlung das Schiff lenkt, es aber nicht besitzt. Anders als SCHUSTER (S. 28f.) schreibt, ist der Kapitän in den meisten Fällen eben nicht der Händler, vielmehr bezeichnet ναύκληρος die Person, die die Fähigkeit besitzt, das Schiff zu navigieren, unabhängig davon, ob sich diese dem Seehandel widmet. Diese terminologische Ungenauigkeit zieht sich durch das ganze Buch. Einen allgemeinen Überblick zu Händlern und damit auch zur Verwendung des Begriffes ἔμπορος lieferen KNORRINGA, Heiman, Emporos. Data on Trade and Traders in Greek Literature from Homer to Aristotle, Amsterdam 1926, der sich ebenfalls für eine weit gefasste Bedeutung als nicht auf Fern- bzw. Nahhandel spezialisierten Händler ausspricht, und ISAGER, HANSEN, Aspects of Athenian Society, S. 64-66, die unter *emporos* weit gefasst zunächst einfach einen Passagier und erst im zweiten Gedankengang einen Fernhändler verstehen. Wenn ich nun im Folgenden vom ἔμπορος schreibe, so gebrauche ich den Begriff im Sinne des Fernhändlers, der sich mit seinen Waren auf einem fremden Schiff einmietet. Unter ναύκληρος verstehe ich den Schiffseigentümer, der nicht zwingend auch der Kapitän des Schiffes sein muss (siehe die Person des Apollodoros).

327 FINLEY, ἔμπορος, ναύκληρος and κάπηλος, S. 335.

zu erstreiten. Die uns bekannten Fälle berichten von verschiedenen Betrugsstrategien, die von Vortäuschung von Schäden am Schiff, um einen anderen Hafen anfahren zu dürfen,[328] über absichtlichen Schiffbruch[329] bis hin zur nicht vollzogenen Ladung der vereinbarten Fracht reichen.[330] Auch das Weiterverleihen des Kredites zu höheren Zinsen oder die Nicht-Rückkehr nach Piräus ist eine in den Reden behandelte Thematik.[331] Durch die Festlegung von Strafsummen, die sich auf das Doppelte der Schuld belaufen konnten und bereits im Kreditvertrag verankert wurden, sollte der Schuldner von Fehltritten abgehalten werden. Dass diese Maßnahme nicht immer Wirkung zeigte, verdeutlichen die überlieferten Prozessreden. Die Prozesse selbst wurden während des Winterhalbjahres durchgeführt, sofern bis dahin nicht eine Einigung mit Hilfe von Schiedsrichtern erzielt werden konnte. Vor die Seehandelsgerichtshöfe in Athen kam der Prozess zumeist dann, wenn eine der Streitparteien als Händler bzw. Schiffseigentümer tätig war, die Handelsreise von oder nach Athen ging oder ein schriftlicher Seekredit aufgenommen worden war.[332] War der Schuldner im Falle eines Rechtsspruches zu Gunsten des Gläubigers immer noch nicht – gewollt oder nichtgewollt – zahlungsfähig, so drohte ihm eine Gefängnisstrafe, die zwar unangenehme Folgen für den Schuldner hatte, dem Gläubiger seinen Einsatz samt Zins jedoch ebenfalls nicht zurückerstattete. Damit eine Klage überhaupt zugelassen wurde, bedurfte es, wie bereits erwähnt, eines schriftlichen Vertrags (συγγραφή), der das Kreditgeschäft zwischen den beiden Parteien festhielt.[333] Er regelte, neben der Benennung der beteiligten Parteien, die Höhe des Darlehens samt zu zahlenden Zinsen, die Fahrtroute sowie das Ziel des Schiffes. Ein weiterer Paragraph widmete sich der Zahlungsfrist so-

328 Demosth. or. 57,21.

329 Demosth. or. 32,6.

330 Demosth. or. 34,6.

331 Demosth. or. 34,8.

332 Siehe MILLETT, Maritime Loans, S. 40, der jedoch auch anmerkt, dass diese Bestimmungen durchaus locker gesehen werden konnten. Auch Klagen, die nur entfernt mit Seekrediten zu tun hatten, konnten vor dem Seehandelsgericht verhandelt werden.

333 Demosth. or. 56.

wie den Strafen bei Vertragsverletzung, was zumeist der Pfändung der Sicherheiten oder der Zahlung von Strafsummen gleichkam. Die Rückzahlung des Kredites musste nur dann erfolgen, wenn die Handelsreise erfolgreich war.[334] Darunter zu verstehen war sowohl die sichere Ankunft des Schiffes im Hafen (von Piräus) als auch das erfolgreiche Absetzung der Waren,[335] das für den Händler auch nach Abzug der anfallenden Ausgaben[336] einen Gewinn versprach. Waren diese Umstände nicht gegeben, verlor der Gläubiger ebenfalls seinen Einsatz.[337] Auch wenn dieses Vorgehen nur für die *polis* Athen überliefert ist, so ist doch anzunehmen, dass auch andere *poleis* ähnlich verfahren sind.

Zurück zu der Frage nach einer üblichen Zinshöhe: es zeigt sich, dass Seekreditverträge strikte Vorgaben, die der Gläubiger in einigen Fällen sogar durch einen Vertrauten an Bord überprüfen ließ, sowohl bezüglich der Fahrtroute als auch dem damit verbundenen Zinssatz aufweisen konnten. Als Beispiel par excellence eines solchen Umstandes dient ein bei Demosthenes in der Rede *gegen Lakritos* überlieferter Vertrag: So sind zwei Häfen als Zwischenstopp zur Auswahl angegeben, ebenso werden zwei mögliche Zielregionen genannt. Nicht variabel ist jedoch die Festlegung des Pfandes (3000 Krüge Wein, geladen wurden schlussendlich nach Aussage des Klägers jedoch nur 500 Krüge) sowie des Handelsschiffes (ein Zwanzigruderer, dessen Eigentümer Hyblesios ist), mit dem die Reise durchgeführt werden soll. Für die Fahrt bis ins Schwarze Meer und wieder zurück nach Athen wird ein Zins von 225 Drachmen pro 1000 Drachmen (22,5%) verlangt.[338] Verzögert sich die Rückkehr, steigt der Zins auf 300 Drachmen pro 1000 Drachmen (30%) an. Dies lag in dem Umstand begründet, dass das Schiff erst nach dem Aufgang des Arktouros, also ca. Mitte September, an der Sammelstelle eintreffen

334 ISAGER, HANSEN, Aspects of Athenian Society, S. 79; Demosth. or. 32,5; 34,33; 56,22,34,36.

335 BRESSON, Ancient Greek Economy, S. 284 geht nicht vor dem Absetzen, sondern von der Gewinnrechnung aus.

336 Siehe hierzu auch CASSON, Ancient Trade, S. 32, der eine Auflistung der Kosten vornimmt.

337 CASSON, Ancient Trade, S. 27; BRESSON, Ancient Greek Economy, S. 284.

338 Demosth. or. 35,10-14.

würde. Eine Rückfahrt im sicheren Verbund war daher nicht mehr möglich, da die bewachte Kolonne, die die Handelsschiffe vor Übergriffen schützen sollte, abfuhr, sobald der Arktouros zu sehen war. Als weiteres einzukalkulierendes Risiko sind aufkommende Herbststürme zu benennen. Der höhere Zinssatz liegt daher nicht in der längeren Laufzeit begründet, sondern vor allem in dem höheren maritimen Risiko.[339] Der Kredit samt Zins sollte letztlich innerhalb von 20 Tagen nach Ankunft in Athen beglichen werden, andernfalls drohte die Pfändung der Sicherheit. Über die Authentizität dieser Syngraphe und ihren Entstehungszeitraum herrscht eine rege und kontroverse Forschungsdiskussion,[340] die an dieser Stelle nicht abschließend geklärt werden kann. Ihre Bedeutung als Musterobjekt zur Veranschaulichung von Seekreditverträgen steht hingegen außer Frage und aus diesem Grunde werden diese Texte hier auch als Quelle herangezogen.

In einem anderen Seekreditvertrag ist ein Zins von 600 Drachmen bei einer Darlehenssumme von 2000 Drachmen vereinbart.[341] Auch hier ist, wie bei Lakritos, als geplante Route Athen-Bosporos-Athen (Bosporanisches Königreich an der Straße von Kertsch) angegeben, der Zinssatz von 30% entspricht der zweiten, riskanteren Reiseroute der Lakritos-Rede. Abgesichert werden sollte dieser Kredit mit Waren im Wert von 4000 Drachmen.[342] Deutlich niedriger fällt der Zinssatz eines Seekredites für den Bankierssohn Apollodoros aus, der während seiner Dienstzeit als Trierarch einen Seekredit über 800 Drachmen mit einem Zinssatz von 12,5% für die Reise vom Hellespont nach Athen aufnahm.[343] Eine Sicherheit wird in der Rede nicht erwähnt. Der niedrigere Zinssatz kann in diesem Fall jedoch nicht allein in dem Umstand der einfachen Fahrt begründet liegen: Schließlich fand sie – wie in der Rede eindeutig gesagt wurde – in

339 So auch CALHOUN, Risk in Sea Loans, S. 575 sowie ISAGER, HANSEN, Aspects of Athenian Society, S. 76.

340 Vgl. zum Vertrag in der Lakritosrede CASSON, Lionel, New Light on Maritime Loans, in: Zeitschrift für Papyrologie und Epigraphik 84 (1990), S. 195-206.

341 Demosth. or. 34,23.

342 Demosth. or. 34,6.

343 Demosth. or. 50,17.

der Hochrisikozeit der Herbststürme statt. Auch wird, im Gegensatz zu den anderen bekannten Fällen, kein Pfand erwähnt, da auf dem Schiff keine Waren transportiert wurden. Dass dieser Zinssatz vermutlich in direktem Zusammenhang mit der Person des Schuldners sowie in dem Umstand der Kreditaufnahme stand, wird durch die Ausführungen im Kapitel 4.1.3 verdeutlicht werden.

Einen Seekredit über 3000 Drachmen vergaben die Wechsler Darios und Pamphilos[344] bezüglich einer vertraglich festgelegten Route von Athen nach Ägypten und wieder zurück. Die von den Schuldnern gewünschte Wahlmöglichkeit des Ankunftsortes zwischen Athen und Rhodos wurde von den Gläubigern mit Berufung auf das in Athen gültige Gesetz, den Seehandel nur dann kreditieren zu dürfen, wenn der Endbestimmungsort Athen sei, zurückgewiesen.[345] Ein konkreter Zinssatz wird in der Rede nicht benannt. Allerdings wird mehrfach wiederholt, dass der Zinssatz für die Reise von Athen nach Ägypten und die darauffolgende Weiterfahrt nach Rhodos deutlich geringer sei als für die Fahrt zurück nach Athen. Begründet wird dies durch das verminderte Risiko (die Fahrt bis Athen sei gefährlicher) und die kürzere Fahrtzeit.[346] SIEVEKING führt zu dieser Stelle noch an, dass sich der niedrigere Zinssatz auch durch die verschiedenen Gewinne begründe, die auf den einzelnen Reiseabschnitten erzielt worden seien, und damit einen Anteil des Kreditgebers an dem Gewinn der Seereise darstelle.[347] Diese Vermutung lässt sich jedoch mit Verweis auf den Seekreditvertrag der Lakritos-Rede, in dem die zu ladenden Waren klar definiert und in dem risikobedingte Schwankungen im Zinssatz vereinbart werden, nicht bestätigen. Einen Gewinn von 100%, wie Lysias ihn erwähnt, durch einen Seekredit zu erwirtschaften, entspricht jedoch nicht der Gewinnspanne für einen Seekredit.[348] Möglich könnte dieser Gewinn

344 Obgleich beide Männer den Kredit gemeinsam vergaben, stand nur Pamphilos im Kreditvertrag.
345 Demosth. or. 56,6.
346 Demosth. or. 56,29.
347 SIEVEKING, Seehandel, S.18.
348 Lys. 32,25.

nur bei mehreren gut verplant vergebenen Krediten auf das ganze Jahr umgerechnet gewesen sein.

Für den im Verhältnis zum *daneion* hoch erscheinenden Zinssatz findet daher SIEVEKING bereits 1893 eine schlüssige Begründung: „Die Zinsen des Seedarlehens bei glücklicher Fahrt sind nicht nur Äquivalent für die Übernahme der Gefahr, sondern gleichzeitig ein Anteil an dem hohen Gewinn des Seehandels.“[349] Gleiches galt, wenn die Reise nicht zustande kam.[350] BILLETER ergänzt:

> Die Besonderheit des Seedarlehens in ökonomischer Richtung beruht auf dem ihm eigentümlichen Risiko; dies besteht darin, dass der Schuldner seine Verpflichtungen nur dann zu erfüllen hat, wenn das Schiff ungefährdet durchkommt. Das Risiko ist also das Risiko der Seefahrt, nicht aber ein solches, das im Schuldner und dessen ökonomischen Verhältnissen läge.[351]

Zinsen bei den Seekrediten sind als Art Gewinnbeteiligung zu verstehen und entsprechen dabei nicht präzise unserer heutigen Vorstellung von Zins. BOGAERT stellt ebenfalls fest, dass der Gewinn beachtlich sein kann, „mais les risques étaient considérables. Les marchandises ou le navire, qui garantissaient le prêt, voyageaient en effet aux risques du créancier.”[352] Umso wichtiger erscheint der Aspekt bzw. die Fähigkeit seitens der Kreditgeber, die potentiell auftretenden Risiken richtig zu berücksichtigen, einzuschätzen und bei der Kreditvergabe einzukalkulieren. Dazu gehörte, neben einem nautischen Grundverständnis, auch die Beurteilung der Reiseroute und eine moralische und fachspezifische Einschätzung des Händlers sowie auch des Kapitäns.[353]

---

349 SIEVEKING, Seehandel, S. 10; Zur Gewinnspanne siehe: BRESSON, Merchants and Politics, S. 148-150 sowie WARNKING, Lakritos, S. 196-200, der eine mögliche Gewinn- und Verlustrechnung tabellarisch darstellt.

350 Demosth. or. 56.

351 BILLETER, Geschichte des Zinsfusses, S. 30.

352 BOGAERT, Banquiers, courtiers et prêts maritimes, S. 141.

353 BOGAERT, Banquiers, courtiers et prêts maritimes, S. 142.

Nach CALHOUN setzt sich der Zins aus mehreren Komponenten zusammen. Erstens: den potentiellen Kosten, die für den Kredit aufkommen (12-18% pro Jahr), zweitens: der geplanten Reisedauer und drittens: dem Kreditrisiko sowie dem maritimen Risiko.[354] Der vierte Faktor umfasst alle Gegebenheiten auf See: die Wetterlage, das Piratenaufkommen und auch Kriege. Auch KORVER schließt sich dieser Meinung an, indem er den hohen Ertrag des Seekredites mit den besonderen Bestimmungen eben dieser Kreditform in Bezug setzt.[355] Ein weiterer Faktor, den KORVER nicht berücksichtigt, ist derjenige, dass die Kreditgeber auch das Risiko für die Fälle trugen, in denen sich die Kreditnehmer nicht an die im Vertrag festgehaltenen Bedingungen hielten. So war es den Gläubigern beispielsweise nicht möglich, zu überprüfen, ob seitens der Kreditnehmer die vereinbarten Routen eingehalten wurden, die vereinbarten Waren (gerade, wenn sie als Pfand dienten) geladen wurden oder gar mehrfach ein Kredit aufgenommen wurde, sodass weder der Zins noch der Kredit zurückgezahlt werden konnten.[356] Ebenso konnte es geschehen, dass der vereinbarte Hafen nicht angefahren wurde und der Gläubiger so weder über Kredit und Zins noch über die im Vertrag angegebene Sicherheit verfügte.[357]

CASSON schlussfolgert, dass Seekredite zwar einen Weg darboten, schnell viele Minen zu gewinnen, jedoch ebenso schnell auch

354 CALHOUN, Risk in Sea Loans, S. 578.

355 KORVER, Demosthenes gegen Aphobos, S. 12.

356 Als Beispiel für diese Probleme lässt sich erneut die Rede *gegen Lakritos* (Demosth. or. 35) heranziehen. Hier wurde mehrfach auf das gleiche Pfand ein Kredit aufgenommen. Die vereinbarten Waren – schenkt man dem Kläger glauben – wurden nicht geladen und es kam weder zur Rückzahlung des Kredites noch des Zinses innerhalb der vereinbarten Zeit. Ein ähnliches Problem wird in der Rede *gegen Phormion* (34) deutlich, auch hier werden weder die abgesprochenen Pfänder geladen noch die Kreditsumme samt Zinsen.

357 Siehe dazu Demosth. or. 56. Die im Vertrag vereinbarte Route von Athen nach Ägypten und wieder zurück nach Athen wurde nicht eingehalten. Stattdessen entluden die Schuldner das in Athen gekaufte Getreide auf Rhodos und fuhren von dort aus auf eine erneute Handelsreise nach Ägypten. So konnten die Gläubiger weder ihre Rückzahlungen in Athen erhalten, noch auf das Schiff zugreifen, das im Vertrag als Sicherheit vereinbart wurde.

zu verlieren.[358] Wie hoch der Jahresgewinn ausfallen konnte, verdeutlicht BILLETER, der darauf aufmerksam macht, dass während einer Schifffahrtssaison der Kreditgeber mehrfach sein Geld investieren konnte.[359] So ergaben sich Gewinnmöglichkeiten durch Zinsen von bis zu 60% des verliehenen Betrages. Damit verdoppelt er die Gewinnspanne im Vergleich zu BOECKH, der „dreißig von Hundert für einen Sommer nichts Ungewöhnliches"[360] nennt. Auch ist zu bedenken, dass die Schifffahrtssaison, bedingt durch die aufziehenden Herbststürme, bereits im Oktober endete. Hochgerechnet auf das ganze Jahr würde sich folglich eine noch höhere Gewinnrate ergeben, zu der auch CASSON bei seinen Berechnungen kommt, die sich auf Zinsen zwischen 67,5 % und 90,5% pro Jahr belaufen.[361] Auch konnte der Kreditgeber während des Winters sein Geld erneut anderweitig anlegen. Wie spekulativ diese Hochrechnungen jedoch sind, verdeutlicht COHEN mit einem Verweis auf Demosthenes:[362]

> Because maritime financing carried no annual or other time-related rate, Demosthenes is unable to indicate the yield on these substantial assets, an omission damaging to his efforts to establish the magnitude of cash flow available to the guardians at the time of his father's death.[363]

Es ist charakteristisch für Demosthenes, dass er im Vormundschaftsprozess hochrechnete, wieviel seine Gegner ihm schuldeten. Doch bei den Seekrediten verzichtete er darauf, so dass auch hier von weiteren Hochrechnungen abgesehen wird, die ihrerseits auf einem nicht hinreichenden Zahlenmaterial stünden.

Abschließend und mit Sicherheit lässt sich allerdings feststellen, dass bei Seekrediten im Vergleich zu anderen Kreditmodellen mit kürzeren Laufzeiten, deutlich mehr Gewinn in Form von Zinsen erzielt werden konnte. Dafür musste der Seekreditinvestor jedoch

358 CASSON, Ancient Trade, S. 44.
359 BILLETER, Geschichte des Zinsfusses, S. 40.
360 BOECKH, Staatshaushaltung, S. 76.
361 CASSON, Ancient Trade, S. 44.
362 Demosth. or. 21,11.
363 COHEN, Athenian Economy, S. 52f.

bereit sein, ein deutlich höheres Risiko hinsichtlich der Rückzahlung einzugehen.

In der Rede gegen Dionysodoros wird die Gültigkeit des Kredits und damit auch seiner Zinsen näher erläutert. Kreditrückzahlung und Zins waren bei Schiffsbruch auch dann fällig, wenn sich die im Vertrag genannte Ladung oder das dafür bestimmte Geld zum Zeitpunkt des Unglücks nicht an Bord befanden.[364] Ein ähnliches Bild zeigt sich auch in der bereits öfters zu Rate gezogenen Lakritos-Rede. Die Ware, die potentiell von dem untergegangenen Schiff gerettet werden konnte, sollte in einem solchen Fall zwischen den beiden Vertragsparteien geteilt werden. Dies wiederum impliziert, dass der Gewinn sich in diesem Fall an dem Ertrag der Ware und nicht an dem ursprünglichen Darlehen samt Zins orientierte. Die Zinsen wurden gemeinsam mit dem Kredit nach der im Vertrag vereinbarten Zeit fällig und nicht, wie bei den anderen Kreditmodellen, monatlich oder jährlich eingezogen. War die Handelsreise gescheitert und das Schiff mit der Ware verloren, so wurden weder Zins noch Kapital fällig, worin sich der größte Unterschied zu anderen Kreditarten zeigt.[365]

Die nun oft gestellte Frage nach einem „üblichen“ Zinssatz kann auf Grundlage der vorliegenden Untersuchung folgendermaßen beantwortet werden: Von einem üblichen Zinssatz aufs Jahr berechnet kann nicht gesprochen werden, vielmehr von einer Gewinnspanne in Form von Zinsen zwischen 20 und 33 1/3%. Einfache Fahrten wurden entsprechend geringer verzinst. Eine Varianz des Zinses war folglich auch innerhalb der Vergabe von Seekrediten gegeben.

3.5 Sonstige Verzinsungen

Zinsen wurden nicht nur im Rahmen von Kreditverträgen erhoben. So forderte Demosthenes in seiner Rede *gegen Aphobos* (I), der sein Erbe nach dem Tod des Vaters gemeinsam mit zwei anderen Män-

364 So auch bei Demosth. or. 34. Hier wird dem Angeklagten unterstellt, nur vorzugaukeln, dass sich die Waren bzw. die Kreditrückzahlung an Bord eines gesunkenen Schiffes befunden hätten.

365 MILLETT, Maritime Loans, S. 36.

nern verwaltete, nicht nur dieses Erbe ein, sondern auch den für dieses Kapital angefallenen Zins.[366] Es bestand kein direkter Vertrag über einen Kredit, sondern lediglich eine Aufstellung des Vermögens in Form des Testaments. Durch die Verwalter habe, argumentiert der Redner, nach dem Tod des Vaters und in den folgenden zehn Jahren seiner eigenen Unmündigkeit, eine systematische Veruntreuung des Erbes stattgefunden. Auf die Rückzahlung dieses Erbes erhob Demosthenes nun die Forderung eines Zinssatzes von zwölf Drachmen pro Jahr und pro 100 Drachmen für insgesamt zehn Jahre.[367] Betont sei an dieser Stelle, dass er den Zinssatz nach eigenem Ermessen festlegte und keiner normativ verankerten Regel folgte. Ein höherer Zinssatz hätte folglich auch gefordert werden können, was durch die Verwendung des Adverbs μόνον implizit zum Ausdruck kommt.[368]

In einem anderen Verfahren, in seiner Rede *gegen Ktesiphon*, wirft der Redner Aischines Demosthenes vor, dass dieser nicht nur Bestechungsgelder angenommen habe,[369] dafür, dass er einen Beschluss in die Vollversammlung gebracht habe, sondern auch, als die Auftraggeber aus der *polis* Oreos das zugesagte Talent nicht zahlen konnten, für diese zusätzlich noch Zinsen verlangt haben. Seine Zinsforderung beliefe sich auf eine Drachme pro Mine und Monat,[370] was damit dem bereits aus Kapitel 3.3 bekannten Satz von 12% entspräche, und sollte getilgt werden, bis sowohl Zins als auch Kapital erstattet worden seien.[371] Als Pfand dienten in diesem Fall die öffentlichen Einnahmen der Stadt. Die Umwandlung der Schuld in eine Statue zu seinen Ehren habe Demosthenes, so Aischines, zuvor bereits abgelehnt.[372] Ob es sich dabei wirklich um die Verzinsung von Bestechungs- oder Vermittlungsgeldern gehandelt hat, stellt bereits BILLETER zur Diskussion und mutmaßt vielmehr, dass es sich

366 Demosth. or. 27.
367 Demosth. or. 27,35.
368 Demosth. or. 27,35: οἷς τὸ ἔργον ἂν προσθῆτ᾽ ἐπὶ δραχμῇ μόνον τῶν δέκ᾽ ἐτῶν.
369 Aischin. Ctes. 100-105.
370 Aischin. Ctes. 104.
371 Aischin. Ctes. 104.
372 Aischin. Ctes. 103f. S.a. Kap. 4.1.1, in dem die geschilderte Vorgehensweise anhand zahlreicher Beispiele dargestellt wird.

vielleicht um einen regulären öffentlichen Kredit gehandelt habe, den der Privatmann Demosthenes der *polis* Oreos für Kriegsrüstung bereitgestellt habe.[373] Für die Annahme BILLETERS sprechen jedenfalls die Höhe des Zinssatzes sowie die Angabe der Pfändung öffentlicher Einnahmen als Sicherheit.[374] Der Wunsch der Schuldner, die Kreditsumme oder wenigstens die Zinsen erlassen zu bekommen, indem sie dem Darlehensgeber eine Ehrung zukommen ließen, war indes nicht abwegig, da diese Praxis epigraphisch vielfach bezeugt ist.[375]

Nicht ungewöhnlich war die Aufnahme eines Kredites gegen Abgabe eines Pfandes, dessen Wert der Darlehenssumme mindestens entsprach, sie zumeist aber vermutlich sogar überstieg. Die Rückzahlungen erfolgten dann in Form des Kapitals und der Zinsen. Als prominentes Beispiel in Athen ist hier die Möbelmanufaktur des Demosthenes zu nennen, die als Pfand für einen Kredit über 40 Minen diente und die dafür fälligen Zinsen in Höhe von 12 Minen selbst erwirtschaftete.[376] Eine Sonderreglung stellte die zeitweise Pfändung von lebendigem Eigentum (Sklaven, Arbeits- oder sonstigen Nutztieren) dar, deren Überlassung dem Gläubiger Einkünfte erbringen sollte, die ihrerseits ebenfalls als Anteil der Zinstilgung zu verstehen waren. Ein Weiterverkauf des übertragenen Eigentums war jedoch in solchen Fällen nicht gestattet, da es sich ausschließlich um eine, auf einen festgelegten Tilgungszeitraum begrenzte Abtretung handelte.[377]

---

373 BILLETER, Geschichte des Zinsfusses, S. 43f.

374 Vgl. dazu die überlieferten Kreditvereinbarungen aus Arkesine, in denen verschiedene Privatpersonen unter ähnlichen Bedingungen Kreditgeschäfte abgeschlossen haben. Als Beispiel dient Nr. 5 im Editionsteil dieser Arbeit (=IG XII 7,67 B).

375 MIGEOTTE, L'emprunt public, Nr. 19, 40; IG XII 7,5 und weitere sowie die Ausführungen in Kapitel 3.1.2.

376 Demosth. or. 27,9. Siehe dazu auch HARRISON, Alick R. W., The Law of Athens. The Family and Property, Oxford 1968, S. 261.

377 Siehe THALHEIM, Griechische Rechtsaltertümer, S. 100.

3.5.1 Verzinsung der Mitgift

Im griechischen Kulturraum des sechsten bis vierten Jahrhunderts vor Christus war es üblich, dass der Braut bewegliches Vermögen mit in die Ehe gegeben wurde.[378] Diese Mitgift (προίξ) wurde durch den Bevollmächtigten der Braut (üblicherweise den Vater oder den nächsten männlichen Verwandten) an den Bräutigam übergeben.[379] Zu unterscheiden ist diese Mitgift von den im persönlichen Gebrauch der Frau befindlichen Dingen (φερνή). Bei der Mitgift konnte es sich sowohl um bewegliche Güter wie Schmuck, Möbel oder Sklaven als auch um Geld handeln.[380] Nach Beendigung der Ehe oder im Falle des Todes der Frau musste die Mitgift, wenn diese Frau kinderlos war, durch den verwitweten Ehemann wieder an die Geburtsfamilie der Frau zurückgezahlt werden. Geschah dies nicht, konnte die Rückzahlung eingeklagt werden.[381] Die φερνή dagegen nahm die Frau bei einer Scheidung vermutlich ohne Einwände seitens des Mannes mit, da sie wohl als ihr Eigentum galt.[382] Zusätzlich war es üblich, dass der Ehemann die erhaltene Mitgift durch Aufstellung eines *horos* (Hypothekenstein)[383] mit Vermerk der Höhe der Mitgift absicherte.[384] Unter zwei Umständen wurde die Mitgift auch relevant für das Zinswesen, denn sowohl der Brautvater als auch der Bräutigam konnten zu Schuldnern werden, die ihre Schuld in sol-

---

378 VÉRILHAC, VIAL, Le mariage grec.

379 WOLFF, Hans Julius, Προίξ, in: RE XLV (1957), Sp. 133-170.

380 HARRISON, The Law of Athens, S. 47.

381 THÜR, Gerhard, Proix, in: DNP 10 (2003), Sp. 379-380.

382 THÜR, Gerhard, Armut, in: Simon, Dieter (Hg.), Eherecht und Familiengut in Antike und Mittelalter, München 1992, S. 121-132, S. 125.

383 Zur Bedeutung von *horoi* abseits der Grenzmarkierung s.a. FINLEY, Studies in Land and Credit. MILLETT, Lending and Borrowing, S. 166, stellt fest, dass in diesen Fällen Kredite nur durch nicht-professionelle Geldverleiher vergeben wurden.

384 *Horoi* mit Vermerk der Höhe der Mitgift sind im Raum Attika vielfach belegt. Als Beispiele können die folgenden Inschriften dienen: IG II² 2659 (Mitgift von einem Talent und 2000 Drachmen), IG II² 2660 (3000 Drachmen), IG II² 2261 (2000 Drachmen), IG II² 2262 (4500 Drachmen), IG II² 2263 (1500 Drachmen), IG II² 2268 (1800 Drachmen), IG II² 2671 (1500 Drachmen), IG II² 2675 (1700 Drachmen), IG II² 2676 (500 Drachmen), siehe dazu auch HARRISON, The Law of Athens, S. 279.

chen Fällen dementsprechend auch verzinsen mussten. In den nun folgenden Abschnitten soll daher der Frage nach der Zinshöhe sowie ihrer Varianz nachgegangen werden, die in den beiden genannten Fällen der Verschuldung auftreten konnte.

Zunächst gilt es, die verspätete Rückzahlung einer Mitgift durch den Ehemann bei einer Scheidung oder nach dem frühzeitigen Tod einer kinderlos gebliebenen Frau zu betrachten. Im Falle einer Scheidung oder des Nichtzustandekommens der Ehe musste die Mitgift zurückgezahlt werden.[385] Geschah dies nicht, so war die Mitgift mit 9 Obolen pro 100 Drachmen pro Jahr per Gesetz zu verzinsen, traut man der Aussage des Demosthenes in der Rede gegen seinen Vormund Aphobos: „Μὴ γήμαντος δ' αὐτοῦ τὴν μητέρα τὴν ἐμήν, ὁ μὲν νόμος κελεύει τὴν προῖκ' ὀφείλειν ἐπ' ἐννέ' ὀβολοῖς, ἐγὼ δ' ἐπὶ δραχμῇ μόνον τίθημι."[386] Demosthenes legte den etwas niedrigeren Zinssatz von 12% für seine Berechnung zu Grunde, obwohl ihm per Gesetz 18% zugestanden hätten.[387] Demosthenes erwähnt in seiner Anklage explizit, dass er nur diesen geringeren Satz fordere, obwohl per Gesetz die Forderung nach dem Erhalt eines höheren Zinssatzes bestehe. Grundlage für seine Forderung ist, dass es trotz Auszahlung der Mitgift nicht zur Eheschließung zwischen Aphobos und der Mutter des Demosthenes kam. Die Mitgift verblieb jedoch trotzdem für zehn Jahre im Besitz des Aphobos.

Dies wirft die Frage auf, wieso Demosthenes diese Zinsreduktion vornahm. War dies reine Prozesstaktik? Wollte er damit ein Entgegenkommen demonstrieren oder war er sich über die Auslegung bzw. Bestimmung des entsprechenden Gesetzes unsicher, wie PLATNER bereits 1825 vermutete?[388] Eine Erwähnung des genannten Zinses von neun Obolen findet sich ebenfalls in der Rede *gegen Neai-*

385 HARRISON, The Law of Athens, S. 56.
386 Demosth. or. 27,17.
387 HARRISON, The Law of Athens, S. 57f., der 18% ebenfalls als übliche Zinshöhe ansieht.
388 PLATNER, Eduard, Der Process und die Klagen bei den Attikern, Darmstadt 1825. Bd. 2, S. 266: „Dass demgemäss Demosthenes selbst darüber zweifelhaft gewesen sey, ob auch in einem solchen Falle die Mitgift mit 9 Obolen verzinst werden müsse, lässt sich aus der Aeusserung schliessen: das Gesetz bestimme zwar so einen hohen Zins, er wolle aber nur eine Drachme berechnen."

ra wieder.[389] BILLETER stellt hier wohl zu Recht fest, dass dieser hohe Zins von 18 % pro Jahr als Verzugszins anzusehen sei.[390] Im direkten Vergleich zu den in Kapitel 3.5.2 behandelten Strafzahlungen ist dieser Zinssatz jedoch noch als gering anzusehen. Auch scheint es sich nur um eine Art gesetzliche Beschränkung des Zinssatzes nach oben zu handeln, da es auch durchaus üblich war, einen geringeren Zinssatz zu fordern. Darüber hinaus war es sicherlich möglich, dass sich beide Parteien außergerichtlich einigten und auf eine Zinserhebung verzichteten. Ab welchem Jahrhundert das von Demosthenes genannte Gesetz galt, hat in der Forschung des ausgehenden 19. Jahrhunderts bereits zu vermehrten Diskussionen[391] geführt und lässt sich auch heute nicht mit Bestimmtheit feststellen.[392]

Die fälligen Zinsen könnten auch der finanziellen Unterstützung der Ursprungsfamilie der Frau gedient haben, musste diese nun schließlich durch die Rückkehr der Frau für deren Unterhaltskosten aufkommen, die durch den Verzehr von Lebensmitteln und den Erwerb von Kleidung anfielen.[393] THÜR konstatiert diesbezüglich: „Wer die Mitgift in den Händen hat, ist also zum Unterhalt der Frau verpflichtet."[394] Dabei stellt er die Rechnung auf, dass bei einer durchschnittlichen Mitgift von 2000 Drachmen ein monatlicher Zinsgewinn von 30 Drachmen zu erwarten sei, folglich ein Betrag, von dem ein Mensch im vierten Jahrhundert vor Christus bequem habe leben können.[395] Die in ihre Familie zurückkehrende Frau würde dieser These zufolge und ökonomisch betrachtet einen kosten-

---

389 Demosth. or. 59,52: ἐπ' ἐννέ' ὀβολοῖς τοκοφορεῖν.

390 BILLETER, Geschichte des Zinsfusses, S. 48.

391 BOECKH, Staatshaushaltung der Athener, S. 163, spricht sich für die solonische Zeit aus. Dem widersprach BILLETER, Geschichte des Zinsfusses, S. 47, mit der schlüssigen Begründung, dass in dieser Zeit vermutlich noch die Bezahlung in Naturalien, die den Unterhalt der Frau ermöglichen sollten, üblich war und es erst später die Umwandlung in eine Geldmitgift stattfand.

392 HARRISON, The Law of Athens, S. 57-59

393 PLATNER, Process und Klage, S. 266.

394 THÜR, Armut, S. 127.

395 THÜR, Armut, S. 127: „Daß die Bevölkerung Athens bittere Notzeiten erlebte, beweisen die Verhältnisse zur Zeit Solons. Die Schuldknechtschaft von Kindern, niemals aber der Ehefrau, zeigt, daß das Existenzminimum in einzelnen Familien oft genug unterschritten war."

neutralen Faktor der heimischen Wirtschaft darstellen, da von den Zinsen Lebensmittel und Kleidung gekauft werden könnten. Allerdings geht diese Rechnung nur auf, wenn die Frau in einen bestehenden Haushalt zurückkehren kann und keine weiteren Kosten für die Unterkunft anfallen. Diese „Grundsicherung“ lag damit zwar höher als das angenommene Überlebensminimum von zwei Obolen pro Tag, wie es als Unterstützung Arbeitsunfähigen gezahlt wurde,[396] ermöglichte sicherlich aber kein Leben in Luxus. Die Herkunft der Regelung führt THÜR, ähnlich wie BOECKH, auf eine bäuerliche Gesellschaft in der Tradition solonischer Zeiten zurück:

> So betrachtet ist die Proix in einer am unteren Ende des Nahrungsspielraums lebenden, seßhaften Ackerbaugesellschaft die nötige Konsequenz der agnatisch-patriarchalischen Familienverfassung: Die Proix sichert die systemerhaltende Beweglichkeit der Frauen von einem Oikos in den anderen – und notfalls auch wieder zurück.[397]

Dieser Theorie zufolge würden die verringerten Zinsen, die Demosthenes forderte, auch nicht mehr abwegig erscheinen. Denn seine Familie gehörte zu den gut situierten der Gesellschaft und konnte dementsprechend, auf eine Forderung nach einem Satz von 18% durchaus verzichten. Die Annahme PLATNERS, dass auch Demosthenes sich hinsichtlich der Gesetzgebung unsicher war, erscheint mir jedoch plausibler.

Ebenso wie der Bräutigam konnte auch der Brautvater die versprochene Mitgift schuldig bleiben. Hier scheint die Rechtslage jedoch anders gewesen zu sein, als in den oben beschriebenen Fällen, da es sich, nach PLATNER, lediglich um eine einfache Schuldklage handelte.[398] Die Zinsen mussten dabei nicht zwingend direkt gezahlt werden, wie am Beispiel des Polyeuktos und seines Schwiegersohns deutlich wird. Die Mitgift über 40 Minen konnte er nicht in Gänze

---

396 EICH, Politische Ökonomie, S. 200f.
397 THÜR, Armut, S. 127.
398 PLATNER, Process und Klage, S. 265.

zahlen, so dass ein Betrag von 1000 Drachmen noch zu entrichten blieb. Statt einer direkten Zahlung erhielt der Ehemann der Tochter ein Haus als Sicherheit, samt Miete für dies als Zins. Über die exakte Höhe des Mietzinses schweigt die Quelle jedoch leider.[399]
Ein ähnliches Bild zeichnet sich auf einer Inschrift aus dem attischen Demos Erchia ab. Zu datieren ist die Inschrift anhand der Nennung des Archonten Leostratos in das Jahr 303/2 vor Christus, der Zeitpunkt des Schuldbeginns lag jedoch bereits im Jahr 305/4 vor Christus unter dem Archonten Euxenippos. Auch hier war es dem Brautvater, einem gewissen Pythodoros, nicht möglich, die Mitgift in Höhe von 4000 Drachmen für seine Tochter Xenariste in Gänze zu zahlen, so dass er seinem anonymen Schwiegersohn zunächst die Hälfte schuldig blieb.

> Ἐπὶ Εὐξενίπ(π)ου ἄρχ|οντος ὅρος χωρίων | καὶ οἰκιῶν ἀποτιμη|μάτων προικὸς Ξεναρ||[ί]στει Πυθοδώρου Γαρ|γηττίου θυγατρὶ τ||[ὸ] κατὰ τὸ ἥμυσυ καὶ τ[ὸ] | ἐκ τούτου γιγνόμεν|ον αὐτεῖ εἰς Λεώσ|τρατον ἄρχοντα XX𐅅HH[..]𐅂[400]
>
> Zur Zeit des Archonten Euxenippos: Dieser Hypothekenstein für 2700 Drachmen auf das Grundstück und das Haus wurde aufgestellt über die Hälfte und die aufgelaufen Zinsen sowie die Mitgift der Xenariste, Tochter des Pythodoros aus dem Demos Gargettos in dem Jahr als Leostratos Archont war.

Die genauen Umstände, die zu der Aufstellung des Schuldsteines führten, sind nicht bekannt, wurden aber bereits im 19. Jahrhundert kontrovers diskutiert. Ulrich KÖHLER[401] nahm an, dass Pythodoros seine Tochter mit dem Versprechen einer Mitgift verlobt habe, diese jedoch nach der Eheschließung nur zur Hälfte ausgezahlt habe, weshalb der Ehemann „die weinende Xenariste in das

---

399 Demosth. or. 31,1-6.

400 IG II[2] 2679, DITTENBERGER ergänzte in Z. 10 XX𐅅HH[ΔΔ]𐅂, wohl inspiriert durch den Zinssatz von 18%.

401 KÖHLER, Ulrich, Hypothekensteine aus Sparta, in: Mittheilungen des Deutschen archäologischen Institutes in Athen 2 (1877), S. 277-281.

väterliche Haus zurückgeschickt"[402] habe, während er den bereits erhaltenen Teil der Mitgift vorerst behielte. Dies sei jedoch aus Liebe geschehen, da der anonyme Ehemann, nach KÖHLER, keineswegs beabsichtigte, die Ehe aufzulösen, sondern nur die ausstehende Mitgift mit Nachdruck einzutreiben versucht habe. So sei es zu einer gütlichen Einigung nach zwei Jahren des Wartens gekommen, aus der die Summe von mindestens 2700 Drachmen resultiere, die sich aus der noch zu zahlenden Mitgift des Vaters von 2000 Drachmen sowie den gesetzlichen Zinsen von 18% (700 Drachmen) für die einbehaltene Mitgift durch den Ehemann ergäbe. Bei der Zinshöhe stellt KÖHLER weiterhin fest, dass es sich bei vollen zwei Jahren um 720 Drachmen gehandelt haben müsse, die Zinsen folglich nicht für zwei ganze Jahre anfielen. DITTENBERGER wiederum ergänzt in seiner Edition diese fehlenden 20 Drachmen.[403] DARESTE[404] dagegen vermutet, dass der Hypothekenstein ausschließlich von Pythodoros aufgestellt worden sei, der 305/4 die komplette Mitgift nicht ausgezahlt und 303/2 eine Anzahlung von 2000 Drachmen zuzüglich der bis dato für die gesamte Mitgift von 4000 Drachmen fälligen Zinsen in Höhe von 720 Drachmen getätigt habe. Dieser Überlegung nach würden 2000 Drachmen weiterhin ausstehen. BILLETER kritisiert zu Recht beide angeführten Theorien. KÖHLER habe in seinen Überlegungen übersehen, dass der *horos* erst unter dem Archonten Leostratos gesetzt worden sei, die Zahlung folglich erst nach zwei Jahren erfolgt sein könne.[405] DARESTEs Ausführung hält BILLETER dagegen für verfehlt, da er nicht berücksichtigt habe, dass das ausdrücklich gesetzte αὐτεῖ gegen Nießbrauch der Mitgift durch den Mann verstoße. So kommt BILLETER zu einer modifizierten, in Grundzügen auf KÖHLER aufbauenden Variante:

> Es konnte ja, nach der Übung, Pythodoros mit voller Zustimmung des Ehemannes nur 2000 Dr. auszahlen, gleich am Anfang der Ehe, und für diese der Ehemann einen Horos ausstellen, eben den, dessen „renouvellement" der unsrige ist,

402 KÖHLER, Hypothekensteine, S. 279.
403 DITTENBERGER, Nr. 435.
404 DARESTE, Recueil, S. 135.
405 BILLETER, Geschichte des Zinsfusses, S. 55f.

> dann kurz darauf aus anderen Gründen eine Scheidung erfolgen, deren Verlauf bei Köhler geschildert war.[406]

Wie nun die genauen Umstände der Eheschließung verliefen, lässt sich folglich nur spekulativ rekonstruieren. Fassbar bleiben jedoch der ursprüngliche Betrag der Mitgift von 4000 Drachmen, der gezahlte Anteil von 2000 Drachmen sowie die darauf gezahlten Zinsen von mindestens 700 Drachmen. Somit ergibt sich der bei Demosthenes als gesetzlich bezeichnete Zinssatz von maximal 18% pro Jahr auf Mitgiften, die nach Beendigung einer Ehe nicht zurückgezahlt wurden. Allerdings kann nicht ausgeschlossen werden, dass es der Vater der Braut selbst war, der nach zwei Jahren nun endlich die erste Rate der Mitgift, zuzüglich der bis dahin für die Gesamtsumme von 4000 Drachmen angefallenen Zinsen, zahlte. Der für dieses Szenario anfallende Zinssatz von 9 % pro Jahr würde somit geringer ausfallen.

In den überlieferten Gerichtsreden ist eine Forderung von fünf Obolen pro 100 Drachmen und Jahr auf eine Mitgift erhalten,[407] die Demosthenes im Rahmen der Rechtsstreitigkeiten mit seinen Vormündern stellte. Demosthenes erwähnte diese Mitgiftsforderung nur, um aufzuzeigen, dass ihm Kapital, das eigentlich unter den Nießbrauch seines ehemaligen Vormundes Aphobos fallen sollte, vorenthalten worden sei. Der genannte Vormund wiederum stand, wie die vorherigen Reden im Zuge der Vormundschaftsprozesse verdeutlichen, in Demosthenes' Schuld. Unter anderem hielt er, wie oben angeführt, die an ihn gezahlte Mitgift für die Ehe mit Demosthenes' Mutter zurück. Hinzu kommt, dass die Abläufe durch eine vierte, nicht an den Abmachungen beteiligte Partei überliefert wurden, die mit ihren Schilderungen eigene finanzielle Interessen, nämlich die Schuldbegleichungen durch Aphobos, verfolgte. Folglich muss der geschilderte Fall als Sonderfall innerhalb der Betrachtung der Verzinsung von Mitgiften eingeordnet werden: Onetor, ein attischer Bürger, verheiratete seine Schwester in erster Ehe mit ei-

---

406 BILLETER, Geschichte des Zinsfusses, S. 56.
407 Demosth. or. 30,7.

nem gewissen Timokrates und zahlte an ihn die anfallende Mitgift. Diese Ehe wurde, wohl einvernehmlich, wieder geschieden, woraufhin Onetor seine Schwester dem Aphobos zur Frau gab. Die Hochzeit der beiden fiel jedoch in die Zeit der Klage des Demosthenes *gegen Aphobos*, in welcher der Kläger von Aphobos beträchtliche Summen einforderte. Die Mitgift der zweiten Ehe wurde daher nicht ausgezahlt, sondern verblieb als Darlehen sogar beim ersten Ehemann, Timokrates, der sie mit fünf Obolen pro 100 Drachmen und Monat verzinste. Die fälligen Zinsen zahlte er wiederum an Ehemann Nummer zwei, Aphobos, aus.

Durch diese besondere Konstellation greifen beide zuvor geschilderten Szenarien ineinander. Denn sowohl der erste Ehemann war dem Bevollmächtigten der Braut (κύριος), in diesem Fall ihrem Bruder, die Mitgift schuldig, als auch der κύριος wiederum dem zweiten Ehemann. Von Timokrates ausgehend konnte dem Gesetz nach von Onetor ein Zins in Höhe von 18 % gefordert werden, was offensichtlich jedoch nicht der Fall war. PLATNER nimmt daher an, dass Timokrates rechtlich nun als Vertreter des Onetor, der in diesem Kreditkonstrukt die geschilderte mittlere Position einnahm, aufgetreten sei und daher auch nicht mit 18 % verzinsen müsste.[408] BILLETER geht dagegen davon aus, dass es sich vielmehr um eine gütliche Einigung der drei Parteien handele, aus der dann der frei gewählte Zinssatz von 10 % resultierte.[409] Welche Abmachungen hinter diesem Zinssatz liegen, ist für die Frage nach der Verzinsung von Mitgiften kaum von Relevanz. Hingegen zeigt sich, dass auch innerhalb dieses Reguläriums ein individueller Ermessensspielraum bestand, weshalb sich die betrachteten Zinssätze über einen Bereich von 9% bis zu einem Maximum von 18% erstrecken.

3.5.2 Strafzins / Verzugszins

Eine Besonderheit innerhalb der betrachteten Fälle bilden Straf- und Verzugszinsen. Wenn die im Vertrag vereinbarte Laufzeit über-

408 PLATNER, Process und Klage, S. 265.
409 BILLETER, Geschichte des Zinsfusses, S. 53.

schritten wurde, war es dem Gläubiger möglich, Strafen zu verhängen, die zumeist bereits vertraglich festgehalten wurden sind.[410] Die Vollstreckung oblag dem Gläubiger oder einer durch ihn autorisierten Person.[411] Strafzahlungen konnten bei allen Kreditarten greifen und traten unabhängig vom Typ als Pauschale[412] oder als steigender Strafzins in Erscheinung. Auch bei befristeten und zunächst zinslosen Krediten konnte ein Verzugszins nachträglich ebenso vereinbart werden wie auch bei einem *daneion.* Dieser Verzugszins konnte gleichmäßig ansteigen oder sich aus einer Pauschalzahlung zuzüglich eines festen monatlichen Betrages zusammensetzen. Dass bei kleineren alltäglichen Beträgen das Eintreiben des Strafzinses wohl nicht immer so genau genommen wurde, zeigt Theophrast auf, indem er dieses Vorgehen dem „Kleinlichen" als übertriebene Eigenschaft zuschreibt: Er pflegte Verzugszinsen und Zinseszinsen einzutreiben.[413]

Eine deutliche Strafzahlung wird in der Rede des Demosthenes *gegen Dionysodoros* erwähnt, wenn der Schuldner bei Verletzung des Vertrages die doppelte Summe des Kredits an den Gläubiger zurückzahlen muss.[414] In einem Seekredit aus dem letzten Viertel des ausgehenden vierten Jahrhunderts vor Christus wurde eine Klausel vermerkt, nach der im Falle eines Vertragsbruches Folgendes gelten sollte: ἀποτίνειν διπλάσια τὰ χρήματα.[415] Wird der Vertrag nicht eingehalten, wird eine Strafzahlung in Höhe des Kredites fällig, was also einer Verzinsung von 100% entspricht. Die Umsetzung der Konventionalstrafe galt sowohl bei Nichteinhaltung der vorgeschriebenen Reiseroute als auch für den Fall einer fehlenden Übergabe des Pfandes, was in diesem Fall das Handelsschiff gewesen wäre.[416]

410 KÜHNERT, Kreditgeschäft, S. 68.

411 Siehe Nr. 5 im Quellenteil (=IG XII 7, 67 B). Die Vollstreckung konnte entweder Praxikles selbst vornehmen oder eine von ihm beauftragte Person. Diese Regel findet sich ebenfalls in IG XII 7, 69 und weiteren Verträgen.

412 Siehe Nr. 5 im Quellenteil(=IG XII 7, 67 B). In dem Vertrag wird eine Pauschale von weiteren drei Talenten vereinbart.

413 Theoph. char. 10,10.

414 Demosth. or. 56.

415 Demosth. or. 56,20: „Er muss das Doppelte des Betrages zahlen.".

416 Demosth. or. 56,38.

Auch Strafzahlungen an die *polis*, die nicht pünktlich gezahlt werden konnten, wurden teilweise mit 100% verzinst. Die *polis* durfte sich dabei selbst am Vermögen des säumigen Zahlers bedienen.[417] Solch eine geforderte Verdopplung des ursprünglichen Betrages zeigt sich auch in der *Rede gegen Neaira*, die eine Klage gegen Apollodoros zusammenfasst, in der der Ankläger eine Strafsumme in Höhe von 15 Talenten fordert. Sollte das Gericht dieser hohen Summe zustimmen und Apollodoros nicht während des festgeschriebenen Zeitrahmens zahlen können, so würde sich die Summe auf 30 Talente verdoppeln.[418]

Ein ähnliches Bild zeigt sich in der Pachtausschreibung aus dem Temenos des Dionysas, die beispielhaft für weitere Urkunden genannt wird. In ihr wurden die zu zahlenden Strafzinsen vereinbart, noch bevor der Pächter überhaupt den Zuschlag erhielt. Bei Ausbleiben der fristgerechten Zahlung des Pachtzinses seien, neben einer Strafzahlung von 100% des ursprünglichen Betrages pro säumigen Tag, weitere zwei Drachmen fällig.[419] Gleiches galt für weitere potentiell anfallende Strafzahlungen, die ebenfalls mit zwei Drachmen pro Tag hätten verzinst werden müssen.

Als besonders gelten solche Strafzahlungen, die als Strafe bei Unterschlagung von Geldern dienten, denn in einem solchen Fall konnte es sogar zu einer Rückzahlung des Zehnfachen des ursprünglichen Betrages kommen.[420] Die Verhängung einer derartigen Strafzinshöhe stellte jedoch eine Ausnahme dar, denn in anderen und auch hier beschriebenen Fällen lässt sich üblicherweise ein Zins in Höhe von „nur“ 100% erkennen.

---

417 THALHEIM, Griechische Rechtsaltertümer, S. 124.

418 Demost. or. 59,7.

419 ADAK, Mustafa, STAUNER, Konrad, Die Neoi und das Temenos des Dionysas. Eine hellenistische Pachturkunde, in: Philia 4 (2018), S. 1-25.

420 THALHEIM, Griechische Rechtsaltertümer, S. 56, Demosth. 24,112 sowie weitere.

3.6 Zinszahlungen und Tilgung

Nachdem die vorherigen Kapitel den verschiedenen Kredittypen und ihren Zinsen gewidmet waren, befassen sich die folgenden Seiten mit der Zinszahlung. Wie bereits dargestellt, wurde der Zinssatz zumeist durch die Angabe eines bestimmten Betrages pro Mine und Monat definiert. Zusätzlich finden sich in den Quellen auch immer wieder die Vermerke, dass Zinsen in einer Höhe von einem Drittel, Viertel etc. des Kreditbetrages pro Jahr fällig wurden.[421] Diese Verträge enthalten üblicherweise eine Regelung, dass ein bestimmter Anteil von Hundert laufzeitunabhängig gezahlt werden soll. Die Formulierungsweise kann jedoch nicht als aussagekräftiger Hinweis auf die Zahlungspraxis der Zinsen gedeutet werden. Denn über die Zahlung der Zinsen geben die Quellen insgesamt eine eher differente Sichtweise: So kann sie gemeinsam mit der Rückzahlung des Kapitals erfolgen, aber auch unabhängig von diesem während der ganzen Laufzeit in (un)regelmäßigen Abständen getätigt werden.[422] In der Rede *gegen Pantainetos* erwähnt der Kläger, dass die Zinszahlung für einen Kredit (für die Überlassung einer Werkstatt in den attischen Erzabbaugebieten) in Form einer monatlichen Miete in Höhe von 105 Drachmen erfolgen sollte.[423] Apollodoros beschreibt dagegen, dass am Jahresende die Gläubiger die Zinsen eintrieben. In diesem Fall entsprach diese Praxis dem abgeschlossenen Kreditvertrag, in dem festgehalten worden ist, dass die Zinsen jährlich zu zahlen sein, es sei denn, das Kapital wurde in dem laufenden Jahr

421 Bspw. bei: Demosth. or. 27,9; Aischin. Ctes. 104, Nr. 5 im Quellenteil dieser Arbeit. Eine deutliche Ausnahme bilden dabei nur die unter 3.4 behandelten Seekredite.

422 Vgl. KALTSAS, Demokritos, Dokumentarische Papyri des 2. Jh. vor Christus aus dem Herakleopolites, Heidelberg 2001, S. 290f. KALTSAS behandelt Papyri aus dem zweiten Jahrhundert vor Christus, die natürlich keine direkte Aussagekraft für den hier behandelten Zeit- und Kulturraum haben. Die im Folgenden vorgestellten Indizien legen aber die These nahe, dass sich die Praktiken der Zinszahlung in klassischer Zeit nicht wesentlich von denjenigen unterschied, die uns in den Papyri Ägyptens entgegentreten.

423 Demosth. or. 37,5.

bereits zurückgezahlt.[424] In drei Verträgen,[425] die die *polis* Arkesine um 300 vor Christus abgeschlossen hatte, wurde ebenfalls eine jährliche Zahlung der Zinsen vereinbart. Während zwei Verträge den genauen Zeitpunkt der jährlichen Zahlung nicht näher benennen, was für eine gewohnheitsmäßige Regelung sprechen könnte, wird im dritten Vertrag die Zahlung der Zinsen für einen bestimmten Monat ('Ιοβάχχιος)[426] festgelegt. Bei Überschreitung der Frist stieg der Zinssatz von 4 Obolen und 2 Chalkoi um einen 20% Strafaufschlag auf 5 Obolen pro Mine und Monat an und musste im Monat Artamitios beglichen werden.[427] Obgleich der Vertragstext die Zinshöhe monatlich definiert, erfolgte die Zahlung jedoch jährlich. Dieser Fall bestätigt, dass ein Rückschluss von der sprachlichen Formulierung auf die tatsächlichen Zahlungsmodalitäten nicht automatisch möglich ist.

Ebenfalls jährlich wurden die Zinsen auf der Abrechnungsliste der athenischen Tempelbanken beziffert.[428] Dabei bezog sich der jährliche Zahlungszeitpunkt nicht auf den Zeitpunkt des Vertragsabschlusses, sondern auf das Ende des jeweiligen Kalenderjahres. Für Kredite, die etwa in der zweiten Jahreshälfte abgeschlossen worden sind, wurden also bereits nach wenigen Monaten die Zinsen fällig. Sie wurden ebenso wie die Zinsen für die früher im Jahr abgeschlossenen Darlehen berechnet und mit ihnen gemeinsam in der Jahresabrechnung aufgeführt.

---

424 Demosth. or. 50,61: οἱ δὲ δεδανεικότες ἧκον ἐπὶ τοὺς τόκους, ἐπειδὴ ὁ ἐνιαυτὸς ἐξῆλθεν, εἰ μή τις ἀποδοίη αὐτοῖς κατὰ τὰς συγγραφάς. In dem konkreten Streitfall kamen jedoch die Kreditgeber nach Ablauf eines Jahres, um die Zinsen einzuziehen, weil das Kapital nicht gemäß dem Vertrag zurückgezahlt worden war.

425 Nr. 5 im Quellenteil (= IG XII 7, 67 B)sowie IG XII 7, 67 A und IG XII 7, 69.

426 Benannt wird nur die Monatsbezeichnung aus Astypalaia, der Heimatpolis der kreditgebenden Personen. Welchem arkesinischen Monat der Iobacchios entsprach, kann nicht bestimmt werden. Zu den arkesinischen Monaten siehe: TRÜMPY, Catherine, Untersuchungen zu den altgriechischen Monatsnamen und Monatsfolgen, Heidelberg 1997, S. 73-77.

427 IG XII 7, 67 A, Z. 6-9.

428 Siehe Nr. 2 im Quellenteil.

Ein anderes Bild zeigt sich in einer Liste der Tempelbank aus Delos, die ebenfalls staatliche Anleihen verzeichnet.[429] Diese Abrechnungen aus den Jahren 434 bis 432 vor Christus belegen eine Auszahlung von mehreren Krediten, deren Rückzahlung samt Zinsen nach fünf Jahren erfolgen sollte. Neben der Nennung der Kredithöhe und des Zinssatzes wurde auch direkt die Gesamtsumme für die Rückzahlung nach fünf Jahren festgehalten, wobei der Monat des Beginns der Laufzeit genannt wird und sich die Abrechnung folglich nicht auf das Kalenderjahr bezog.[430] Die Abrechnung der Zinsen auf einer weiteren delischen Inschrift für die Jahre 377 bis 374 vor Christus für die ausgegebenen Darlehen erfolgte alle vier Jahre, jedoch ebenso wie in Athen nach Kalenderjahren.[431] Bei allen dort aufgeführten Schuldnern handelte es sich um *poleis*, die den Zinsen zugrunde liegenden Kreditsummen werden nicht genannt. Für die Frage nach der Zahlung der Zinsen ist besonders die unter IG II² 1635 erfasste Inschrift von Bedeutung, denn anhand der Auflistung werden drei verschiedene Kategorien der Zahlungsmodalitäten deutlich: 1. *poleis*, die die Zinssumme komplett begleichen, 2. *poleis*, die nur einen Teil der Zinsen zahlten und 3. *poleis*, die bis dato keine Zahlung geleistet hatten.[432]

Gerade die zweite Kategorie verdeutlicht, dass die Teilrückzahlung der Zinsen keinem klaren Muster folgte. So belief sich bspw. die Gesamtsumme der Zinsen, die die *polis* Mykonos begleichen musste, auf 1680 Drachmen,[433] von denen 1260 bereits gezahlt worden waren,[434] weshalb die *polis* dementsprechend 420 Drachmen schuldig blieb. Oinoe auf Ikaria zahlte von den geschuldeten Zinsen (1 Talent 80 Drachmen)[435] 4 000 Drachmen zurück.[436] Aus diesem Beispiel geht

429 IG I³ 402.
430 IG I³ 402, Z. 12ff.
431 IG II² 1634 und 1635; weitere Beispiele bei CHANKOWSKI, Athènes et Délos à l'époque classique, S. 399-520.
432 Die beiden letzten Kategorien sind gesondert vermerkt auf IG II² 1635B. Siehe dazu die tabellarische Darstellung bei MIGEOTTE, L'emprunt public, Nr. 45 II.
433 IG II² 1635 A, Z. 11.
434 IG II² 1635 B, Z. 3.
435 IG II² 1635 A, Z.14f.
436 IG II² 1635 B, Z. 5f.

hervor, dass sich die Höhe der getätigten Zinszahlung vermutlich an dem orientierte, was die jeweilige *polis* gerade zahlen konnte. Bekräftigt wird diese Theorie durch die teilweise doch sehr ungeraden Zahlungssummen mit Angaben in Drachmen und Obolen, die sich beispielsweise bei der *polis* Siphnos zeigen. Die eigentlich fällige Gesamtsumme von 5280 Drachmen teilte sich auf in eine getätigte Zahlung von 3190 Drachmen und 4 Obolen sowie eine offene Zahlung von 2089 Drachmen und 2 Obolen.[437] Über die Hintergründe der überlieferten Zahlen lässt sich leider nur spekulieren, so könnte man zunächst vermuten, dass sich die Summe der tatsächlich gezahlten Zinsen an der Leistungsfähigkeit der Gläubiger orientierte, was die auffällig glatte Tranche von Oinoe erklären könnte. Andererseits ist es kaum glaubhaft, dass sich die ungeraden Summen, insbesondere bei Siphnos, an der Zahlungsfähigkeit der jeweiligen *polis* orientierten. Hier stehen eher andere Ursachen zu vermuten, über die uns die Inschrift im Unklaren lässt.

Bei anderen Verträgen wiederum scheint wohl eine monatliche Zahlung festgelegt worden zu sein, wie eine Stelle in den aristophanischen *Wolken* nahelegt.[438] Das genannte Zahlungsziel war jedoch in den meisten Fällen nur durch den Monat an sich und nicht durch einen spezifischen Tag definiert. KÜHNERT geht davon aus, dass damit stets der letzte Tag im Monat den Zahlungszeitpunkt kennzeichne.[439] Strepsiades, der unglückliche Schuldner bei Aristophanes, dagegen sagt:

> ἐγὼ δ᾽ ἀπόλλυμαι ὁρῶν ἄγουσαν τὴν σελήνην εἰκάδας: οἱ γὰρ τόκοι χωροῦσιν.[440]
>
> Aber ich gehe zugrunde, wenn ich sehe, dass der Mond den Zwanzigsten bringt, denn die Zinsen rücken an.

In diesem Fall würde die Zinszahlung in das letzte Drittel des Monats fallen und nicht auf den, wie KÜHNERT annimmt, letzten Tag

437 IG II² 1635 B, Z. 4.
438 Aristoph. Nub. 16ff.
439 Vgl. KÜHNERT, Kreditgeschäft, S. 54.
440 Aristoph. Nub. 16ff.

des Monats. Bei Theophrast wird dagegen – wenn auch innerhalb seiner Karikierung des geizigen Charakters – die Zinsnahme sogar halbmonatlich beschrieben, wenn davon berichtet wird, dass er bereits Mitte des Monats bei seinen Schuldnern erschien, um eine halbe Obole einzutreiben.[441] In solchen Fällen geschah die Rückzahlung des Kredites und der Zinsen also gesplittet,[442] die Zinsen wurden regelmäßig fällig, während das Kapital weiterhin beim Schuldner verblieb.

Bei Kleinstkrediten,[443] die für den täglichen Bedarf aufgenommen wurden, erfolgte die Zinszahlung täglich, zumeist sogar gemeinsam mit der Rückzahlung des Darlehens.[444] Damit passten sich die Zahlungsmodalitäten der Zinsen der ökonomischen Realität an, die bei Theophrast beschriebene Berufsgruppe der Marktschreier – Handwerker, Fischbudenverkäufer mit eigenem kleinen Stand auf der Agora – nahm den Kredit zumeist für einen Tag auf, in der Hoffnung, am Ende des Tages genug Geld eingenommen zu haben, dass Kredit und Zins wieder beglichen werden konnten. In einigen Fällen erfolgte die Rückzahlung wohl auch nicht am selben Tag, sondern binnen einer Woche.[445]

Zinsen auf indirekte Kredite, wie etwa eine Mitgift, die nach Ende der Ehe nicht an die Familie der Braut zurückgezahlt wurde,[446] oder die Gelder, die Demosthenes seinen Vormündern in Rechnung stellte,[447] wurden zwar monatlich berechnet, aber gemeinsam mit der Schuld beglichen. Diese Praxis liegt in der Natur der Sache begründet: Da es sich um keine regulären Kredite handelte, bestand auch kein Kreditvertrag, der eine Zinszahlung und eine Laufzeit des

441 Theophr. char. 10,1.

442 KÜHNERT, Kreditgeschäft, S. 45 bezeichnet die gemeinsame Rückzahlung von Zins und Kredit als praktischer. Das Splitten bietet jedoch gerade auch für den Gläubiger deutliche Vorteile, da er so ein regelmäßiges Einkommen aus dem Darlehen beziehen kann und zusätzlich das Risiko verringert, sowohl Zins als auch Kapital zu verlieren.

443 Vgl. Kap. 3.3.

444 Theoph. 6,9; BILLETER, Geschichte des Zinsfusses, S. 45.

445 MILLETT, Lending and Borrowing, S. 180ff.

446 Demosth. or. 27,17; 30,7 sowie 59,52.

447 Demosth. or. 27,35.

Kredites regelte. Im Ehevertrag war jedoch vermutlich auch festgehalten, wie bei Auflösung der Ehe verfahren werden und wie hoch die Verzinsung bei Rückzahlungsverzug ausfallen sollte.[448]

Neben der Verzinsung wird auch dem Rückzahlungstermin des Kapitals eine hohe Priorität in den Verträgen eingeräumt. Dabei wurde nicht zwingend ein fester Zeitpunkt terminiert, zu dem die Rückzahlung erfolgen sollte, sondern es scheint durchaus üblich gewesen zu sein, dass der Gläubiger den Zeitpunkt der Rückzahlung mit einer Frist von drei bis sechs Monaten selbst bestimmen konnte.[449] Die Laufzeit der Kredite war dementsprechend zunächst nicht begrenzt, der Gläubiger hatte allerdings die Möglichkeit, die Verträge seinerseits aufzukündigen. In diesem Fall mussten sowohl das Kapital als auch die bis dahin fälligen Zinsen an den Kreditgeber gezahlt werden. Im Gegensatz zu den terminierten Darlehen – wie beispielsweise Seedarlehen, die nach erfolgreicher Handelsreise beglichen werden mussten – handelte es sich bei diesen Krediten für den Darlehensgeber um potentiell langfristige Anlagen. Ein anderes Bild zeigt sich bei dem in der Rede *gegen Lakritos* enthaltenen Kreditvertrag über einen Seekredit.[450] Hier musste der Schuldner Kapital und Zins gemeinsam zurückzahlen, und zwar innerhalb von zwanzig Tagen nach der erfolgreichen Rückkehr des Handelsschiffes in den Hafen von Athen.[451] Dem Fernhändler sollte mit dieser Klausel der Absatz seiner (mit Hilfe des aufgenommenen Kredites beschafften) Ware ermöglicht werden, sodass er mit dem entstandenen Gewinn den Gläubiger befriedigen konnte. Die anderen, uns durch verschiedene Gerichtsreden bekannten Seekreditgeschäfte erwähnen ähnliche Zahlungsmodalitäten.[452]

Fand die Rückzahlung des Kredits oder der Zinsen nicht zu dem vereinbarten Zeitpunkt statt, so konnten zusätzliche Strafzahlun-

---

448 VÉRILHAC, VIAL, Le mariage grec, S. 198-200.

449 Siehe Nr. 5 im Quellenteil (IG XII 7, 67 B), wo eine Frist von sechs Monate für die Rückzahlung ab dem durch den Gläubiger gemeldeten Zeitpunkt festgeschrieben wird, sowie weitere Quellen.

450 Siehe Kap. 3.4 Seekredite (Anmerk. 301).

451 Demosth. 35,11.

452 ISAGER, HANSEN, Aspects of Athenian Society, S. 81-83.

gen in Form eines festen Strafbetrages oder von Strafzinsen[453] entstehen. Auch wurde dem Gläubiger die Möglichkeit der Pfändung eröffnet. Diese konnte, wie der Vertrag[454] zwischen der *polis* Arkesine und dem Financier Praxikles verdeutlicht, durchaus massiv sein, denn es wurde vertraglich geregelt, dass es dem Gläubiger zu jeder Zeit und an jedem Ort erlaubt war, bewegliches Eigentum aller arkesinischen Bürger zu pfänden. Gefestigt wurde diese Klausel durch den Zusatz: „als wäre ein Urteil vor Gericht zu Gunsten von Praxikles gesprochen worden."[455] Dieser Zusatz sowie ein Blick in die attischen Gerichtsreden verdeutlicht, dass die Pfändung im Normalfall nicht einfach durch den Gläubiger durchgeführt werden konnte, sondern dass zuvor ein Urteil über den jeweiligen Streitfall gesprochen werden musste. Bis jedoch der Streitfall vor Gericht entschieden wurde, konnte ein langer Zeitraum verstreichen, da lediglich Seekredite vor Gericht bevorzugt behandelt wurden.[456]

Auch mussten die Rückzahlung der Kredite sowie die Zahlung der Zinsen nicht zwingend durch den Schuldner persönlich erfolgen. Es war möglich und auch üblich, dass ein Bevollmächtigter dies für den Schuldner übernahm, wobei das Spektrum der damit beauftragten Personen durchaus breit gefächert war. Damit beauftragt werden konnte ein Bote, ein direktes Familienmitglied oder ein Freund, ein Geschäftspartner oder auch eine dritte Partei, die sich mit dem Schuldner in einem anderen Kreditverhältnis befand, also bei ihm ihrerseits in der Schuld stand und die Schulden nun durch Rückzahlung des anderen Kredits oder der Zinsen begleichen wollte bzw. musste. Von den elf in IG II^2 1635 getätigten Zahlungen wurden zehn durch Stellvertreter ausgeführt. Ähnlich sieht es in Bezug auf die Gläubiger aus, denn auch hier konnten Vertreter bestimmt werden. So wird im Vertrag zwischen Arkesine und Praxikles erwähnt, dass die Rückzahlung des Kredites, aber auch die Zahlung der Zin-

453 Siehe hierzu Kapitel 3.5.2.

454 Siehe Nr. 5 im Quellenteil (IG XII 7, 67 B), sowie IG XII 7, 67 A und 69, die eine ähnliche Klausel beinhalten.

455 Siehe Nr. 5 im Quellenteil (IG XII 7, 67 B), Z. 28f.

456 COHEN, Ancient Maritime Courts, S. 10-12.

sen, nicht nur an Praxikles erfolgen konnte, sondern auch an eine durch ihn bevollmächtigte Person.[457]

Festzuhalten ist, dass kein einheitliches Vorgehen bei der Zahlung der Zinsen und der Rückzahlung des Kapitals zu beobachten ist. Vielmehr variiert dies je nach Kreditart, aber auch abhängig von den im Kreditvertrag vereinbarten Zahlungsmodalitäten. Besonders größere Banken, wie die Tempelbanken in Athen und Delos, rechneten ihre Zinsen pro Kalenderjahr bzw. nach dem Ablauf mehrerer Kalenderjahre in einem Jahresabschluss gebündelt und nicht individuell für jeden Kreditvertrag einzeln ab. Bei von Privatleuten gestellten Krediten konnte die Rückzahlung der Zinsen halbmonatlich, monatlich oder auch jährlich stattfinden. Die in vielen Verträgen verwendete Klausel „pro Mine und Monat" sagt indes nichts über die tatsächliche Zahlungsweise der Zinsen aus.

457 Siehe Nr. 5 im Quellenteil (IG XII 7, 67 B), Z. 18-21.

3.7 Zwischenfazit

Für den griechischen Kulturraum des sechsten bis vierten Jahrhunderts vor Christus bestand das Zinswesen aus einem vielschichtigen Konstrukt verschiedener Kreditarten („freundliche“ Kredite, Naturalkredite, Alltagskredite sowie Seekredite), die unterschiedliche Zinshöhen beinhalteten. Während bei „freundlichen“ Krediten zunächst kein Zins fällig wurde, solange das Darlehen in der vertraglich vereinbarten Zeit zurückgezahlt wurde, so gilt dies nicht für die anderen genannten Zinsarten. Die Höhe erstreckte sich bei regulären Zinsen von 1,2% bis hin zu 58%. Strafzinsen konnten hingegen noch deutlich höher ausfallen und in besonderen Fällen gar zu einer Verdopplung der Darlehenssumme führen. Zumeist wurden Zinshöhe und auch die Strafzinshöhe bereits im Kreditvertrag festgehalten. Die Höhe des Zinssatzes orientierte sich dabei am für den Kreditgeber bestehenden Risiko, also an der Abwägung der Möglichkeit, dass der Kredit nicht zurückgezahlt werden konnte, weshalb insbesondere Seekredite und Kredite ohne Pfand höher verzinst wurden.

Nicht nur auf Basis regulärer Kreditverträge konnten Zinsen erhoben werden, sondern auch auf weitere ausstehende Forderungen. Seien es Mitgiften, die nach Ende der Ehe nicht zurückgezahlt, oder Erbschaften, die nicht ausgezahlt oder unsachgemäß einbehalten wurden. Für solche unrechtmäßig einbehaltenen Beträge durften zumindest nach athenischen Recht Zinsen in einer Höhe von bis zu 18% gefordert werden. Es blieb jedoch dem Gläubiger überlassen, diesen Zinssatz zu verringern, was den Quellen nach zu urteilen auch regelmäßig so geschah.

4. Zinsnehmer und Zinsgeber

Nachdem im vorherigen Kapitel die verschiedenen Möglichkeiten der Kreditaufnahme und der damit verbundene Zinssatz erörtert worden sind, gilt es nun, die Personen und Institutionen, die Zinsen nahmen oder gaben, in den Fokus zu rücken. Die im Editionsteil dieser Arbeit edierten Dokumente sollen dadurch kontextualisiert, in ihren größeren historischen Rahmen eingeordnet sowie in Bezug zu anderen zeitgenössischen Quellen gesetzt werden. Aus dem Überlieferungspool sollen demnach einzelne Fallbeispiele herangezogen werden, anhand derer der Frage nachgegangen wird, unter welchen Bedingungen und zu welchen Konditionen Zinsen gezahlt und genommen werden konnten. Die hier folgenden Fallbeispiele versuchen verschiedene Gruppen von Schuldnern und Gläubigern zu berücksichtigen. Die Auswahl wurde aus verschiedenen Gründen getroffen: erstens verdeutlicht sie die Bandbreite der Kreditgeber und -nehmer, zweitens handelt es sich bei allen Beispielen um prominente ihrer Art und drittens gestatten die Beispiele einen Einblick in die Praxis der Zinsnahme im griechischen Kulturraum des sechsten bis vierten Jahrhunderts vor Christus. Zu berücksichtigen ist jedoch, dass sie nicht als Repräsentanten für ihre jeweiligen Statusgruppen angesehen werden können. So hatte nicht jede griechische *polis* die finanziellen Möglichkeiten und gutsituierte Tempelbanken wie Athen[458] und nur den wenigsten Männern gelang durch Geldgeschäfte der soziale Aufstieg so wie dem Bankier Pasion.

458 Siehe dazu EICH, Armin, Geld, Kredit und Banken, in: Reden, Sitta von, Ruffing, Kai (Hgg.), Handbuch Antike Wirtschaft, Berlin/Boston 2023, S. 459-484,

Wie bereits in Kapitel 3 festgestellt worden ist, waren viele der Kredite mit Sicherheiten in Form von Ländereien oder sonstigen Liegenschaften verbunden. Land besitzen – seien es Ländereien, ein Haus oder eine Manufaktur innerhalb der *polis* – durften im vorchristlichen Griechenland jedoch nur Bürger der jeweiligen *polis*. Für Fremde, Sklaven oder Metöken bedeutete dies im Umkehrschluss, dass es ihnen nicht möglich war, Kredite mit festen Sicherheiten aufzunehmen oder zu vergeben.[459] Welche Folgen dies zeitigen konnte, wird an dem Beispiel des Bankiers Phormion deutlich. Nachdem er das Bankgeschäft seines Vorgängers übernommen hatte, war es ihm als Metöke nicht möglich, die als Sicherheit hypothezierten Ländereien zu pfänden.[460] Auch war es nur Bürgern erlaubt, ihre Belange selbstständig vor Gericht zu bringen. Für alle anderen Personen, die ebenfalls gerichtlich vorgehen wollten, war ein Bürger, der über die dafür benötigten Rechte verfügte, als Vermittler nötig.[461] Ähnliche Vorgaben galten für Frauen, die in Rechts- und Vertragsangelegenheiten von ihren volljährigen männlichen Verwandten abhängig waren.[462] Eine Ausnahme bildete hier Sparta, wo Frauen Eigentum besitzen durften.[463]

4.1 Kreditnehmer

Auf den nun folgenden Seiten gilt es, die verschiedenen Kreditnehmer zu betrachten, sie in ihren jeweiligen finanziellen und histori-

der darauf verweist, dass für ca. 30 Heiligtümer Banktätigkeiten nachgewiesen werden können, wobei jedoch aufgrund der Überlieferungslage mit einer Dunkelziffer zu rechnen sei.

459 Zu den Möglichkeiten von Frauen im Bankwesen siehe COHEN, Athenian Economy, S. 101f., der feststellt: „banking was an activity integrally tied to the household and thus accessible to women." Die Frau des Bankiers stehe durch ihre Tätigkeit in der Bank damit auf der Grenze zwischen zwei Welten, durch die Bank sei sie im direkten Kontakt mit der eigentlich männlichen Sphäre der Gerichte und der Öffentlichkeit.

460 Demosth. or. 36,6.

461 Vgl. THALHEIM, Griechische Rechtsaltertümer, S. 5.

462 Vgl. THALHEIM, S. 8f.

463 HARTMANN, Elke, Frauen in der Antike. Weibliche Lebenswelten von Sappho bis Theodora, München 2007, S. 38f.

schen Kontext einzuordnen und in Relation zueinander zu setzen. Nicht nur Privatpersonen, sondern auch Städte mussten Kredite aufnehmen und für diese Zinsen zahlen. In welchen Situationen und zu welchen Bedingungen dies geschah, soll anhand einiger Fallbeispiele behandelt werden. Weitere Fragen, an denen sich dabei orientiert wird, lauten: Welche Voraussetzungen mussten die verschiedenen Kreditnehmer erfüllen? Zeigte sich in der Höhe des Zinssatzes, der sich, wie bereits bei den Seekrediten dargelegt, an dem Risiko orientierte, auch eine Varianz je nach Stand des Kreditnehmers?

4.1.1 Die Stadt als Kreditnehmer

Dass auch Städte in finanzielle Nöte geraten können, stellt kein Phänomen der Neuzeit dar, sondern findet Beispiele bereits in der Antike. Gründe konnten kriegerische Auseinandersetzungen mit anderen *poleis* oder gleich ganzen Reichen, Renovierungsmaßnahmen, die Ausrichtung von Festivitäten oder Bautätigkeiten sein: es gab durchaus viele Möglichkeiten, die den Staatskassen rote Zahlen bescheren konnten. Um die städtischen Kassen wieder zu füllen, gab es neben Steuereinnahmen und anderen Abgaben auch die Möglichkeit, Kredite aufzunehmen; sei es bei (Tempel-)Banken, privaten Finanziers oder auch bei den eigenen Bürgern. Während die epigraphischen Quellen zumeist die ersten beiden Kreditmöglichkeiten bezeugen, wird in den literarischen Quellen auch die dritte Option erwähnt. Anhand zweier Fallbeispiele – Athen und Arkesine – wird im Folgenden ersichtlich, unter welchen Umständen und zu welchen Konditionen Kredite aufgenommen wurden.

4.1.1.1 Fallbeispiel Athen

Als erstes Fallbeispiel einer Stadt, die über mehrere Jahrzehnte in der Schuld ihrer Götter bzw. der den Göttern gehörenden Tempelbanken stand, soll die *polis* Athen dienen.[464] Die epigraphischen Be-

464 Zur finanziellen Situation der *polis* Athen in der zweiten Hälfte des fünften Jahrhunderts vor Christus und den vorhandenen Ressourcen siehe MIGEOT-

funde bieten einen Einblick in die finanzielle Situation der *polis* in der Mitte des fünften Jahrhunderts vor Christus und somit einer Zeit, in der Athen als Hegemon des Attischen Seebundes in zahlreiche militärische Konflikte eingebunden war und gleichzeitig eine immense Bautätigkeit auf der Akropolis vorantrieb. Finanziert wurden diese Ausgaben durch Umlagen auf die athenischen Bürger[465] sowie durch verschiedene Anleihen und die Tribute der Seebundmitglieder,[466] deren gemeinsame Kasse 454/3 vor Christus von Delos nach Athen verlegt wurde.[467] Dafür standen zum einen die Kassen der Tempel[468] und zum anderen weitere nicht sakrale Staatskassen wie Demenkassen oder Staatskassen der verbündeten Stadtstaaten zur Verfügung.[469] Verwaltet wurden die Finanzen der Stadt und auch der Tempel durch verschiedene Beamte, die Ausgaben und Einnahmen tätigten und verzeichneten.[470]

In stark fragmentarischer Form sind aus dem Jahr 440 vor Christus[471] Zahlungen über mindestens 1400 Talente[472] aus dem Tempel-

---

TE, Les Finances des cités grecques, S. 469-493. Zu den Kriegsausgaben siehe PRITCHARD, David M., Costing Festivals and War. Spending Priorities of the Athenian Democracy, in: Historia: Zeitschrift für Alte Geschichte 61 (2012), S. 18-64, S. 39-45, besonders Tabelle 4.

465 Siehe dazu besonders, BRUN, Patrice, Eisphora – Syntaxis – Stratiotika, Recherches sur les finances militaires d'Athènes au IVe siècle av. J.-C., Paris 1983 sowie CHRIST, Matthew R., The Evolution of the Eisphora in Classical Athens, in: The Classical Quarterly 57,1 (2007), S. 53-69, besonders S. 53-60.

466 Epigraphisch belegt ab dem Jahr 454/3 vor Christus (IG I³ 259). Zu den Tributlisten siehe MERITT, Benjamin D., WADE-GERY, Henry T., MCGREGOR, Malcom F., The Athenian Tribute Lists, 4 Bde., Athen 1939-1953. Obwohl einige Ergänzungen und Datierungen strittig sind, gibt dieses Werk immer noch den umfangreichsten Überblick. Für eine moderne Edition siehe OSBORNE, Robin, RHODES, P.J., Greek Historical Inscriptions 478-404 BC, Oxford 2017, Nr. 119.

467 SAMONS, Empire of the Owl, S. 92-106.

468 Zu den Schatzhäusern in Athen siehe SAMONS, Empire oft he Owl, S. 28-83.

469 Siehe dazu SAMONS, Empire of the Owl, S. 28; PRITCHARD, Athenian Democracy at War, S. 158-168.

470 Zu den verschiedenen Funktionen siehe MIGEOTTE, Les Finances des cités grecques, S. 424-431 sowie für die Kasse des Seebundes S. 438-444.

471 Zur Diskussion über die Datierung siehe OSBORNE, RHODES, Greek Historical Inscriptions, Nr. 138.

472 Zum Zustandekommen dieser rekonstruierten Summe siehe OSBORNE, RHODES, Greek Historical Inscriptions, Nr. 138, S. 222.

schatz der Athena für einen Feldzug gegen Samos überliefert.[473] Neben diesen 1400 Talenten mussten allein für die Belagerung vermutlich weitere Kredite aufgenommen werden.[474] Dass diese Kreditaufnahme keine Ausnahme war, verdeutlicht das Kallias-Dekret aus dem Jahr 434/3 vor Christus.[475] In diesem beschlossen die Athener nicht nur, dass die Schulden, die die Stadt bei den Tempeln hatte, zurückgezahlt werden sollten, sondern auch, dass von nun an eine genaue Buchführung über die Ein- und Ausgaben der Götter stattfinden sollte.[476] Laut dem Dekret sollte zunächst die Schuld über 3000 Talente bei Athena beglichen werden, bevor die Schulden bei den übrigen Göttern[477] getilgt werden durften.[478] Die Schulden bei den übrigen Göttern beliefen sich dabei auf weitere 200 Talente.[479]

Während des Peloponnesischen Krieges waren die griechischen *poleis* mit enormen Ausgaben konfrontiert. Kriegsschiffe mussten gebaut und ausgerüstet,[480] Fußtruppen versorgt und Sold gezahlt werden. Eine deutliche finanzielle Belastung für die Mitglieder des Delisch-Attischen Seebundes waren die regelmäßig zu entsendenden Tribute, die an die *polis* Athen entrichtet werden mussten, unter deren Führung der Seebund stand. Mit dem Voranschreiten des Krieges wurden die zu zahlenden Tribute immer wieder erhöht, um die immensen Kriegskosten aufbringen zu können.[481]

Den Schilderungen des Thukydides zufolge äußerte sich Perikles 431 vor Christus dahingehend, dass für ihn im Kriege nur durch kluge Entscheidungen und ausreichend Geldreserven gesiegt werden könne. Wenige Zeit nach dieser dem Perikles zugeschriebenen

---

473 IG I³ 363 sowie ein weiteres Fragment in IG I³ 454. Zum finanziellen Hintergrund dieser Inschrift siehe SAMONS, Empire of the Owl, S. 46-50.

474 Die Belagerung von Poteidaia im Jahr 430/29 vor Christus verschlang wohl 2000 Talente (Thuk. 2,70,2).

475 Eine Analyse des Kallias-Dekretes sowie einen Verweis auf weiterführende Literatur findet sich bei: SAMONS, Empire of the Owl, S. 113-133.

476 IG I³ 52 A.

477 Zu den „Übrigen Göttern" siehe SAMONS, Empire of the Owl, S. 50-54.

478 IG I³ 52 A, Z. 2-4.

479 IG I³ 52 B, Z. 22.

480 GABRIELSEN, Vincent, Financing the Athenian Fleet. Public Taxation and Social Relations, Baltimore/London 1994.

481 MERITT, WADE-GERY, MCGREGOR, The Athenian Tribute Lists.

Aussage griffen die Spartaner in einer ersten Offensive Athen an. Perikles' Äußerung gibt Thukydides wieder, indem er auf die Geldreserven der *polis* Athen eingängig und wie folgt verweist:

> θαρσεῖν τε ἐκέλευε προσιόντων μὲν ἑξακοσίων ταλάντων ὡς ἐπὶ τὸ πολὺ φόρου κατ' ἐνιαυτὸν ἀπὸ τῶν ξυμμάχων τῇ πόλει ἄνευ τῆς ἄλλης προσόδου, ὑπαρχόντων δὲ ἐν τῇ ἀκροπόλει ἔτι τότε ἀργυρίου ἐπισήμου ἑξακισχιλίων ταλάντων τὰ γὰρ πλεῖστα τριακοσίων ἀποδέοντα μύρια ἐγένετο, ἀφ' ὧν ἔς τε τὰ προπύλαια τῆς ἀκροπόλεως καὶ τἆλλα οἰκοδομήματα καὶ ἐς Ποτείδαιαν ἀπανηλώθη, χωρὶς δὲ χρυσίου ἀσήμου καὶ ἀργυρίου ἔν τε ἀναθήμασιν ἰδίοις καὶ δημοσίοις καὶ ὅσα ἱερὰ σκεύη περί τε τὰς πομπὰς καὶ τοὺς ἀγῶνας καὶ σκῦλα Μηδικὰ καὶ εἴ τι τοιουτότροπον, οὐκ ἐλάσσονος [ἦν] ἢ πεντακοσίων ταλάντων. ἔτι δὲ καὶ τὰ ἐκ τῶν ἄλλων ἱερῶν προσετίθει χρήματα οὐκ ὀλίγα, οἷς χρήσεσθαι αὐτούς, καὶ ἢν πάνυ ἐξείργωνται πάντων, καὶ αὐτῆς τῆς θεοῦ τοῖς περικειμένοις χρυσίοις: ἀπέφαινε δ' ἔχον τὸ ἄγαλμα τεσσαράκοντα τάλαντα σταθμὸν χρυσίου ἀπέφθου, καὶ περιαιρετὸν εἶναι ἅπαν. χρησαμένους τε ἐπὶ σωτηρίᾳ ἔφη χρῆναι μὴ ἐλάσσω ἀντικαταστῆσαι πάλιν.[482]
>
> Und hier solle man, sagte er, ganz gelassen sein, da sechshundert Talente an Tribut in der Regel jährlich von den Verbündeten der Stadt zuflössen abgesehen von sonstigen Einnahmen und da auf der Akropolis auch jetzt noch sechstausend Talente geprägten Silbers lägen (der Höchststand hatte neuntausendsiebenhundert betragen, wovon aber die Ausgaben für die Propyläen sowie andere Bauten und für die Poteidaia abgeflossen waren), außerdem ungeprägtes Gold und Silber in privaten und staatlichen Weihgeschenken und die ganzen Kultgerätschaften für Prozessionen und Wettkämpfe sowie die Beute aus dem Perserkrieg und alles übrige dergleichen – all das habe einen Wert von nicht weniger als fünfhundert Talenten. Ferner rechnete er die nicht geringen in den anderen Heiligtümern vorhandenen Mittel hinzu: Von all dem werde man Gebrauch machen können, und wenn es

482 Thuk. 2,13,3-5.

> zu ganz arger Verlegenheit kommen sollte, auch von den die Göttin selbst umhüllenden Teilen aus Gold; und er gab an, dass das Standbild ein Gewicht von vierzig Talenten reinsten Goldes enthalte und dies alles abnehmbar sei. Nachdem man dies, sagte er, zur Rettung eingesetzt habe, müsse man allerdings danach einen Ersatz in mindestens gleicher Größe leisten.[483]

Anhand dieser Passage wird deutlich, dass die Athener ihre Kriegsfinanzierung aus dem Vermögen der Götter und mit anderen Geldern, die auf der Akropolis lagen, planten. Die auf der Akropolis lagernde Reserve reichte nicht aus.[484] Dabei scheint es unerheblich gewesen zu sein, ob es sich bei diesen Vermögen um Münzgeld oder andere bewegliche Güter handelte. Auch materielle Gegenstände wie etwa Weihgeschenke, Kultgerätschaften und sogar die Tracht der Göttinnen-Statue selbst konnten verwendet werden, indem sie eingeschmolzen und durch Prägung in Münzform gebracht wurden. Lediglich in Bezug auf die Kleidung der Athena wurde festgelegt, dass diese zu einem späteren Zeitpunkt und mindestens in der gleichen Wertigkeit ersetzt werden müsse. Unterschwellig lässt sich in dieser Formulierung der Gedanke eines Zinses erkennen.[485] Im Vordergrund wird allerdings die Wiederherstellung der äußeren Form gestanden haben. Zu möglichen Rückzahlungsmodalitäten der übrigen Wertgegenstände und Gelder lässt sich den Schilderungen des Thukydides über Perikles' Wortwahl keine Aussage entnehmen, weshalb letztlich ungeklärt bleibt, ob es sich um verzinste Kredite oder um die Nutzung einer öffentlichen Staatskasse zum Zwecke der Kriegsfinanzierung handelte.

Dass es sich zumindest in großen Teilen um solche Kredite handelte, die auch verzinst werden sollten,[486] wird durch die Buchfüh-

---

483 Übersetzung Michael Weißenberger.
484 Siehe PRITCHARD, Costing Festivals and War, S. 43.
485 Zumindest ähnelt dies dem aus Hesiod bekannten Ansatz (Hes. erg. 348-51).
486 Dagegen BILLETER, Geschichte des Zinsfusses, S. 42, der davon ausgeht, dass es sich bei diesen Krediten lediglich um fiktive Anleihen handele. Die Tempelkassen sind seiner Meinung nach in diesem Fall nicht souverän, sondern gehören zum Staatsschatz der *polis* Athen und somit nicht zu einer fremden, unabhängigen Tempelbank. Es sei eher eine innere Finanzoperation (S. 43), was auch

rung der Tempelbanken auf der Akropolis über eben diese Anleihen belegt.[487] Die Jahre 433/2 bis 427/6 vor Christus werden nicht detailliert aufgeführt, sondern aus einer separat publizierten Buchführung übertragen, die allerdings nicht überliefert ist. Bekannt sind hingegen die aufgenommene Gesamtkreditsumme sowie die dafür fälligen Zinsen. So hatte Athena bereits über 4001 Talente ausgezahlt, für die bis 426 vor Christus bereits Zinsen in Höhe von fast 1000 Talenten fällig waren,[488] Athena Nike hatte bis zu diesem Zeitpunkt über 22 Talente vergeben, für die knapp drei Talente an Zinsen berechnet worden waren.[489] Als weiterer kreditgebender Gott ist Hermes mit wenig über einem Talent zu einem unbekannten Zinssatz verzeichnet.[490] Unter der Kategorie „andere Götter" sind schließlich noch die Kredite kleinerer Heiligtümer überliefert, deren Gaben sich auf eine Gesamtsumme von über 766 Talenten belaufen.[491] Die Fortberechnung der Zinsen bis 423/2 vor Christus legt nahe, dass es zu keiner Tilgung dieser vorherigen Anleihen kam.[492]

Auf der stark fragmentarischen Inschrift ist eine genaue Dokumentation der Auszahlungen der Jahre 426/5 bis 423/2 vor Christus verzeichnet. Erwähnt werden Datum der Kreditvergabe, die Kredit-

---

den niedrigen Zinssatz begründe. So auch BEIGEL, Die Kosten der Demokratie, S. 45, der anmerkt, dass Schuldner und Gläubiger in diesem Fall identisch seien, da der Tempelschatz zum Staatsschatz gezählt werde. Trotzdem sei im Grundgedanken an einer Anleihe festgehalten worden, da nach Möglichkeit versucht worden sei, die Schulden zu tilgen.

487 Siehe Nr. 2 im Quellenteil (IG I³ 369) Anleihe bei den Tempelbanken.

488 Siehe Nr. 2 im Quellenteil (IG I³ 369), Z. 98-101. Die Zinshöhe basiert auf dem Gesamtzins von 1243 Talenten und 3804 Drachmen abzüglich der 18 Talente und 3935 Drachmen für die ab 426/5 vor Christus aufgenommenen Kredite sowie abzüglich der Zinsen der 433/2-427/6 vor Christus aufgenommenen Kredite, die für die Jahre 426-423/2 vor Christus berechnet worden sind, und sich auf 195 Talente und 1713 Drachmen belaufen.

489 Siehe Nr. 2 im Quellenteil (IG I³ 369), Z. 106-108. Die Errechnung erfolgt analog zum vorherigen Beispiel: 5 Talente und 191 Drachmen minus 1 Talent minus 1 Talent und 592 Drachmen.

490 Siehe Nr. 2 im Quellenteil (IG I³ 369), Z. 109-110.

491 Siehe Nr. 2 im Quellenteil (IG I³ 369), Z. 102-105.

492 So auch SAMONS, Empire of the Owl, S. 210, anders KALLET-MARX, Lisa, Money, Expense and Naval Power in Thucydides' History 1-5.24, Berkeley/Los Angeles 1993, S. 195, die die Meinung vertritt, dass es nicht auszuschließen sei, dass Rückzahlungen getätigt worden seien.

summe, der dafür fällige Zins im laufenden Jahr sowie in einigen Fällen der Verwendungszweck des Kredits. Aufgrund der fragmentarischen Beschaffenheit der Inschrift lassen sich leider nicht alle Kreditsummen und Zinshöhen erfassen, ebenso ist eine Rekonstruktion dieser nicht immer möglich. Erschwert wird die Wiederherstellung zusätzlich durch den Umstand, dass keine einheitliche Zinshöhe für alle Kredite bestand, sowie die Tatsache, dass die Inschrift Abweichungen im Stoichedon aufweist und auch über den genauen Aufnahmezeitpunkt, aufgrund eines bestehenden Unwissens über die athenischen Monate, oft nur spekuliert werden kann.[493] Eine genaue Zinsberechnung ist folglich nicht möglich, weshalb nur Vergleiche zwischen den einzelnen Summen gezogen werden können. Die Summe wird dafür auf der Inschrift der jeweils gebenden Gottheit zugeordnet. Die Kredithöhe schwankt dabei zwischen dem höchsten Betrag von 100 Talenten, der in den vier verzeichneten Jahren (426/5-423/2 vor Christus) pro Jahr jeweils einmal aufgenommen wurde, und dem niedrigsten überlieferten Betrag von 2 Talenten und 5500 Drachmen. Auch handelt es sich bei den Einzelbeträgen um keine geraden Kreditsummen, was die Annahme rechtfertigt, dass entweder nur der exakt benötigte Betrag oder nur der exakt verfügbare Betrag kreditiert wurde. Summen, wie unter anderem der im Jahr 426/25 vor Christus getätigte Gesamtbetrag von 28 Talenten 5610 Drachmen und 3,5 Obolen, unterstützen diese These. Dementsprechend variieren auch die Summen der fälligen Zinsen. Ein ähnliches Bild zeigt sich in der Dokumentation der folgenden Jahre, wobei die veranschlagten Zinsen mit Fortschreiten des Krieges zusehends sanken. Trotz oder gerade aufgrund der Krisenzeit

493 Siehe OSBORNE, RHODES, Greek Historical Inscriptions, Nr. 160, S. 370. Zu Überlegungen zum athenischen Kalender, auch unter Verwendung von IG I[3] 369, siehe MERITT, Benjamin D., The Athenian Calendar in the Fifth Century, Cambridge, Massachusetts 1928; PRITCHETT, William Kendrick, NEUGEBAUER, Otto, The Calendars of Athens, Cambridge, Massachusetts 1947; PRITCHETT, William Kendrick, Ancient Athenian Calendars on Stone, Berkeley 1963. Die Diskussion konnte nicht abschließend geklärt werden.

für die *polis* Athen wurden die Kredite mit Sätzen zwischen ca. 5 und 1,5% verzinst.[494]

Ab 423/2 vor Christus tätigte Athen schließlich nicht nur Anleihen bei Athena, sondern auch wieder – wie in den Jahren 433-427/6 vor Christus – bei anderen Gottheiten. Die für Athen ungünstige Kriegsentwicklung, die Verluste wichtiger Stützpunkte und die unterbrochene Rohstoffversorgung werden ausschlaggebend für diese Maßnahme gewesen sein. Die benötigten finanziellen Mittel konnte die Tempelbank der Athena, die zu diesem Zeitpunkt bereits 747 Talente ausgezahlt hatte, nicht mehr bereitstellen, weshalb nun auch die anderen athenischen Tempel bei der Geldbeschaffung berücksichtigt wurden. Dabei war es unerheblich, ob es sich um große und reiche Heiligtümer oder um lokale, kleinere handelte, die nur einige Drachmen zur Verfügung stellen konnten. Poseidon in Sunion verlieh bspw. über fünf Talente, während Herakles im Kynosarges gerade einmal 20 Drachmen stellte.[495] Die Kredite wurden zwar alle verzinst, jedoch mit einem geringen Satz von ca. 1,2%.[496]

Für die vier auf der Inschrift erfassten Jahre lässt sich eine deutliche Reduktion des Zinssatzes erkennen. Noch massiver erscheint die Reduktion mit Blick auf die übertragenen Summen aus den vorherigen Jahren, denn die zu zahlenden Zinsen für die alten Kredite verringerten sich deutlich im Vergleich zu denen der Vorjahre.[497] Eine Beobachtung, die auf den ersten Blick erstaunen mag, da durch das gestiegene Risiko ein steigender Zinssatz zu erwarten wäre. Eine solche Entwicklung lässt sich jedoch in diesem Fall nicht beobachten. Da zwischen den einzelnen Krediten – sofern die fragmentarische Beschaffenheit der Inschrift Rückschlüsse dazu zulässt – keine Differenzen in der Zinshöhe vorliegen, ist davon auszugehen, dass Athen selbst und eben nicht die Gläubiger die Zinshöhe festlegte. An einer Verzinsung der Kredite wurde jedoch weiterhin festgehalten und auch wurden sie nicht in zinslose Darlehen umgewandelt, wo-

494 Siehe dazu insbesondere die Rekonstruktionen von MERITT, Financial Documents, S. 144-146.

495 Siehe Nr. 2 im Quellenteil (IG I^3 369), Z. 63f. und 69f.

496 Vgl. dazu die Tabelle auf S. 50-51 im Quellenteil.

497 Siehe dazu die Tabellen auf S. 46 und 49 im Quellenteil.

durch der Charakter eines Darlehens aufrechterhalten werden sollte. Womöglich lag dahinter die Bestrebung, eine Beschlagnahmung der Tempelgelder für die Kriegskasse als Darlehen zu vollziehen. Festzuhalten ist jedoch, dass durch die kontinuierliche Kreditaufnahme seitens Athens die finanziellen Reserven auf der Akropolis zum Zeitpunkt des Nikiasfriedens vermutlich annähernd erschöpft waren.[498] Obwohl Thukydides berichtet, dass sich aufgrund des Waffenstillstandes neues Kapital angesammelt habe,[499] wurden wohl keine Rückzahlungen geleistet. Vielmehr wurde anscheinend ein Fonds gebildet, auf den die Athener zugreifen konnten, ohne verzinste Kredite aufnehmen zu müssen.[500] Dies geschah vermutlich in dem Wissen, dass die bestehenden Kredite samt den Zinsen in naher Zukunft nicht beglichen werden konnten.

Schlussendlich hatte sich Athen innerhalb von elf Jahren bei den verschiedenen Tempelbanken mit fast 5600 Talenten zuzüglich Zinsen verschuldet.[501] Eine Rückzahlung der älteren Kredite war bis zu diesem Zeitpunkt also noch nicht geschehen. Die Gründe dafür sind offensichtlich: Die kriegerischen Handlungen dauerten weiter an und daran sollte sich auch in den folgenden Jahren nichts ändern. Zwar war seit 421 vor Christus durch den Nikiasfrieden die kriegerische Auseinandersetzung mit Sparta vorläufig beendet, Athen aber in weitere kostenintensive Konflikte verstrickt, in die das neu angesammelte Kapital wohl floss.[502] Ein finanzieller Tiefpunkt dürfte im Zusammenhang mit der gescheiterten Sizilien-Expedition 415-413 vor Christus angenommen werden.[503] Ein Jahr später wurde der brüchige Nikiasfrieden für beendet erklärt und Athen befand sich nun auch wieder mit Sparta im Krieg. Für diese Unternehmungen mussten weitere Auszahlungen aus dem Tempelschatz der Athena

498 SAMONS, Empire of the Owl, S. 166.
499 Thuk. 6,26.
500 SAMONS, Empire of the Owl, S. 167.
501 Nr. 2 im Quellenteil (IG I[3] 369), Z. 122.
502 IG I[3] 370, die die Ausgaben für die Jahre 418/17-415/14 vor Christus benennt.
503 Siehe dazu KALLET, Lisa, Money and the Corrosion of Power in Thucydides. The Sicilian Expedition and Its Aftermath, Berkeley/Los Angeles/London 2001, S. 123-128 sowie zur Finanzierung der Expedition SAMONS, Empire of the Owl, S. 230-248.

in Anspruch genommen werden,[504] für die keine Zinsen aufgeführt sind, und auch die bereits vorhandenen Kredite konnten vermutlich nicht beglichen werden. Ob und wann Athen seine Schulden bei den Tempelbanken schlussendlich getilgt hat, ist nicht überliefert.

4.1.1.2 Fallbeispiel Arkesine

Die *polis* Arkesine liegt im Südwesten der Insel Amorgos, in der Nähe der Nachbarinsel Naxos. In den Tributlisten des Delisch-Attischen Seebundes wird Arkesine gemeinsam mit den beiden anderen *poleis* auf Amorgos – Aigiale und Minoa – unter dem Sammelbegriff Ἀμόργιοι angeführt,[505] und auch ein Jahrhundert später traten diese drei Städte noch als Verbund auf und tätigten gemeinsam Anleihen.[506] Im Zuge des Bundesgenossenkrieges war in Arkesine eine athenische Garnison stationiert, für deren Unterhalt die *polis* aufkommen musste. Als weiteres Fallbeispiel eignet sich die *polis* aus mehreren Gründen hervorragend: Zum einen gehörte sie nicht zu den großen, politisch bedeutenden Stadtstaaten der Antike und entsprach damit dem Typ einer gewöhnlichen Stadt, wie sie zahlreich im griechischen Kulturraum vorkamen. Zum anderen ermöglicht der epigraphische Befund einen Einblick in das Kredit- und Zinswesen Arkesines im vierten Jahrhundert vor Christus, der in dieser Art für andere *poleis* nicht überliefert ist.

Um 356 vor Christus war es Arkesine nicht möglich, die Kosten für den Unterhalt der attischen Garnison auf Amorgos zu tragen. Zusätzlich dazu fehlten weitere Summen, deren Verwendungszweck uns nicht näher bekannt ist. Um diese Ausgaben tätigen zu können, musste die *polis* zum Schuldner werden über einen Kredit, dessen Zinssatz sich auf 12 Minen (1200 Drachmen) pro Jahr belief.[507] Die Kreditsumme selbst wird auf der Stele nicht erwähnt. Bei einem Zinssatz von einer Drachme pro Mine und Monat wäre von

---

504 Vgl. IG I³ 375 (410/9 vor Christus) sowie IG I³ 377 (409/8-407/6 vor Christus). Siehe dazu auch MERITT, Financial Documents, S. 94-115 sowie OSBORNE, RHODES, Greek Historical Inscriptions, Nr. 180.

505 IG I³ 278; IG I³ 279; IG I³ 281; IG I³ 282.

506 IG XII 7, 68.

507 IG XII 7, 5.

einem Darlehen über 100 Minen, folglich einem Talent und 4000 Drachmen, auszugehen.[508] Aus eigenen Mitteln scheint es Arkesine nicht möglich gewesen zu sein, die benötigte Summe zu stellen, und anders als es im vorherigen Beispiel Athen bewerkstelligen konnte, fand schließlich auch keine Anleihe bei einer lokal ansässigen Tempelbank statt. Vermutlich, weil auch diese schlichtweg nicht über das benötigte Vermögen verfügten. Als Kreditgeber konnte Arkesine jedoch den Kommandeur der athenischen Garnison, Androtion, für sich gewinnen, der für eine Ehrung sogar auf die Zahlung von Zinsen verzichtete.[509]

Weitere Kreditaufnahmen sind für die Zeit um 300 vor Christus belegt: Inschriftlich überliefert sind sechs solcher Verträge, teilweise in stark fragmentarischer Form. Eine genaue Datierung der Verträge ist nicht möglich, MIGEOTTE ordnet sie in den Zeitraum zwischen 325 und 275 vor Christus ein.[510] Ein *erster* Vertrag berichtet über einen Kredit über drei Talente mit Praxikles, Sohn des Polymnestos, von der benachbarten Insel Naxos.[511] Der zu zahlende Zins belief sich auf fünf Obolen pro Mine und Monat, was für die aufgenommene Summe von 150 Drachmen pro Monat spricht. Zu zahlen waren die Zinsen jährlich, die Kündigungsfrist für den Vertrag seitens des Praxikles belief sich auf sechs Monate. Im Falle einer nicht fristgerechten Zahlung der Zinsen oder des Kapitals war es Praxikles gestattet, selbstständig zu vollstrecken sowie eine Strafzahlung zu fordern. Vollstreckt werden konnten dabei nicht nur bewegliche Güter der *polis*, sondern auch aus dem Vermögen der Bewohner Arkesines.[512]

Ähnlich gestalten sich die Bestimmungen in einem *zweiten* Vertrag,[513] den Arkesine mit einem nicht näher bekannten Alexandros ebenfalls zu Beginn des dritten Jahrhunderts vor Christus abschloss.

508 Siehe MIGEOTTE, L'emprunt public, S. 168, der ebenfalls von 10000 Drachmen bei einem Zinssatz von 12% ausgeht.
509 Siehe dazu Kapitel 4.2.3.2 Kreditgeber von außerhalb – Fallbeispiel Androtion.
510 Vgl. MIGEOTTE, L'emprunt public, Nr. 49-54.
511 Siehe Nr. 5 Vertrag zwischen Arkesine und Praxikles im Quellenteil (IG XII 7, 67 B).
512 Nr. 5 im Quellenteil (IG XII 7, 67 B), Z. 8f.
513 IG XII 7, 69.

Womöglich stammte auch er – ebenso wie die anderen Kreditgeber – von einer der Nachbarinseln oder aus einer der anderen beiden *poleis* auf Amorgos, wie MIGEOTTE es annimmt. Er begründet diese Annahme mit dem Vermerk in Zeile 23, dass die Zinsen an einem von Alexandros auf Amorgos festgelegten Ort übergeben werden sollten.[514] Allerdings ist es möglich, dass Alexandros eben auch als Finanzier in den beiden anderen *poleis* Aigiale und Minoa tätig war und die Zinsen für die auf Amorgos vergebenen Kredite an einem Ort einsammelte und nicht von *polis* zu *polis* zog. Dass auch diese Städte Kredite aufgenommen hatten, verdeutlicht eine gemeinsame Anleihe aller drei Städte auf Amorgos.[515] Für diese Theorie spricht, dass kein fester Ort angegeben worden ist, wie es jedoch zu erwarten wäre, wenn Alexandros ein Bürger der anderen Städte gewesen wäre.[516] Dass Bürger der Nachbarstädte Kredite stellten, soll damit nicht ausgeschlossen werden, schließlich ist diese Praxis auf Amorgos durchaus inschriftlich belegt.[517] Jedoch ist es wahrscheinlicher, dass Alexandros von einer anderen Insel stammte und sich Arkesine an einen auswärtigen Finanzier wandte, der vielleicht sogar auf die Vergabe gut abgesicherte Kredite an *poleis* spezialisiert war und in dieser Form sein Kapital gewinnbringend anlegte. Das könnte nicht nur den in diesem Fall höheren Zinssatz von einer Drachme pro Mine und Monat, sondern auch die strikteren Rückzahlungsmodalitäten und die kurze Kündigungsfrist erklären.

Drittens liehen fünf (oder sechs)[518] Bürger der Nachbarinsel Astypalaia fünf Talente und eine unbestimmte Anzahl von Drachmen zu einem Zinssatz von vier Obolen und zwei Chalkoi.[519] Sollte sie den Kredit nicht bis zum Monat Iobacchios tilgen, so wären fünf Obolen pro Mine und Monat fällig geworden.[520] Eine derartige Erhöhung ist

514 Vgl. MIGEOTTE, L'emprunt public, S. 183.

515 IG XII 7, 68.

516 In Nr. 5 im Quellenteil (IG XII 7, 67 B) wird ausdrücklich festgehalten, dass die Zinsen auf Naxos übergeben werden sollen.

517 IG XII 7, 388: Eine Ehrung für Kritolaos aus Aigiale, der Minoa einen Kredit zur Verfügung stellte.

518 Vgl. MIGEOTTE, L'emprunt public, S. 186.

519 IG XII 7, 67 A, Z. 6f.

520 IG XII 7, 67 A, Z. 8.

in diesem Fall nicht als Strafzins zu verstehen, sondern vielmehr in einen ähnlichen Kontext einzuordnen wie die Erhöhung des Zinssatzes in der Lakritos-Rede.[521] Eine Verlängerung der Laufzeit, die unter Umständen auch eine Erhöhung des Risikos beinhaltete, schlug sich auf die Kalkulation der Zinshöhe nieder. Während in der Lakritos-Rede die verspätete Abfahrt eine Erhöhung zur Folge hatte, ist es hier der Übergang des Kreditvertrages in einen Vertrag mit unbestimmter Laufzeit und einer Kündigungsfrist von sechs Monaten.

Über den *vierten* und *fünften* Vertrag können keine Aussagen getroffen werden. Sie lassen sich zwar aufgrund des auf den Fragmenten überlieferten Textes als Kreditverträge identifizieren, aber weder Kreditgeber noch Kredit- und Zinshöhe lassen sich rekonstruieren.[522] Die Anleihe im *sechsten* Vertrag tätigte Arkesine im Verbund mit ihren Nachbarstädten Aigiale und Minoa.[523] Der Zinssatz belief sich in diesem Fall – wie in dem Vertrag mit Alexandros – auf eine Drachme pro Mine und Monat.[524] Die Kündigungsfrist seitens der Gläubiger umfasste drei Monate.[525]

Dass die Verträge in einen gemeinsamen Kontext zu setzen sind und auf einer ähnlichen Vertragsgrundlage basieren, hat bereits MIGEOTTE gezeigt.[526] Die ersten Zeilen der Verträge datieren zu Beginn den Vertrag durch Nennung des Amtsträgers zunächst in der Stadt des Kreditgebers und dann in Arkesine. Die Kredithöhe und der jeweilige Gläubiger sowie der Schuldner (Arkesine oder der Verbund der drei amorgischen *poleis*) werden ebenfalls festgehalten. Dann werden die genauen Vertragsbedingungen erläutert und die Höhe des Zinssatzes benannt. Unter die Vertragsbedingungen fallen nicht nur die genauen Rückzahlungsmodalitäten sowie eventuelle Strafzahlungen, sondern auch eine Vollstreckungsklausel. Die Verträge waren alle auf langfristige Laufzeiten ausgelegt und mit der

521 Demosth. or. 35, 11.
522 IG XII 7, 66 und IG XII 7, 70.
523 IG XII 7, 68, Z. 1f.
524 IG XII 7, 68, Z. 7.
525 IG XII 7, 68, Z. 9.
526 MIGEOTTE, L’emprunt public, S. 181f.

Option versehen, dass die Gläubiger den Vertrag mit einer Frist von drei bzw. sechs Monaten aufkündigen konnten.[527]

Die Kreditaufnahme der *polis* blieb auch für ihre Bewohner nicht ohne Folgen. Sie waren es, die mit ihrem Vermögen für den Kredit bürgten und die im Falle eines Zahlungsverzuges von den Vollstreckungsmaßnahmen unmittelbar betroffen waren. Denn alle beweglichen Güter, ob an Land oder auf dem Meer, durften in diesem Fall durch den Gläubiger gepfändet werden.[528] Dabei war es unerheblich, ob es sich beim Eigentümer um einen Bürger der *polis* Arkesine handelte oder ob er lediglich in Arkesine als Freigelassener oder Metöke wohnte, die Möglichkeit der Pfändung betraf folglich alle freien Bewohner der Stadt.[529] Diese Regelung ist im vorchristlichen griechischen Kulturraum keine Ausnahme gewesen, sondern wurde auch in anderen griechischen *poleis* so praktiziert.[530] Eine durch die *polis* getätigte Kreditaufnahme betraf somit das Kollektiv, also auch diejenigen Personen, die sich an den Abstimmungen zu diesen Verträgen nicht beteiligen durften. Das private Vermögen der Bewohner wurde zur Sicherheit für einen öffentlichen Kredit.

Erschwerend kam hinzu, dass die Arkesiner vertraglich garantierten, dass sie den Kredit drei bzw. sechs Monate nach Anzeige durch den Gläubiger zurückzahlten. Dass es für diesen Zweck einen Fonds gab, in dem die Arkesiner Gelder für eine solche Verwendung lagerten, ist unwahrscheinlich. Vielmehr wurde die vorhandene Zeit wohl genutzt, um neue Kredite abzuschließen, die wiederum zur Tilgung alter Schulden dienten, weshalb man von einer Art Umschuldung sprechen kann. Wie viele dieser Kredite parallel zueinander gelaufen sind, kann nicht eindeutig beantwortet werden. Der epigraphische Befund belegt jedoch die Theorie, dass einige dieser Verträge aufgenommen wurden, um andere zu tilgen. Bspw. trägt

527 So auch MIGEOTTE, L'emprunt public, S. 175, der von einer mehrjährigen Laufzeit ausgeht.

528 Nr. 5 im Quellenteil (IG XII 7, 67 B), Z. 8f., 26 und 34 sowie IG XII 7, 69, Z. 9f., 28f. und 37.

529 MIGEOTTE, L'emprunt public, S. 172; Ders. in BCH, 104 (1980), S. 205-210, S. 218-220.

530 MIGEOTTE, L'emprunt public, S. 173.

die Stele mit der Inventarnummer EM 10290 auf der einen Seite den Vertrag zwischen Arkesine und Praxikles über drei Talente, auf der anderen Seite den Vertrag zwischen Arkesine und den fünf Kreditgebern aus Astypalaia über fünf Talente und eine unbestimmte Anzahl von Drachmen. In diesem Fall ist anzunehmen, dass der eine Vertrag den anderen Vertrag ablöste. Die Verträge wurden während ihrer Laufzeit am Tempel der Hera öffentlich ausgestellt wie im Kreditvertrag festgeschrieben. Die bereits erwähnte Stele weist an ihren Außenkanten Löcher auf,[531] die einst zur Befestigung dienten, vermutlich an der Außenwand des Tempels. Dies bedeutet wiederum, dass die beiden Verträge nicht gleichzeitig aktiv waren, da nur ein Vertrag sichtbar gewesen sein konnte. Obwohl bei beiden Verträgen die Datierungszeile erhalten ist und die jeweiligen Archonten genannt werden, lassen sich die Verträge in keine chronologische Reihenfolge bringen; ob nun Ktesiphon[532] oder Timeratos[533] zuerst das Amt des Archons bekleidete, ist nicht überliefert. Einen Anhaltspunkt könnte indes ein Passus im an zweiter Stelle genannten Vertrag liefern:

> ἐδάνεισαν .... Λεωτρέφης Εὐκλεῦς Κ...|..ευ<ς> Μναστοφῶντος, Λέπτων Πρ[α]ξιδάμου, Ἀμμώνιος .....ΝΑΙΝΑ, Εὔσφαιρος Εὐκλεῦς Ἀσ[τυπα]-|λαιεῖς ἐδάνεισ[α]ν τᾶι πόλει τᾶι Ἀρκεσινέων ἀργυρίου Ἀλεξανδρείου τάλαντα πέν[τε .....ακο]-|5 [σί]ας δραχμὰς ἐπὶ τόκωι τὴν(?) μνᾶν ἑκάστην(?) ἑκάστου μηνὸς τε[τ]τάρων(?) ὀβολῶν [καὶ] δύο χα[λ]-|[κ]ῶν ἔστε μῆνα Ἰοβάχχιον· ἐὰν δὲ μὴ ἀποδῶσιν Ἀρκεσινεῖς ἐμ μηνὶ Ἰοβαχχίωι ἐ[πὶ(?) τοῦ μετὰ Χαρι]-|γένη δαμιοργόν, τόκον φερόν[τω]ν Ἀρκεσινεῖς πέντε ὀ[βο]λ[οὺς ἐπ]ὶ μνᾶι ἀπὸ μηνὸς Ἀρταμι[τίου] | [ἐπὶ] δαμιοργοῦ ὃς ἂν μετὰ Χαριγένην δαμιοργῆι, ἐν Ἀρκεσίνηι δὲ μηνὸς Ἀνθεστηριῶνος | ἐπὶ ἄρχοντος Τιμηράτου.[534]

531 Vgl. dazu die Abbildungen unter Nr. 5 im Quellenteil (IG XII 7,67B).
532 Nr. 5 im Quellenteil (IG XII 7,67B), Z. 3.
533 IG XII 7,67A, Z. 3.
534 IG XII 7,67A, Z. 3-7.

> Leotrephes Sohn des Eukles, K(.....)eus Sohn des Mnastophon, Lepton Sohn des Praxidamos, Ammonios Sohn des ?, Eusphairos Sohn des Eukles, aus Astypalaia, liehen der Stadt Arkesine fünf Talente und ? Drachmen mit Alexander-Prägung zu einem Zinssatz von vier Obolen und zwei Chalkoi pro Mine und Monat bis zum Monat Iobacchios; wenn die Arkesiner es nicht zurückzahlen bis zum Monat Iobacchios, unter dem Demiurg, der Charigenes nachfolgt, dann zahlen die Arkesiner fünf Obolen pro Mine an Zins ab dem Monat Artamitios, unter dem Demiurg, der Charigenes nachfolgt, in Arkesine im Monat Anthesterion unter dem Archon Timeratos.

Sollte der Kredit also innerhalb weniger Monate durch die Arkesiner zurückgezahlt werden, so fiel ein geringer Zinssatz an. Handelte es sich jedoch um einen langfristigen Kredit mit unbestimmter Laufzeit, so wurde ein höherer Zinssatz fällig. Es könnte daher sein, dass der Kredit kurzfristig beschafft wurde, um den Kredit von Praxikles umzuschulden und sowohl das Darlehen als auch die angefallenen Zinsen zu begleichen. Somit wäre zuerst der Kredit mit Praxikles aufgenommen worden und dann, nachdem Praxikles den Vertrag gekündigt hatte, ein neuer Vertrag mit der Kreditgemeinschaft aus Astypalaia abgeschlossen worden.

Die aus den Verträgen bekannten Gläubiger sind alle ohne Ausnahme Privatpersonen von Inseln, die in der Nähe von Amorgos liegen. Es ist daher anzunehmen, dass Arkesine Bevollmächtigte sandte und diese auf der Suche nach möglichen Finanziers die umliegenden Inseln abfuhren und Verträge im Namen der *polis* abschlossen. Erleichtert werden sollte der Vertragsabschluss durch Rechtsabkommen, wie sie Arkesine bspw. mit Naxos geschlossen hatte.[535] Die in den verschiedenen Verträgen veranschlagten Zinssätze zwischen 10 und 12% scheinen für die Region und die Zeit üblich gewesen zu sein.[536]

535 Nr. 5 im Quellenteil (IG XII 7,67B), Z. 29.
536 Siehe MIGEOTTE, Les Finances des cités grecques, S. 329.

4.1.1.3 Weitere städtische Schuldner

Die beiden Beispiele – Athen und Arkesine – stehen stellvertretend für viele weitere *poleis* im griechischen Kulturraum, die aus verschiedenen Gründen zu Schuldnern wurden und dementsprechend auch verschiedene Taktiken zum Gelderwerb auf Kreditbasis verfolgten. Im Folgenden sollen noch weitere Beispiele vorgestellt werden, die von unterschiedlichen Vorgehensweisen zeugen.

Bei Pseudo-Aristoteles wird eine Vielzahl an Möglichkeiten geschildert, die verschiedene *poleis* ergriffen, um finanzielle oder materielle Engpässe zu überwinden. Um ihre Getreideknappheit zu überbrücken, kaperten die Byzantiner bspw. Getreideschiffe auf dem Schwarzen Meer und zwangen sie, gegen einen Bonus von 10%, ihr Getreide vor Ort zu verkaufen. Die 10% legten sie wiederum auf die Getreidekäufer um.[537] Pseudo-Aristoteles bezeichnet diesen Bonus als *tokos*, der hier aber eher unter dem Aspekt Gewinn und weniger als Zins verstanden werden kann.[538]

Die *polis* Chios habe sich für eine andere Strategie entschieden, indem sie alle offenen Kredite, die ihre Bürger vergeben hätten, zurückfordert habe, und zwar nicht für die eigentlichen Gläubiger, sondern zu ihren eigenen Gunsten.[539] Die Schulden wurden von den ursprünglichen Schuldnern auf die Stadt umgelagert. Die Gläubiger selbst erhielten, statt der Rückzahlung der Schuld durch den Schuldner, von der Stadt lediglich die Zinsen von den offenen Darlehen.

Weitere unfreiwillige Kredite forderte wohl auch die *polis* Klazomenai von ihren Bürgern, um so den Import von Getreide zu finanzieren:

> Κλαζομένιοι δ' ἐν σιτοδείᾳ ὄντες χρημάτων τε ἀποροῦντες ἐψηφίσαντο, παρ' οἷς ἔλαιόν ἐστι τῶν ἰδιωτῶν, δανεῖσαι τῇ πόλει ἐπὶ τόκῳ.[540]

537 Aristot. oec. 2,2,3c.
538 Siehe dazu die einführenden Bemerkungen in der Einleitung.
539 Aristot. oec. 2, 1347b f.
540 Aristot. oec. 2, 1348b.

> Die Klazomenier, die unter Getreidemangel und Geldmangel litten, hatten beschlossen, dass alle Privatpersonen, die Ölvorräte haben, diese der *polis* gegen Zinsen leihen sollten.

Die Grundlage dieser Forderung scheint wohl ein Volksbeschluss gewesen zu sein, in dem auch das weitere Vorgehen festgehalten worden war. Das Öl diente in diesem Fall vermutlich als Naturaldarlehen, durch das die *polis* die Transportschiffe sowie das erworbene Getreide finanzierte. Das erworbene Getreide diente dann wiederum zur Absicherung[541] der durch die Bürger gegebenen Kredite. Dass die Wahl gerade auf dieses Produkt fiel, lässt sich dadurch erklären, dass Öl ein häufig produziertes Gut in Klazomenai war. Nicht definiert werden in dieser Passage indes die Zinshöhe sowie die Menge Öl, die als Vorrat diente und dementsprechend unter besagten Beschluss fiel. Faktisch mussten jedoch alle Bürger, die einen Ölvorrat besaßen, diesen an die *polis* übergeben. Die *poleis* Chios und Klazomenai konnten somit über die Vermögen ihrer Bürger verfügen.

4.1.1.4 Zwischenfazit

Stichprobenhaft wurden anhand der beiden *poleis* Athen und Arkesine erläutert, welche Umstände dazu geführt haben konnten, dass sich Städte im fünften und vierten Jahrhundert vor Christus verschuldeten, und welche Finanzierungsmöglichkeiten sich ihnen boten, um die finanziellen Anforderungen stemmen zu können. Am Beispiel Athens ist deutlich geworden, dass es insbesondere die Tempelbanken innerhalb der Stadt waren, die Kredite stellten und deren Zinsen sich innerhalb des Untersuchungszeitraums immer weiter verringerten, bis vermutlich keine mehr erhoben wurden. Dabei schien es unerheblich zu sein, zu welchen Konditionen die Kredite vorher aufgenommen worden waren, da auch bei laufenden Krediten die Zinshöhe reduziert werden konnte. Des Weiteren war es der *polis* Athen wohl möglich, frei über die Tempelschätze sowie

---

541 Dagegen MIGEOTTE, L'emprunt public, S. 271, der ὑποθήκη nicht als Absicherung übersetzt: „tous ont traduit ὑποθήκη par ‚gage ou garantie', alors que le terme a certainement ici, à mon avis, le sens de ‚fonds'."

das Tempelinventar zu verfügen und auch Weihgeschenke oder Prozessionswerkzeuge als Vermögensgegenstände zu nutzen.

Ein anderes Bild zeigt sich in Arkesine. Die Kreditgeber dort stammten von außerhalb und gewährten der Stadt zu vertraglich festgelegten Bestimmungen Kredite, die mit 10 bis 12% verzinst wurden. Im Gegensatz zu Athen stand Arkesine wohl keine großen Tempelschätze zur Verfügung, auf den zu günstigen Konditionen und mit der Möglichkeit der Kreditanpassung zurückgegriffen werden konnte. Sie mussten auf auswärtige Finanziers zurückkommen.

Eine Gemeinsamkeit mit anderen Städten bestand für Arkesine darin, dass das Vermögen der eigenen Bewohner eingesetzt werden durfte; sei es als Sicherheit für abgeschlossene Kredite, wie es in Arkesine der Fall war, oder als Grundlage für weitere Kreditaufnahmen. Bei diesen wiederum konnte es sich um staatlich angeordnete Umschuldungen oder auch Zwangsabgaben der Bürger handeln, die jedoch verzinst werden sollten. Die Einwohner der Städte, und darunter fielen eben nicht nur die Bürger, sondern auch Fremde, besaßen somit zwar ein eigenes Vermögen, jedoch mussten sie dieses im Sinne des Gemeinwohls zur Verfügung stellen. Dieses Vorgehen kann jedoch nicht als direkte Enteignung angesehen werden, da die Bewohner durch ihren unfreiwilligen Einsatz einen Gewinn in Form von Zinsen erwarten konnten. Im Fall von Arkesine war dies allerdings nicht der Fall, denn dort hafteten die Bewohner mit ihrem Vermögen für die Schulden der Stadt. Eigentum von Bürgern und Bewohnern war somit im weiter gefassten Sinn auch Eigentum der *polis*.[542]

4.1.2 Private Kreditnehmer

Neben den verschuldeten Städten waren es zumeist Privatpersonen, die aus den unterschiedlichsten Gründen verzinste Kredite aufnehmen mussten. Auf den nun folgenden Seiten sollen einige uns aus den Quellen bekannten Personen näher beleuchtet und hinsichtlich ihrer Bedeutung für das Zinswesen untersucht werden. Dabei

542 Siehe EICH, Politische Ökonomie, S. 75.

sind es vor allem solche Personen, deren Geschichte anhand der Gerichtsreden überliefert ist, die als Fallbeispiele herangezogen werden können. Von den auf Inschriften namentlich erwähnten Personen kennen wir oft nur den Namen und ihre Herkunftsstadt, aber fast nie die Umstände, die zu der Kreditaufnahme führten.

Völlig unbekannt sind uns dagegen all die Personen, zu deren alltäglichen Leben vermutlich die Kreditaufnahme gehörte: die Handwerker und Tagelöhner, die mit Kleinstkrediten Anschaffungen für den Tag tätigten und die Kredite und Zinsen mit ihren Tageseinnahmen am Abend des selbigen Tages beglichen. Die nun folgenden Beispiele können daher eben diese Personengruppen nicht berücksichtigen. Die übrigen Fälle nehmen für sich nicht in Anspruch, einen vollständigen Überblick zu geben oder gar einen Querschnitt durch die griechische Gesellschaft abzubilden. Vielmehr sind sie als einzelne Stichproben zu verstehen.

4.1.2.1 Fallbeispiel Apollodoros

Dass auch vermögende Personen zu Kreditnehmern werden konnten, zeigt das Beispiel des Apollodoros, dem Sohn des athenischen Bankiers Pasion.[543] Apollodoros ist uns besonders durch mehrere Gerichtsreden bekannt, in denen er sowohl den Nachfolger seines Vaters, Phormion, anklagte[544] als auch weitere Personen des öffentlichen Lebens, die wichtige Ämter als Strategen oder Trierarchen innehatten.

Apollodors wurde um 394/3 vor Christus in Athen geboren, zu einem Zeitpunkt, zu dem seinem Vater vermutlich noch nicht das athenische Bürgerrecht verliehen worden war. Über seine Mutter Archippe[545] ist wenig bekannt, außer dass sie gemeinsam mit Pasion

543 Zu Pasion siehe 4.2.2.2 Fallbeispiel Pasion.

544 Demosth. or. 36 überliefert die Verteidigungsschrift *Für Phormion*.

545 Dass sie athenische Bürgerin war, ist eher unwahrscheinlich. Vermutlich erlangte sie das Recht durch die Hochzeit mit Pasion, deren Datum nach der Geburt des Apollodoros liegen müsste. Siehe TREVETT, Apollodoros, S. 2 sowie S. 19, Endnote 4 und WHITEHEAD, David, Women and Naturalization in Fourth-Century Athens: The Case of Archippe, in: CQ 36 (1986), S. 109-114. Die Forschungsdiskussion zur Verleihung des Bürgerrechts an Pasion fasst TREVETT, Apollodoros ausführlich zusammen (S. 21-24, Endnote 9).

zwei Söhne bekommen hatte – neben Apollodoros auch noch den vierzehn Jahre jüngeren Pasikles – und nach dem Tod ihres Mannes dessen Angestellten Phormion, einen Freigelassenen, heiratete. Die Familie des Apollodoros entstammte somit keiner alten athenischen Familie, deren Kinder durch Geburt zu athenischen Bürgern wurden. Höchstens der jüngere Bruder Pasikles konnte mit Bürgerrecht geboren worden sein, da zum Zeitpunkt seiner Geburt schließlich auch die Eltern im Besitz genannter Rechte waren. Trotzdem oder gerade deswegen versuchte Apollodoros wohl, durch kostspielige Unternehmungen den neu erworbenen Stand seiner Familie und auch seiner Person innerhalb der athenischen Gesellschaft zu stärken und zu behaupten.[546]

Daher überrascht es kaum, dass Apollodors politisch tätig war und auch entsprechende Leiturgien übernahm. So bekleidete er wahrscheinlich dreimal das Amt des Trierarchen (eventuell im Jahr 370/369 vor Christus oder im Jahr darauf,[547] sicher allerdings in den Jahren 362-360[548] und 356/55[549] vor Christus), das nicht nur mit dem Kommando über eine Triere einherging, sondern auch zu deren Ausrüstung verpflichtete. Zur Ausstattung zählten alle für die Seefahrt notwendigen Geräte wie Segel, Ruderriemen, aber auch die Masten und das Steuerruder, die zwar oft von der *polis* gestellt wurden, aber in vielen Fällen von den Trierarchen ausgetauscht werden mussten, da sie defekt oder minderwertig waren. Des Weiteren war der Trierarch für die Mannschaft des Schiffes zuständig, deren Lohn und Versorgungsgeld jedoch die Stadt übernahm. Eventuelle Lohnerhöhungen oder Geschenke zahlte indes der Trierarch. Bei Berücksichtigung der üblichen Ausgaben beliefen sich die Kosten für eine Trierarchie auf ungefähr ein Talent pro Amtszeit.[550] Auch

---

546 Zur Biographie des Apollodoros: TREVETT, Apollodoros, S. 1-17.

547 IG II² 1609, Z. 83; zur Diskussion über die Datierung siehe den Vorschlag von DAVIES, John K., The Date of IG ii² 1609, in: Historia: Zeitschrift für Alte Geschichte 19 (1969), S. 309-333, der die Frage auch nicht abschließend klären kann. TREVETT, Apollodoros, S. 11 schlägt zusätzlich das Jahr 365/4 vor Christus vor.

548 Demosth. or. 50.

549 IG II² 1612, Z. 110.

550 GABRIELSEN, Financing the Athenian Fleet, S. 118-125.

fungierte Apollodoros zumindest im Jahr 352/1 vor Christus als Chorege und war mit dem Chor auch siegreich. Diesen Erfolg konnte er ebenfalls für seine privaten Zwecke nutzen.[551]

Über die finanzielle Situation während seiner zweiten Trierarchie am Einsatzort Hellespont äußert sich Apollodoros in der Rede *gegen Polykles*.[552] Zu Beginn seiner Amtszeit gehörte er zu der finanziellen Elite Athens und verfügte über ein beträchtliches Vermögen, das jedoch durch die Verkettung mehrerer unglücklicher Umstände während seines Einsatzes aufgebraucht wurde. Nachdem er bereitwillig sein Schiff sehr großzügig über den notwendigen Standard hinaus ausgerüstet hatte,[553] kam er durch nicht eintreffende (Sold-) Zahlungen aus Athen in Zahlungsschwierigkeiten.[554] Um seine spezialisierte Mannschaft jedoch weiterhin halten zu können, musste Apollodoros einen Kredit über 30 Minen aufnehmen, als Sicherheit verpfändete er dafür sein Landgut.[555] Eine Zinshöhe wird an dieser Stelle nicht genannt. Anzunehmen ist, dass der Zins hier nicht in Münzgeld, sondern als Ertragszins anfiel. So könnte es möglich gewesen sein, dass die beiden Kreditgeber Thrasylochos und Archeneos sich demnach ihren Zins durch das Landgut selbst erwirtschafteten oder die Familie des Apollodoros den Ernteerlös als Zins zahlte.[556]

Am Hellespont spitzte sich die finanzielle Situation für Apollodoros nach seiner Aussage weiter zu, da er nach Ablauf seiner Dienstzeit nicht von einem anderen Trierarchen abgelöst wurde.[557] So musste er zwei weitere Kredite aufnehmen: einen Kredit über 15 Minen auf Zins, dessen Höhe nicht genannt wird und vermutlich dem üblichen Satz von einer Drachme pro Mine und Monat entsprach, sowie einen Seekredit über 800 Drachmen, verzinst mit 1/8

551 IG II^2 3039, Z. 2 überliefert den Sieg. Weitere nicht siegreiche Teilnahmen sind jedoch nicht auszuschließen.
552 Demosth. or. 50.
553 Demosth. or. 50,7.
554 Demosth. or. 50,12.
555 Demosth. or. 50,13.
556 Siehe zu der zweiten Möglichkeit Eich, Politische Ökonomie, S. 440f.
557 Demosth. or. 50,14.

der Kreditsumme.[558] Der insgesamt berechnete Zinssatz von 12,5% fiel im Vergleich zu anderen Seekrediten gering aus. Der verhältnismäßig niedrige Zinssatz konnte auch mit der Person des Apollodoros selbst zu tun haben. Denn, auch wenn die gewählte Kreditform (Seekredit) auf den ersten Blick im Gegensatz zu den anderen aufgenommenen Krediten finanziell nicht sonderlich attraktiv wirkt, bot sie Apollodoros zum einen die Sicherheit, dass er nur im Falle einer gelungenen Rückkehr des Schiffes zahlen musste,[559] und zum anderen blieb der Zinssatz unabhängig von der Laufzeit des Kredites gleich. Zu berücksichtigen ist hierbei, dass es sich bei der Triere nicht um ein Handelsschiff handelte, das spätestens sechs Monate nach Ausfahrt wieder in Athen zu erwarten war, sondern um ein Kriegsschiff mit variierender Einsatz- und somit auch unbekannter Ankunftszeit. Hinzu kam, dass Apollodoros auch während der gefürchteten Herbststürme mit dem Schiff unterwegs war und somit ein Umstand bedient wurde, der im Kreditvertrag der Lakritosrede zu einer Erhöhung des Zinssatzes führte.[560]

Für seine Rückreise musste er weitere Kredite aufnehmen.[561] Die Begründung, weshalb es Apollodoros doch recht einfach gelang, trotz hoher Schulden immer weitere Kredite aufnehmen zu können, liefert er selbst: Sein Vater Pasion habe viele Freunde und Vertraute in Griechenland gehabt, die stets bereit gewesen seien, Geld an den Bankierssohn zu verleihen.[562] In der Rede wird jedoch deutlich, dass Apollodoros in wohlhabenderen Zeiten auch als Gönner auftrat; so gab er Kallikles aus Thria Geld, als dieser in Not war.[563] Ein Zinssatz wird diesbezüglich nicht genannt, jedoch spricht die Dankbarkeit des Kallikles gegenüber Apollodoros potentiell für einen zinslosen Freundschaftskredit.

558 Demosth. or. 50,17.
559 Demosth. or. 50,17.
560 Demosth. or. 35,10-13 findet sich der Vertrag, in 35,10 die entsprechende Passage, die eine Zinserhöhung nach Arktouros festlegt.
561 Demosth. or. 50,23.
562 Demosth. or. 50,56. Apollodoros konnte also auf ein internationales Netzwerk von Händlern und Bankiers zugreifen, EICH, Politische Ökonomie, S. 443.
563 Demosth. or. 50,47.

Nach 347/48 vor Christus wurde Apollodoros zum Ratsmitglied per Los bestimmt.[564] Im Zuge seiner Amtszeit brachte er einen Antrag in die Volksversammlung ein, weshalb er von einem Stephanos, der diesen Antrag als gesetzwidrig bezeichnete, verklagt wurde (*graphe paranomon*).[565] Als Strafsumme beantragte der Kläger 15 Talente und somit eine Summe, die das Vermögen des Apollodoros, das sich zu diesem Zeitpunkt auf nicht einmal drei Talente belief,[566] weit überstieg. Im Falle einer Nichtzahlung der Strafsumme wäre Apollodoros zum Staatsschuldner geworden, was in diesem Fall dazu geführt hätte, dass sich der zu zahlende Betrag, wie in Kapitel *3.5.2 Strafzins* bereits aufgeführt, verdoppelt hätte. Das Gericht entschied sich jedoch für eine Strafsumme in Höhe von einem Talent, weshalb Apollodoros die Summe mit letzten Mitteln begleichen konnte und nicht zum Staatsschuldner wurde.

Am Beispiel Apollodoros wird deutlich, dass es möglich sein konnte, innerhalb kürzester Zeit nicht nur Kredite zu guten Konditionen aufzunehmen, sondern auch das eigene Vermögen zügig wiederherzustellen. Nur wenige Jahre nach seiner in der Rede *gegen Polykles*[567] geschilderten völligen Verschuldung, die in der Aufnahme einer Hypothek auf sein eigenes Wohnhaus gemündet hatte, war er bereits wieder in der Lage, weitere kostspielige Leiturgien zu bestreiten. Die Motivation für Kreditaufnahmen, drohende Verschuldungen und kostspielige Ausgaben lag dabei vermutlich in seiner Position als Neubürger begründet. Dahinter steckte vielleicht die Hoffnung auf eine Ehrung mit einem goldenen Kranz oder die Bestrebung, dass er als Neubürger sein Amt als Trierarch besonders ausgezeichnet und über die Erwartungen hinaus erfüllen und somit als Sprungbrett für politische Ambitionen nutzen wollte. Apollodoros nahm verschiedene Kredite auf, um sein gut ausgerüstetes Kriegsschiff mit den spezialisierten Seeleuten weiterbetreiben zu können. Obwohl sich seine Schulden auf eine beträchtliche Höhe beliefen, war es für ihn kein Problem, diese innerhalb weniger Jahre

564 TREVETT, Apollodoros, S. 15.
565 Demosth. or. 59,5.
566 Demosth. or. 59,7.
567 Demosth. or. 50.

zu begleichen und weiterhin zur finanziellen Oberschicht Athens zu gehören. Ebenso, so lässt es sich jedenfalls aus den Quellen lesen, fiel es ihm nicht schwer, an Kredite zu gelangen, sei es in Athen, sei es am Bosporos. Zugute kam ihm dabei das umfangreiche Netzwerk seines Vaters zu verschiedenen Bankiers im ganzen Mittelmeerraum. Apollodoros konnte es sich leisten, hohe Kredite aufzunehmen, da er und seine Gläubiger sich bewusst waren, dass er sie auch zeitnah wieder tilgen konnte.

4.1.2.2 Fallbeispiel *emporos*

Besonders der Fernhandel verlangte hohe Investitionen seitens der Fernhändler, bevor sie – im Verhältnis zu anderen Händlern – hohe Gewinne erzielen konnten. Dabei war der Händler nicht als Spediteur anzusehen, der ausschließlich für den Transport der bestellten Ware zuständig war, er musste diese vielmehr in der Regel bedarfsorientiert unter Beobachtung des Marktes einkaufen.[568] Sein Gewinn orientierte sich also nicht nur an der Qualität seiner Ware, sondern vor allem an dem vorhandenen Bedarf möglicher Abnehmer. Kam der Händler zu einem Zeitpunkt im Hafen an, zu dem bereits andere Händler vergleichbare Ware angeboten hatten, so war es ihm unter Umständen nicht möglich, seine Ware gewinnbringend zu veräußern, was wiederum seinen finanziellen Ruin bedeuten konnte. Ein erfolgreicher Seehändler brauchte daher nicht nur ein hinreichendes Startkapital für seine Unternehmungen, sondern auch ein gutes Gespür für die Entwicklung des Marktes. Das für den Fernhandel notwendige Kapital konnten einige Händler vermutlich selbst stellen, anderen hingegen fehlte das nötige Vermögen.[569] Gerade durch die Gerichtsreden sind uns einige dieser Männer bekannt, deren Geschichte in Bezug auf die Möglichkeiten des Kreditnehmens näher betrachtet werden sollen.

Zwei dieser Männer, von denen ein Teil ihrer Lebensgeschichte als Händler in der Rede *gegen Lakritos* erzählt wird, waren Artemon

568 Eich, Politische Ökonomie, S. 242f.
569 Isager, Hansen, Aspects of Athenian Society, S. 73.

und Apollodoros aus der Handelsstadt Phaselis in Lykien.[570] Ihre Handelsreise ging von Athen zum Pontos und wieder zurück nach Athen, für die sie einen Kredit aufnehmen mussten.[571] Abgesehen von Informationen über ihre Herkunft und dem Umstand, dass Artemon zum Zeitpunkt der Gerichtsverhandlung bereits verstorben war, ist relativ wenig über die Brüder bekannt. Sie hatten einen weiteren Bruder, Lakritos, der seinen seefahrenden Brüdern die nötigen Kredite vermittelte, weshalb das Seehandelsgeschäft in diesem Fall wohl ein Familienunternehmen gewesen zu sein scheint. Während die jüngeren Brüder, Artemon und Apollodoros, auf Handelsreise gingen, kümmerte sich der ältere Bruder, Lakritos, um die dafür notwendige Finanzierung, indem er Investoren – wie Androkles und Nausikratos – mit Hilfe athenischer Bekannter mobilisierte.[572] Die dafür notwendigen rhetorischen Fähigkeiten konnte Lakritos wohl durch seinen Lehrer, den athenischen Redner Isokrates, erwerben.[573] Ob Lakritos zu diesem Zweck in Athen lebte oder nur in regelmäßigen Abständen dort verweilte, ist nicht zu klären.[574] Eine derartige Arbeitsteilung scheint allerdings nicht immer notwendig gewesen zu sein, da es auch ohne die Vermittlung durch den Bruder Apollodoros gelungen war, weitere Kredite während seiner Reise aufzunehmen.[575]

Ein eigenes Schiff besaßen die drei Brüder indes nicht, sondern sie mussten sich gemeinsam mit anderen Händlern auf Handelsschiffen einmieten.[576] Gerade Apollodoros scheint an mehreren Orten im Mittelmeerraum über Kontakte zu möglichen Kreditgebern oder Kapitänen verfügt zu haben, mit deren Unterstützung er dem Seehandel nachgehen konnte. Diese Kontakte waren es wohl, die für die Seehändlerfamilie aus Phaselis so wichtig gewesen sind, da sie für die Generierung von neuem Kapital notwendig waren, was sich

570 Demosth. or. 35.
571 Demosth. or. 35,10.
572 Demosth. or. 35,6.
573 Demosth. or. 35,15.
574 COHEN, Ancient Athenian Maritime Courts, S. 18.
575 Demosth. or. 35,23.
576 Demosth. or. 35,20; 53.

ohne die richtigen Beziehungen und Vermittler sicher nicht so einfach gestaltete hätte. Auf die Zinshöhe für die so aufgenommenen Kredite scheint dies jedoch keinen Einfluss gehabt zu haben, da sich beide Zinshöhen (22,5% für die weniger riskante Fahrt und 30% für die risikoreiche) im üblichen Rahmen für Seekredite befanden.[577]

Als weiteres Beispiel für einen Fernhändler, der für seine Handelsreisen mehrere Kredite aufnehmen musste, kann Phormion angesehen werden.[578] Auch wenn in der Rede *gegen Phormion* kein Zinssatz genannt wird, so kann doch davon ausgegangen werden, dass er sich im üblichen Rahmen bewegt haben wird.[579] Aus welcher *polis* der Fernhändler Phormion stammte, ist leider nicht überliefert. Athen, der Ort des Gerichtsverfahrens und auch Ursprungsort des vergebenen und strittigen Kredites, lässt sich jedoch ausschließen, da Phormion auch Kredite für Handelsfahrten von Piräus nach Pontos aufnahm, was Bewohnern Athens nicht gestattet war.[580] Sein Fall gelangte vor Gericht und damit auch in die Überlieferung, da die Ankläger ihm betrügerische Absichten vorwarfen. Der konkrete Vorwurf lautete, dass sich das geliehene Geld überhaupt nicht auf dem gesunkenen Handelsschiff befunden habe, weshalb es auch zurückgezahlt werden müsse.[581] Auch habe er gegen den abgeschlossenen Kreditvertrag verstoßen, der bei einem Bankier namens Kittos hinterlegt worden sei, und weitere Kredite aufgenommen.[582] Für seine Reise von Athen zum Bosporos nahm er also statt eines Kredites gleich drei Kredite mit einer Gesamtsumme von 7500 Drachmen auf, die sich aufteilten in einen Kredit über 2000 Drachmen, gestellt von dem Kläger Chrysippos, einen weiteren über 4500 Drachmen von einem Phönikier namens Theodoros,[583] dessen Kredit vermutlich nur für die Hinfahrt galt,[584] sowie einen letzten über 1000 Drachmen von dem in Athen wohnhaften Kapitän Lampis. Trotz der

577 Siehe Kapitel 3.4 Seekredite.
578 Demosth. or. 34.
579 Siehe Kapitel 3.4 Seekredite.
580 Vgl. Kapitel 3.4 Seekredite.
581 Demosth. or. 34,2.
582 Demosth. or. 34,6.
583 Demosth. or. 34,7.
584 Demosth. or. 34,9.

hohen Gesamtsumme kaufte Phormion, so der Vorwurf des Klägers, nur für einen Teil des Geldes Ware ein, nämlich für 5500 Drachmen.[585] Ob dies wirklich mit Betrugsabsichten geschah, wie der Kläger verdeutlichen möchte, oder ob nicht vielmehr kaufmännischer Sachverstand dahintersteckte, lässt sich nicht abschließend klären. Für die zweite Möglichkeit spräche jedenfalls der Umstand, dass es Phormion aufgrund eines in der Region begonnenen Krieges nicht gelang, seine für die Hinfahrt geladenen Waren am Ankunftsort zu versetzen. Die mitgereisten Gläubiger (gemeint sind hier vermutlich Lampis sowie Theodoros) pochten auf die Rückzahlung ihrer Kredite, wodurch der Händler in Zahlungsschwierigkeiten geriet.[586]

Vermutlich hatte Phormion gehofft, am Bosporos wegen einer drohenden Kriegsgefahr mit dem vom Kläger geliehenen Geld günstig Ware einkaufen zu können, was ihm aufgrund der drängenden Kreditgeber jedoch nicht gelang. Danach wird der Fall undurchsichtiger, denn beim Kläger beglich Phormion seine Schulden nicht, nachdem er nach Athen zurückgekehrt war, obwohl er dies zunächst zusagt hatte.[587] Zu einem späteren Zeitpunkt änderte Phormion jedoch seine Meinung und behauptete, er habe das Geld an Lampis ausgehändigt, der vor ihm vom Bosporos nach Athen aufgebrochen sei, was der Kapitän jedoch zunächst nicht bestätigte.[588] Erst als der Fall vor einen Schiedsrichter ging – der auch ein Bekannter des Phormion war –,[589] gab der Kapitän an, dass sich das Geld auf seinem gekenterten Schiff befunden habe.[590]

Für die Betrachtung des Falls von Phormion ist es unerheblich, ob er nun in betrügerischer Absicht handelte oder ob er schuldig im Sinne der Anklage war. Interessant ist vielmehr, dass er sowohl in Athen als auch am Bosporos wohl über zahlreiche Kontakte verfügte, die über einen gewissen Einfluss besaßen, wie dies auch für den zuständigen Schiedsrichter galt. Dass der Erfolg einer Handelsreise

585 Demosth. or. 34,7.
586 Demosth. or. 34,8.
587 Demosth. or. 34,12.
588 Demosth. or. 34,13-15.
589 Demosth. or. 34,21.
590 Demosth. or. 34,18.

von zahlreichen Faktoren abhängig gewesen war, die weder Gläubiger noch Schuldner beeinflussen konnten, wird ebenfalls an diesem Beispiel deutlich. Kriegerische Auseinandersetzungen konnten im Zielgebiet ausbrechen, Schiffe durch Überladung oder Stürme sinken und auch der Bedarf an geladener Ware konnte am Zielort schlichtweg nicht mehr bestehen.

Ein ähnliches Bild in Bezug auf die Zinshöhe zeigt sich auch bei den übrigen bekannten *emporoi*. Eine Reduktion des Zinssatzes bedingt durch die Vertrauenswürdigkeit oder Bekanntheit der jeweiligen Person lässt sich nicht feststellen. Jedoch ist es wahrscheinlich, dass es in den meisten Fällen überhaupt erst durch Empfehlungen zum Kreditgeschäft kommen konnte. Ein als unzuverlässig bekannter Fernhändler wird schwerlich einen Kredit erhalten haben.

4.1.2.3 Weitere Schuldner

Neben den oben behandelten Beispielen gibt es zahlreiche weitere Belege über Personen, die aus den unterschiedlichsten Gründen zu Schuldnern wurden und die im Folgenden kurz mit Personenstand sowie Kredittyp und Zinssatz vorgestellt werden sollen.

Einen Prototyp eines Schuldners entwarf Aristophanes in seinen *Wolken*: Strepsiades, ein athenischer Bauer und Bürger, zu dessen *oikos* mehrere Sklaven und ein Sohn gehörten. Strepsiades war nicht aufgrund besonderer äußerer Umstände, sondern allein aus eigenen Beweggründen in die Schuldenfalle getappt. Er heiratete eine Frau aus besseren Verhältnissen und ermöglichte seinem Sohn mit dem Wagenrennen eine äußerst kostspielige Freizeitbeschäftigung, die das Familienbudget allerdings deutlich überstieg. Um diesen Lebenswandel finanzieren zu können, nahm er Kredite auf, die er weder tilgen noch die dafür fälligen Zinsen zahlen konnte. Auch wenn es sich bei Strepsiades um einen fiktiven Charakter handelt, so kann er doch, wenn auch überspitzt, stellvertretend für einige seiner Zeitgenossen verstanden werden. Demnach gibt uns die Quelle darüber Aufschluss, dass Kredite nicht nur aufgenommen wurden, um Investitionen zu tätigen oder das Überleben zu sichern, sondern auch für den Erwerb von Luxusgegenständen herangezogen wurden, die schließlich den Eindruck vermitteln sollten, dass die jeweilige Familie zur Oberschicht gehöre und sich beispielsweise teure Rennpferde leisten könne, obwohl es sich eigentlich um weniger wohlhabende Bürger handelte.

Anders sieht es sicherlich im ephesischen Schuldentilgungsgesetz aus, auch wenn die Verwendungszwecke der aufgenommenen Kredite nicht überliefert sind. Die hier benannten Schuldner werden zumeist als Bauern bezeichnet.[591] Dabei werden die Begriffe γεωργός[592] (Bauer) und ὀφειλέτης[593] (Schuldner) synonym gebraucht. Auffällig ist jedoch, dass zumeist in der ersten Hälfte des Textes von Bauern gesprochen wird, während in der zweiten Hälfte zumeist Schuldner gesagt wird. Allerdings geht auch hier aus dem Kontext hervor, dass es sich immer noch um die zuvor genannten Bauern handelt, da auch die Schuldner den Äußerungen nach Land bewirtschafteten. Die gegebenen Kredite, deren Zinshöhen nicht bekannt sind und höchstwahrscheinlich auch individuell variierten, waren durch Ländereien abgesichert und galten für die Gläubiger daher als sichere Investitionen.

Ein besonderer Fall scheint der des Atheners Pantainetos gewesen zu sein. Er lebte mit seiner Familie auf einem Landgut[594] und betrieb zusätzlich eine gepachtete Werkstatt, deren Kaufpreis er sich wohl nicht leisten konnte[595] und deswegen Investoren suchte, die die Werkstatt im Laureion[596] für ihn erwarben und ihm gegen eine monatliche Pacht weiter zur Verfügung stellten. Zunächst hatte eine Kreditgemeinschaft aus zwei Personen die Werkstatt unter den beschriebenen Konditionen für 105 Minen gekauft und ihm gegen eine Miete zur Verfügung gestellt.[597] Daraufhin hatte der Kläger der Rede *gegen Pantainetos*, Nikobulos, gemeinsam mit einem Geschäftspartner, einem gewissen Euergos, die Werkstatt samt den dort ar-

---

591 Siehe dazu Nr. 4 im Quellenteil (=Syll.³ 364) sowie Kapitel 5.

592 Vgl. Nr. 4 im Quellenteil (=Syll.³ 364), Z. 2, 11, 12 (ergänzt), 26, 27, 34.

593 Vgl. Nr. 4 im Quellenteil (=Syll.³ 364), Z. 71, 83, 90.

594 Demosth. 37,45.

595 Eich, Politische Ökonomie, S. 398.

596 Zu den Minen im Laureion siehe Crosby, Margaret, The Leases of the Laureion Mines, in: Hesperia 19 (1950), S. 189-312.

597 Zum Rechtsinstitut der sogenannten „πρᾶσις ἐπὶ λύσει" siehe Pringsheim, Fritz, The Greek Law of Sale, Weimar 1950, S. 207.

beitenden Sklaven für ebenfalls 105 Minen erworben. Der Kaufpreis hatte sich also nicht geändert.[598] Auf den ersten Blick erscheint dieses Verhältnis wie ein übliches Mietverhältnis, jedoch widerspricht die Aussage des Klägers dieser Annahme deutlich:

> ἐδανείσαμεν πέντε καὶ ἑκατὸν μνᾶς ἐγὼ καὶ Εὔεργος, ὦ ἄνδρες δικασταί, Πανταινέτῳ τουτῳί, ἐπ' ἐργαστηρίῳ τ' ἐν τοῖς ἔργοις ἐν Μαρωνείᾳ καὶ τριάκοντ' ἀνδραπόδοις. ἦν δὲ τοῦ δανείσματος τετταράκοντα μὲν καὶ πέντε μναῖ ἐμαί, τάλαντον δ' Εὐέργου.[599]
>
> Euergos und ich, ihr Herren Richter, liehen diesem Pantainetos 105 Minen auf die Sicherheit einer Werkstatt mit 30 Sklaven in Maroneia. Von diesem Darlehen gehörten 45 Minen mir und ein Talent Euergos.

Dieses Geschäft wurde seitens der Kläger also ganz klar als Kreditgeschäft verstanden, für das die beschriebene Werkstatt samt ihres Inventars als Sicherungspfand dienen sollte. Zur weiteren Absicherung wurden die Kreditgeber als Besitzer eingetragen, während der Kreditnehmer seine Werkstatt führte und dafür Zinsen in Form einer monatlichen Miete von 105 Drachmen zahlte.[600] Der fällige Zinssatz betrug also eine Drachme pro Mine und Monat, was für die Gläubiger einen Gewinn von 12% der Darlehenssumme jährlich ausmachte. Relativ zügig nach Abschluss dieses Geschäftes scheint es zu ersten Unstimmigkeiten gekommen zu sein, da Pantainetos die fälligen Zinsen wohl nicht wie vereinbart zahlen konnte. In Reaktion darauf ließ Euergos die in der Werkstatt befindlichen beweglichen Güter pfänden.[601] So ist anzunehmen, dass der Betrieb bereits hoch verschuldet gewesen war, als Nikobulos und sein Geschäftspartner ihn übernahmen, und nicht genug Profit abwarf, um sowohl die

598 Demosth. or. 37,4
599 Demosth. or. 37,4.
600 Demosth. or. 37,5 (μισθοῦται δ' οὗτος παρ' ἡμῶν τοῦ γιγνομένου τόκου τῷ ἀργυρίῳ, πέντε καὶ ἑκατὸν δραχμῶν τοῦ μηνὸς ἑκάστου).
601 Demosth. or. 37,7.

Zinsen als auch die Abgaben an die *polis* bezahlen zu können.[602] Für Pantainetos bedeutete die Pfändung, dass er seine Werkstatt nicht mehr entsprechend führen konnte, weshalb er zunächst unter Zeugen verlangte, dass sein Kreditgeber Euergos die gepfändeten Güter wieder in die Werkstatt überführen solle.[603] Da dies nicht geschah, gab Pantainetos den Betrieb auf,[604] bevor er sich neue Investoren suchte, die ihrerseits wieder zu den gleichen Konditionen die Werkstatt erwarben.[605] Allein in diesem Auszug ist von drei verschiedenen Investorenpaaren die Rede, von denen zwei aufgrund von Disputen oder mutmaßlicher Unrentabilität das Kreditgeschäft mit Pantainetos beenden wollten. Diesem Umstand zum Trotz war es ihm jedoch möglich, neue Investoren zu den gleichen Konditionen und dem gleichen Zinssatz zu finden. Für Pantainetos bestand somit eine Unsicherheit gleich in zweifacher Weise: Zum einen musste er fürchten, dass auch seine neuen Kreditgeber wieder absprangen, zum anderen trug er das unternehmerische Risiko allein.[606]

Auch innerhalb einer Familie war es durchaus üblich, Kredite mit Zinsen zu nehmen, wie am Beispiel der Familie des Polyeuktos deutlich wird. Polyeuktos selbst nahm bei seinem Schwiegersohn einen Kredit über zehn Minen auf, für die er als Pfand ein Haus hinterlegte und die Mieteinkünfte des Hauses als Zins für das Darlehen seinem Schwiegersohn zugestand.[607] Bei Polyeuktos wiederum lieh sich der andere Schwiegersohn, Spudias, zwei Minen für einen Sklaven und weitere 1800 Drachmen bei der Frau des Polyeuktos.[608] Beide Darlehen waren ebenfalls verzinst. Auffällig ist, dass bei diesen Kreditgeschäften, die innerhalb des erweiterten *oikos*, also innerhalb der Familie getätigt wurden, stets Zinsen vereinbart wurden. Zu erwarten wäre hier stattdessen vielmehr ein *eranos*[609] gewesen.

602 EICH, Politische Ökonomie, S. 394.
603 Demosth. or. 37,7.
604 Demosth. or. 37,10.
605 Demosth. or. 37,30.
606 LAUFFER, Siegfried, Die Bergwerkssklaven von Laureion, Wiesbaden 1979², S. 102.
607 Demosth. or. 41,6.
608 Demosth. or. 41,8f.
609 Zum *eranos* Kapitel 3.1.1.

4.2 Kreditgeber

Nachdem auf den vorherigen Seiten die Kreditnehmer anhand einiger Fallbeispiele näher betrachtet worden sind, widmen sich die folgenden Seiten einer Auswahl an Kreditgebern. Dabei gliedert sich die Kreditgeberseite in städtische Institutionen, Bankiers und Privatpersonen. Das Ziel des Kreditgebers war es, einen Teil seines Vermögens auszugliedern und gegen einen Ertrag (Zins) zu verleihen.[610] Eine Ausnahme bilden die zinslosen „freundschaftlichen“ Kredite.[611] Auf den folgenden Seiten soll nun der Frage nachgegangen werden, wer Kredite vergab und zu welchen Zwecken.

4.2.1 Fallbeispiel Plotheia

Ein Alleinstellungsmerkmal innerhalb der Überlieferungssituation kreditgebender Institutionen hat meines Wissens der athenische Demos Plotheia. Denn er hielt in einem Demenbeschluss nicht nur fest, dass aus seinem Vermögen Kredite vergeben werden sollten, aus deren Zinsen Ausgaben für verschiedene Festlichkeiten bestritten werden sollten, sondern er regelte durch eben diesen Beschluss auch ganz klar, wie diese Kredite vergeben werden sollten. Die Kredite sollten ohne Risiko, aber zu dem höchstmöglichen Zinssatz vergeben werden. Die vom Demos Beauftragten mussten sich dabei selbst um die Vermehrung des Kapitals durch Kreditvergabe und Zinseinnahme bemühen.[612]

Bei Plotheia handelte es sich um einen kleinen Demos am nordöstlichen Hang des Pendeli, in der Nähe des heutigen Stamata.[613] Obwohl Plotheia wohl ein verhältnismäßig kleiner Demos war, besaß er neben einer allgemeinen Verwaltung auch eine eigene Finanzverwaltung mit Schatzmeistern (*tamiai*) und Gemeindekasse. Anzunehmen ist, dass in Plotheia ungefähr 100 männliche Vollbür-

---

610 Eich, Politische Ökonomie, S. 360.
611 Siehe dazu Kapitel 3.1 Freundschaftskredite.
612 Siehe Nr. 3 im Quellenteil (IG I^3, 258) mit Einzelstellenkommentar.
613 Lohmann, Hans, Plotheia, in: DNP 9 (2003), Sp. 1145.

ger lebten, was ungefähr ein Fünfhundertstel der männlichen athenischen Bürger ausmachte.[614]

Irgendwann zwischen 425 und 413 vor Christus,[615] also zu Zeiten des Peloponnesischen Krieges, beschlossen die Plotheier auf Antrag eines nicht näher bekannten Aristotimos, dass aus ihrer Gemeinschaft Männer ausgelost werden sollten, die bestimmte Teile des Kapitals des Demos gegen Zinsen verleihen sollten.[616] Die Auslosung der Männer sollte dabei nicht aus der Gruppe aller Plotheier erfolgen, sondern nur aus den Männern, die über ein identisches oder höheres Privatvermögen verfügten als das ihnen anzuvertrauende. An dieser Stelle zeigt sich bereits die erste von vielen Sicherheitsbestimmungen, die der Demos mit seinem Beschluss erlassen hatte. Die betreffenden Männer waren für die ihnen zugewiesene Summe verantwortlich und mussten vermutlich eventuellen Verlust durch ihr eigenes Vermögen ausgleichen. Die Kreditvergabe selbst sollte erst nach Prüfung durch den zuständigen Beauftragten und nach Vorlage eines Vermögensnachweises oder Benennung eines Bürgens durch den Schuldner erfolgen.[617] Die Kredite waren somit zweifach abgesichert: einmal durch das Vermögen des zuständigen Funktionärs und dann noch durch eventuelle Pfänder oder Bürgen seitens des Schuldners. Neben dieser Prüfung lag noch eine weitere Aufgabe im Bereich des zuständigen Beauftragten. So musste er unter den passenden Kreditwilligen denjenigen heraussuchen, der bereit war, den höchsten Zinssatz zu zahlen. Denn auch dies wurde per Dekret beschlossen, ein festgelegter Zinssatz existierte wohl nicht.[618] Der Fokus liegt hier also nicht nur auf der Sicherheit der Rückzahlung von Kredit und Zins, sondern auch auf dem höchstmöglichen Gewinn.

Mit der Rolle, die diesem Gewinn zukommt, befasst sich das Dekret ebenfalls: Nämlich aus den Zinsen – und eben nicht aus dem bereitgestellten Kapital – sollen die Ausgaben des Demos für Opfer

614 OSBORNE, RHODES, Greek Historical Inscriptions, S. 357.
615 Vgl. zur Datierung MIGEOTTE, Pratiques financières dans un dème attique, S. 53.
616 Siehe Nr. 3 im Quellenteil (IG I³, 258), Z. 11-16.
617 Siehe Nr. 3 im Quellenteil (IG I³, 258), Z. 20-22.
618 OSBORNE, RHODES, Greek Historical Inscriptions, S. 354.

und Feierlichkeiten bezahlt werden,[619] und zwar sowohl die Ausgaben für die Feste innerhalb des Demos als auch die des Demos gemeinsam mit den anderen athenischen Demen sowie die alle vier Jahre stattfindenden großen Panathenäen. Auch von Abgaben für sonstige Opfer wurden die Plotheier durch diese Methode befreit, statt dass jeder Bürger seinen Anteil zahlen musste, übernahm der Demos die Zahlungen aus einem entsprechenden Fonds.[620] Die Plotheier investierten folglich ihr Gemeindekapital, um ihren Bürgern so die Zahlung verschiedener Abgaben zu ersparen. Die Verantwortung, die in den Händen der zugelosten Funktionäre lag, ist dabei nicht zu unterschätzen. Denn wenn die entsprechende Person einen Kredit zu einem niedrigeren Zinssatz vergab, fehlten unter Umständen einige Drachmen für ein schönes Opfertier oder annehmbaren Wein.[621] Im Gegenzug ermöglichte ein lukerativ platzierter Kredit, dass die versammelte Demosgemeinschaft zu exzellentem Wein schmausen konnte. Zwei Umstände, die negativ oder positiv auf den Vergeber zurückfallen konnten. Es ging folglich nicht nur um den reinen Zinsgewinn, sondern um den bestmöglichen. Ein Vorgehen, dass in dieser Form bei anderen Demen nicht belegt ist. DAVIES kommt daher zu dem Schluss:

> The text suggests a society not perhaps driven by economic rationality in the sense of maximizing profit come what way, but one in which that idea was a significant component, albeit embedded within a structure of codified practice which had other values and other objectives and which showed the conflicting interests of private debtors and of a creditor collective in some sort of balance.[622]

---

619 Siehe Nr. 3 im Quellenteil (IG I³, 258), Z. 22-25.

620 MIGEOTTE, Pratiques financières dans un dème attique, S. 140: „Le fonds destiné à l'atélie était évidemment lié, comme son nom l'indique, aux exemptions de taxes."

621 Zu Kapitalanlagestrategien und der Finanzierung von Kultaktivitäten aus Fonds siehe LEFÈVRE, François, PILLOT, William, La confédération d'Athéna Ilias. Administration et pratiques financières, in: Revue des Études Grecques, Nr. 128 (1, 2015) S. 1-27.

622 DAVIES, John K., Temples, Credit, and the Circulation of Money, in: Meadows, Andrew, Shipton, Kirsty (Hgg.), Money and its Uses in the Ancient Greek

Somit stellt dieses Beispiel aus Plotheia eine nicht zu vernachlässigende Besonderheit dar. Ob diese Idee der Profitmaximierung den Gedanken des Aristotimos entsprang oder auch in anderen Teilen der griechischen Welt so praktiziert worden ist, lässt sich aufgrund fehlender Vergleichsstücke nicht sagen. Wohl sind Stiftungen verschiedener Bürger und Herrscher bekannt, bei denen das Stiftungsvermögen gegen Zins verliehen wurde, um damit öffentliche Ausgaben zu finanzieren oder Bibliotheken zu unterhalten.[623] Der in Plotheia beschlossene Passus, dass diese Kredite zu höchstmöglichen Zinsen vergeben werden sollten, findet sich allerdings bisher an keiner anderen Stelle.

OSBORNE und RHODES stellen abschließend zu ihren Überlegungen zwei wichtige Fragen: In welcher Beziehung stehen die im Dekret genannten Kosten zu den oben in der Inschrift angeführten Gelder? Wieviel Geld konnte tatsächlich ausgegeben werden?[624] Erschwert wird die Beantwortung dieser beiden Fragen durch den Umstand, dass die im Dekret genannten Kategorien nicht alle den im oberen Teil der Inschrift genannten Mitteln direkt zugewiesen werden können.[625]

Anzunehmen ist, dass jeder der acht erstgenannten Summen ein entsprechender Beauftragter zugelost worden war, der für die Summe aus dem jeweiligen Topf zuständig war. Er vergab anhand dieser Summe die Kredite und zog diese Kredite sowie die Zinsen wieder ein und zahlte den Gewinn später für den entsprechenden Verwendungszweck aus.[626] Während der für das aus dem Herakleion

---

World, Oxford 2001, S. 117-128, S. 124.

623 Zahlreiche Beispiele bei: BRINGMANN, Klaus, STEUBEN, Hans von (Hgg.), Schenkungen hellenistischer Herrscher an griechische Städte und Heiligtümer, Berlin 1995, siehe bspw. für die Finanzierung des Gymnasiums von Milet, Bd. 1, S. 193f. und Bd. 2, S. 57f. und 275. Sowie CRAMME, Stefan, Die Bedeutung des Euergetismus für die Finanzierung städtischer Aufgaben in der Provinz Asia, Köln 2001.

624 OSBORNE, RHODES, Greek Historical Inscriptions, S. 356.

625 Zur genauen Aufteilung der Inschrift und ihres Textes siehe das Digitalisat des Dokuments in Nr. 3 im Quellenteil.

626 OSBORNE, RHODES, Greek Historical Inscriptions, S. 356 und MIGEOTTE, Pratiques financières dans un dème attique, S. 139-140 sowie WHITEHEAD, David, The Demes of Attica. 508/7 – ca. 250 B.C. A political and social Study, Prince-

stammende Kapital zuständige Funktionär ein eigenes Vermögen von über 12.000 Drachmen besitzen musste, konnte die Verwaltung des Kapitals aus dem Topf für die Pandia (600 Drachmen) auch ein weniger vermögender Mann übernehmen. Einige der Fonds lassen sich klar bestimmten Verwendungszwecken zuordnen: Ausgaben für die jährlichen Opfer,[627] Ausgaben für die Feierlichkeiten Aphrodisia,[628] Anakia,[629] Apollonia[630] und Pandia[631] sowie die Befreiung der Demenbürger von Abgaben.[632] Für die Befreiung von den Abgaben stand immerhin eine Investitionssumme von 5000 Drachmen zur Verfügung. Anders sieht es bei der drittgenannten Position aus. Anzunehmen wäre, dass sich im Herakleion die Demenkasse befand und durch eben diesen Fonds die Kasse weiter aufgestockt werden sollte.

Die neunte Summe wirkt in dieser Aufstellung aufgrund ihrer niedrigen Höhe und krummen Zahl (134 Drachmen und 2,5 Obolen) auf den ersten Blick deplatziert. Aufgeführt sind an dieser Stelle die Gewinne aus Pachteinnahmen, die der Demos aus der Vermietung von Ländereien oder auch von öffentlichen Gebäuden erzielte.[633] Anders als bei den vorherigen Summen wurde den Pachteinnahmen vermutlich kein Funktionär zugeordnet, da es sich bei diesen im weiteren Sinn schon um Zinsen handelte. Denn diese Einnahmen waren das Resultat von vermietetem Kapital, das in diesem Fall nicht in Silbergeld vorlag, sondern in Ländereien oder Gebäuden.

---

ton 1986, S. 167-168, der deutlich vorrechnet, dass es sich bei diesen Summen um das Kapital und nicht um die Zinsen handelt. Dagegen HORSTER, Landbesitz griechischer Heiligtümer, S. 159, die davon ausgeht, dass Plotheia für seine Kulte insgesamt 4100 Drachmen ausgegeben hat. Dabei berücksichtigt sie nicht, dass es sich bei den von ihr benannten 4100 Drachmen um die anzulegende Summe handelte und die durch den Zins erwirtschaftete Summe deutlich geringer ausfiel.

627 Vgl. Nr. 2 im Quellenteil (=IG I^3, 369), Z. 3.

628 Vgl. Nr. 2 im Quellenteil (=IG I^3, 369), Z. 5.

629 Vgl. Nr. 2 im Quellenteil (=IG I^3, 369), Z. 6.

630 Vgl. Nr. 2 im Quellenteil (=IG I^3, 369), Z. 8.

631 Vgl. Nr. 2 im Quellenteil (=IG I^3, 369), Z. 9.

632 Vgl. Nr. 2 im Quellenteil (=IG I^3, 369), Z. 7.

633 MIGEOTTE, Pratiques financières dans un dème attique, S. 139.

OSBORNE und RHODES weisen darauf hin, dass in der Aufstellung besonders ein Fonds zu vermissen sei, nämlich der für die alle vier Jahre stattfindenden Panathenäen, die im Dekret erwähnt worden sind.[634] Eine Hypothese ist: Die uns erhaltene Aufstellung stammt aus einem der drei Jahre, in denen die großen Panathenäen eben nicht stattgefunden haben. Daher war die Auflistung in diesem Jahr nicht vonnöten und wurde dementsprechend auch nicht getätigt. Unterstützt würde diese Hypothese durch den Umstand, dass der Stein im oberen Teil (mehrfach?) rasiert und neu beschrieben worden ist.[635] Es scheint also jedes Jahr aufs Neue geschaut worden zu sein, welche Ausgaben im folgenden Jahr anfallen würden, und dementsprechend die nötigen Fonds eingerichtet und verzeichnet worden zu sein. Die ersten zehn Zeilen der Inschrift entsprechen somit der Buchführung eines nicht näher datierbaren Jahres, auszuschließen sind nur die Jahre 422, 418, 414 vor Christus, da auf diese Jahre die großen Panathenäen fielen.

Die zweite Frage, wie viel Geld nun wirklich ausgegeben werden konnte, lässt sich pauschal nicht beantworten und war sicher auch von dem Geschick des jeweiligen Beauftragten abhängig. MIGEOTTE vertritt die Annahme, dass mit einer Mindestzinshöhe von 12% seitens des Demos kalkuliert worden sei und sich dementsprechend auch die Summe des jeweiligen Fonds zusammensetze.[636] Die Höhe orientierte sich dabei an dem oft überlieferten Satz von einer Drachme pro Mine und Monat. Bei eben dieser Basis von 12% war für den Demos ein Gesamtgewinn von 2652 Drachmen pro Jahr zu er-

634 OSBORNE, RHODES, Greek Historical Inscriptions, S. 355.

635 Da die Inschrift nicht selbst in Augenschein genommen werden konnte, sei hier auf die Beobachtung von MIGEOTTE, Pratiques financières dans un dème attique verwiesen (S. 136), dass der obere Teil der Inschrift rasiert und durch eine andere Hand beschrieben worden war. Da die Buchstaben im oberen Teil eine Höhe von 1 cm haben und damit 0,2 cm größer sind als die im unteren Teil, hätte im ursprünglichen Text auch eine weitere Zeile Platz gehabt. Diese benannte dann vermutlich den Fonds für die Panathenäen.

636 MIGEOTTE, Pratiques financières dans un dème attique, S. 139, WHITEHEAD, Demes of Attica, S. 168, der jedoch auch anmerkt, dass die Zinssätze variiert hätten.

warten.[637] Zu beachten ist bei dieser Kalkulation, dass die Plotheier mit anderen kreditgebenden Institutionen sicherlich konkurrieren mussten. Zu benennen ist an dieser Stelle beispielsweise die Tempelbank in Rhamnous, von der wir wissen, dass auch sie regelmäßig Summen verlieh, wofür HORSTER ein Zinssatz von 7% erschlossen hat.[638] Die Tempelbank in Delos vergab dagegen Kredite mit einem Zinssatz von 10%.[639] Wenn in der Nähe also auch günstigere Kredite zur Verfügung standen, welcher Kreditgeber wollte dann 12% Zinsen für die Anleihen in Plotheia ausgeben? War das dann vielleicht sogar der maximal mögliche Gewinn oder riskierte der ein oder andere Finanzfunktionär vielleicht doch sein Privatvermögen, indem er doch in einen Seekredit investierte, um so den maximal möglichen Profit mit dem ihm anvertrauten Geld zu erzielen?

4.2.2 Banken

Ein geläufiger Anlaufpunkt für kreditsuchende Personen sind bereits in der vorchristlichen Antike Banken gewesen.[640] Dabei ist zu unterscheiden zwischen Banken, die durch Privatpersonen geführt wurden, und Heiligtümern, die gegen Zinsen Geld verliehen oder Land verpachteten.

Die Hauptaufgabe der Banken lag ursprünglich im Wechseln und Prüfen von Münzen, einem Service, den der Bankier an seinem Wechseltisch (woraus sich der Begriff *trapezitikos* ableitet) an den Toren der Stadt, auf der Agora oder am Hafen anbot.[641] Dabei mussten die Bankiers die Münzen verschiedener *poleis* erkennen und ihrem entsprechenden Wert zuordnen. Ein Unterfangen, das Wissen

---

637 MIGEOTTE, Pratiques financières dans un dème attique, S. 139; SZANTO, Emil, Untersuchungen über das attische Bürgerrecht, Wien 1881, S. 38-41.

638 HORSTER, Landbesitz griechischer Heiligtümer, S. 194.

639 MIGEOTTE, L' emprunt public, S. 147.

640 Zu den Banken im griechischen vorchristlichen Kulturraum, insbesondere in Athen, siehe BOGAERT, Banques et banquiers; ISAGER, HANSEN, Aspects of Athenian Society; THOMPSON, Wesley E., A View of Athenian Banking, in: Museum Helveticum, 36, Nr. 4 (1979), S. 224-241; BOGAERT, Raymond, Grundzüge des Bankwesens im alten Griechenland, Konstanz 1986.

641 ISAGER, HANSEN, Aspects of Athenian Society, S. 90.

und Erfahrung erforderte, da die meisten Münzen keinen Nominalwert angaben.[642]

Als weitere Serviceleistung traten die Trapeziten auch als Zwischenhändler bei Kreditgeschäften auf. So konnten abgeschlossene Kreditverträge sowohl bei einem Bankier deponiert[643] als auch die entsprechenden Summen durch Gläubiger oder Schuldner bei einer Bank hinterlegt werden, bei der die jeweils andere Partei die Beträge dann entgegennahm. Bei mehrfachen Zahlungen dieser Art bot es sich auch an, dass die Kunden bereits höhere Beträge bei der Bank ihres Vertrauens deponierten. Aus der Hinterlegung ergaben sich für den Kunden gleich mehrere Vorteile. Zum einen war er von der Beaufsichtigung des Geldes befreit und zum anderen konnte er Aus- und Einzahlungen in Auftrag geben oder entgegennehmen, ohne direkt selbst in persona anwesend sein zu müssen.[644] BOGAERT nimmt an, dass der Bankier auf solche Einlagen keine Zinsen zahlte, da er es schließlich war, der eine Dienstleistung für seinen Kunden erbrachte,[645] indem er einen sicheren Ort zur Verwahrung des Vermögens zur Verfügung stellte. Von dieser Möglichkeit machten nicht nur vermögende athenische Bürger, wie beispielsweise der Vater des Demosthenes, Gebrauch, sondern auch Händler, die ihr Geld für die Dauer ihrer Handelsreise sicher verwahrt wissen wollten.[646]

Anders verhielt es sich, wenn Kunden dem Bankier Geld mit dem Ziel anvertrauten, dass dieses weiter investiert werden sollte, damit dieser die jeweilige Summe für die Vergabe eigener, auf sie abgeschlossener Kredite verwendete. Auch wenn die Quellen erst ab der hellenistischen Zeit zu diesem Aspekt deutlich werden, vermutet BOGAERT bereits für die klassische Zeit eine Höhe von zehn Prozent auf einer schwierigen Quellenbasis.[647] Auch lassen sich aus

642 BOGAERT, Grundzüge des Bankwesens, S. 7.

643 Wie im Falle des Vertrages zwischen Phormion und Chrysippos, der bei der Bank des Kittos deponiert worden ist (Demosth. or. 34,6).

644 Demosth. or. 27,11.

645 BOGAERT, Grundzüge des Bankwesens, S. 10.

646 Demosth. or. 52,3.

647 BOGAERT, La banque, S. 406 mit Verweis auf Isocr. Trap. 1-4,8f., 11-14; dagegen THOMPSON, A View of Athenian Banking sowie MILLETT, Maritime Loans, S.

den Reden des Demosthenes ebenfalls Informationen über die Praxis der Zinszahlung auf Bankeinlagen entnehmen.[648] Weniger aufschlussreich gestaltet sich die Lage jedoch zu weiteren Aspekten der monetären Aufbewahrung. Obwohl Seehändler Teile ihres Vermögens bei Bankiers deponierten, ist beispielsweise kein durch Bankiers finanzierter Seekredit bekannt.[649]

4.2.2.1 Tempelbanken

Neben Bankiers vergaben auch Tempelbanken Kredite: als die bekanntesten sind an dieser Stelle sicherlich die Tempelbank auf Delos[650] sowie die Tempelbanken in Athen[651] zu nennen, aber auch kleinere Heiligtümer stellten ihr Vermögen als Kredit gegen die Zahlung von Zinsen zur Verfügung. Früheste Belege für Kreditvergaben durch die Tempelbank des Apollon in Delos werden durch eine Abrechnung aus den Jahren 434-432 vor Christus bezeugt.[652]

Nur ein kleiner Bruchteil der über die Tempelbanken getätigten Kreditgeschäfte sind heute überhaupt noch rekonstruierbar. Oft sind es die auf Steinstelen publizierten Abrechnungen, die Auskunft über die Gesamthöhe aller vergebenen Gelder eines Jahres geben. Die Höhen einzelner Kredite und die Geschäftsbedingungen lassen sich nur grob durch Verknüpfungen der uns bekannten einzelnen Bruchstücke rekonstruieren. Dass es sich je nach Heiligtum dabei

---

187.

648 BOGAERT, Grundzüge, S. 16 sowie auch ISAGER, HANSEN, Aspects of Athenian Society, S. 94, die davon ausgehen, dass es sowohl verzinste als auch unverzinste Depositen gab. Während der Seehändler sein Vermögen sicher verwahrt wissen wollte und es deshalb in einer Bank deponierte, seien andere Depositen mit Profitabsichten in die Hände des Bankiers gegeben worden. So interpretieren sie die Einlage des Vaters des Demosthenes (Demosth. or. 24,11) als verzinst. Demosth. or. 36,5 bezeugt ebenfalls das Verleihen vom deponierten Geldern.

649 Siehe die Zweifel von ISAGER, HANSEN, Aspects of Athenian Society, S. 97 mit Verweis auf zwei produktive Kredite (Lys. 1 sowie Demosth. or. 49). Dagegen THOMPSEN, A View of Athenian Banking, S. 233.

650 Siehe besonders CHANKOWSKI, Le sanctuaire d'Apollon, S. 74-89 sowie CHANKOWSKI, Athènes et Délos, besonders S. 399-520.

651 Siehe hierzu auch Kapitel 4.1.1.1 sowie Nr. 2 im Quellenteil (=IG I³, 369).

652 IG I³, 402.

auch um Kleinstbeträge von einigen Drachmen handeln konnte, zeigt eine Auflistung während des Peloponnesischen Krieges aufgenommener Kredite samt Vermerk der zu zahlenden Zinsen.[653] Dass Tempelbanken auch in Kriegszeiten Kapital zur Verfügung stellten, verdeutlicht nicht nur die umfangreiche Abrechnungsliste der athenischen Tempelbanken, sondern auch eine Passage bei Thukydides, in der er die Korinther sprechen lässt, die einen direkten Bezug zwischen Kriegsentscheidung und den finanziellen Möglichkeiten herstellen:

> κατὰ πολλὰ δὲ ἡμᾶς εἰκὸς ἐπικρατῆσαι, πρῶτον μὲν πλήθει προύχοντας καὶ ἐμπειρίᾳ πολεμικῇ, ἔπειτα ὁμοίως πάντας ἐς τὰ παραγγελλόμενα ἰόντας, ναυτικόν τε, ᾧ ἰσχύουσιν, ἀπὸ τῆς ὑπαρχούσης τε ἑκάστοις οὐσίας ἐξαρτυσόμεθα καὶ ἀπὸ τῶν ἐν Δελφοῖς καὶ Ὀλυμπίᾳ χρημάτων: δάνεισμα γὰρ ποιησάμενοι ὑπολαβεῖν οἷοί τ᾽ ἐσμὲν μισθῷ μείζονι τοὺς ξένους αὐτῶν ναυβάτας. ὠνητὴ γὰρ ἡ Ἀθηναίων δύναμις μᾶλλον ἢ οἰκεία: ἡ δὲ ἡμετέρα ἧσσον ἂν τοῦτο πάθοι, τοῖς σώμασι τὸ πλέον ἰσχύουσα ἢ τοῖς χρήμασιν.[654]
>
> Und in vielerlei Hinsicht ist wahrscheinlich, dass wir uns als Sieger durchsetzen: ersten, weil wir an Menschenzahl überlegen sind und an militärischer Erfahrung, zweitens, weil wir alle gleichmäßig den jeweils gegebenen Kommandos folgen; eine Flotte aber, worin ja Athens Stärke liegt, werden wir von den jedem Bundesmitglied zur Verfügung stehenden Mitteln einsatzbereit machen sowie von den in Delphi und Olympia vorhandenen Geldern; denn mittels einer Anleihe werden wir in der Lage sein, durch höheren Sold Athens Flottensöldner zu uns abzuziehen. Gekauft ist ja Athens Kriegsmacht in höherem Maße als Eigentum; unsere könnte dies weniger betreffen, da ihre Stärke in den Menschen liegt und nicht in den Geldmitteln.[655]

---

653 Siehe Nr. 2 im Quellenteil (=IG I^3, 369).
654 Thuk. 1,121,2f.
655 Übersetzung nach Michael Weißenberger.

Dieser Passage lassen sich gleich zwei Aspekte entnehmen: Zum einen wurde mit den Geldern der Tempel in Delphi und Olympia fest geplant und zum anderen schienen diese Geldquellen das Potential zu haben, kriegsentscheidend zu sein.[656] Denn mit ihnen ließen sich Truppen ausrüsten und Söldner bezahlen. Keine Erwähnung findet indes die Tempelbank in Korinth. Die kriegerischen Kontrahenten aus Athen ordneten ein derartiges Vorgehen allerdings anders ein, wie Thukydides durch die Worte des Perikles verlauten lässt, da es für sie vielmehr als Vergreifen an den Tempelschätzen und weniger als Kreditaufnahme wahrgenommen wurde.[657] Dass die Athener sich im Kriegsfall ebenfalls an ihren Tempelschätzen bedienten – so auch an der goldenen Kleidung der Athena – , blieb jedoch unerwähnt.

Auch außerhalb von Kriegszeiten vergaben die verschiedenen Tempelbanken Kredite an *poleis*, wie beispielsweise Abrechnungen aus Delos verdeutlichen. Doch nicht nur Städte gehörten zu den Kunden der Tempelbanken, sondern auch Privatpersonen.[658] Der Tempel der Nemesis in Rhamnous an der Nordküste Attikas verzeichnete in seiner Abrechnungsliste aus den 440er Jahren vor Christus die Ausgabe mehrerer Kredite in Höhe von jeweils 200 oder 300 Drachmen.[659] Im ersten angeführten Jahr wurden insgesamt 37 000 Drachmen in Krediten zu jeweils 200 Drachmen vergeben, wobei sich diese Summe auch für das folgende Jahr nachweisen lässt.[660] Daraufhin schien es eine Neuerung bei der Vergabe gegeben zu haben, denn in dem nun folgenden Jahr wurden 13 500 Drachmen in Krediten zu je 300 Drachmen vergeben.[661] Die eingeführte Stückelung der Kredite zu 300 Drachmen (Gesamtsumme 14 400) wurden danach auch weiter beibehalten und ergänzten im nächsten Jahr die 200 Drachmen-Kredite, die wieder eine Gesamtsumme von 37 000 Drachmen ausmachten.[662] Insgesamt wurden in diesem letzten Jahr

656 Thuk. 1,142,1.
657 Thuk. 1,143,1.
658 Siehe beispielsweise MIGEOTTE, L'emprunt public, S. 141-166.
659 IG I³, 248.
660 IG I³, 248, Z. 7f. sowie Z. 23f.
661 IG I³, 248, Z. 28f.
662 IG I³, 248, Z. 35f.

also 233 Kredite vergeben. Nicht angeführt ist jedoch der Zinssatz für diese Kredite. In der Forschung werden unterschiedliche Zinssätze vermutet, allerdings ohne ausreichende Quellengrundlage.[663] WHITEHEAD nimmt an, dass zwischen 75% und 90% des Tempelgeldes in den 440er Jahren vor Christus ausgeliehen waren.[664]

Ein attisches Dekret aus dem Jahr 434/3 vor Christus befasst sich nicht nur mit der Rückzahlung der Kredite an die athenischen Tempelbanken, sondern regelt auch die Publikation der Abrechnungen der Tempelkassen, die auf Stelen auf der Akropolis aufgestellt werden sollten.[665] Die Kredit- und Zinshöhen sowie deren Abrechnung sollte also gut sichtbar und nachvollziehbar dargestellt werden. Ein Beispiel für eine derartige öffentliche Publikation von Krediten liefern die Abrechnungen der athenischen Tempelbanken ab dem Jahr 426/5 vor Christus[666], in denen zunächst nur Zahlungen aus dem Tempelschatz der Athena verzeichnet wurden, später jedoch auch die Zahlungen anderer Götter Berücksichtigung fanden.

4.2.2.2 Private Banken – Fallbeispiel Pasion

Während Tempelbanken sich vorrangig auf langfristige und sichere Geldanlagen bzw. geplante Kredite spezialisiert hatten oder auf politische Weisungen hin agierten, waren es insbesondere die privaten Banken, die als Ansprechpartner für Kunden mit einem zeitnahem Kreditbedarf dienten. Auch wurden die risikoreichen Kredite – darunter fallen nicht nur die bereits in Kapitel drei erwähnten Seekredite, sondern auch Kredite an unzuverlässige Zahler – zumeist über

---

663 Wobei HORSTER, Landbesitz griechischer Heiligtümer, S. 179 annimmt, dass es sich wohl um einen Zinssatz von 7% gehandelt habe. BRESSON, Ancient Greek Economy, S. 279 legt sich dagegen auf keine Zinshöhe fest und vertritt die Meinung, dass der Zins wohl geringer als bei den professionellen Geldverleihern gewesen sei, also unter 10 bis 12%. BOGAERT, Grundzüge, S. 20f. dagegen kommt zu dem Schluss, dass die Tempelkredite mit einem Höchstsatz von zehn Prozent zu erwerben und somit immer noch günstiger als Bankkredite waren.

664 WHITEHEAD, The Demes of Attica, S. 160.

665 IG I[3], 52(A), Z. 29f.

666 Siehe Nr. 2 im Quellenteil (=IG I[3]; 369).

private Banken abgewickelt.[667] Geführt wurden diese Banken entweder durch ihren Eigentümer, was zumeist bei kleineren Banken der Fall gewesen sein wird, oder bei relativ größeren Geldinstituten durch einen von ihm beschäftigten Sklaven oder Freigelassenen, dem wohl weitere Sklaven zur Seite gestellt wurden. Natürlich erreichten diese Geldinstitute nicht die Größe mittelalterlicher oder frühneuzeitlicher Banken.[668]

Der wohl bekannteste Bankier des griechischen Altertums war der Athener Pasion.[669] Anhand seiner Person und seines Wirkens soll das athenische Bankwesen im Folgenden und in Kürze beleuchtet werden. Die Vorstellung seines Werdegangs und Handelns dient dabei nur als Fallbeispiel und soll selbstverständlich nicht als der Prototyp eines Bankiers des vorchristlichen griechischen Kulturraums angesehen werden. Pasion begann seine Karriere als Sklave in der Bank der athenischen Bürger Antisthenes und Archestratos. Die Bank führte er nach seiner Freilassung zunächst als Pächter und später als Eigentümer[670] weiter, wobei auch er Sklaven und Freigelassene beschäftigte.[671] Pasion verkehrte in den höchsten Kreisen der Stadt und pflegte Beziehungen zu bedeutenden Bürgern Athens und das vermutlich schon bevor ihm entweder um 390 oder 376 vor Christus das athenische Bürgerrecht verliehen wurde.[672] Der Bankier nahm ab diesem Zeitpunkt nun auch Leiturgien der Vermögenselite wahr, wie die Trierarchie, und gehörte zu den Wohltätern Athens.[673]

---

667 BOGAERT, Grundzüge, S. 20 sowie BOGAERT, Banques et banquiers, S. 63: "Une histoire des banquiers grecs ne s'imagine pas sans une étude sérieuse de Pasion."

668 ISAGER, HANSEN, Aspects of Athenian Society, S. 89.

669 Zu weiteren biographischen Angaben siehe TREVETT, Apollodoros, Kapitel 1.

670 TREVETT, Apollodoros, S. 2 sowie COHEN, Athenian Economy, S. 81 nennen das Jahr 394/3 vor Christus als Übergang in den Status Eigentümer, jedoch lässt sich diese Vermutung nicht sicher belegen, ISAGER, HANSEN, Aspects of Athenian Society, S. 177.

671 Zu der personellen Besetzung der athenischen Banken siehe BOGAERT, Banques et banquiers, S. 384f.

672 COHEN, Athenian Economy, S. 134.

673 BOGAERT, La banque, S. 433.

Das Gesamtvermögen Pasions wird in der Forschung unterschiedlich veranschlagt.[674] Die ausgiebige und hier in Teilen durchklingende Forschungsdiskussion liegt in der schwierigen Quellenlage begründet.[675] Abhängig ist die Berechnung von der Interpretation folgender Passage aus der Rede *für Phormion*:

> ἡ μὲν γὰρ ἔγγειος ἦν οὐσία Πασίωνι μάλιστα ταλάντων εἴκοσιν, ἀργύριον δὲ πρὸς ταύτῃ δεδανεισμένον ἴδιον πλέον ἢ πεντήκοντα τάλαντα. ἐν οὖν τοῖς πεντήκοντα ταλάντοις τούτοις ἀπὸ τῶν παρακαταθηκῶν τῶν τῆς τραπέζης ἕνδεκα τάλαντ᾽ ἐνεργὰ ἦν.[676]
>
> Denn der Grundbesitz von Pasion hatte einen Wert von ungefähr zwanzig Talenten, aber er hatte mehr als fünfzig Talente in Silber, die er selbst verliehen hatte. Darunter befanden sich elf Talente der Bankeinlagen, die profitabel investiert waren.

Unstrittig sind die zuerst genannten 20 Talente. Problematisch wird die Auslegung des zweiten Teils des Satzes. Umfassten die 50 Talente das Gesamtvermögen der Bank oder das Eigenkapital des Pasion in der Bank? Oder hatte Pasion aus der Gesamtmasse 50 Talente ver-

---

674 Wie hoch sein Vermögen zum Zeitpunkt seines Todes (370/69 vor Christus) nun letztendlich war, wird in der Forschung kontrovers diskutiert. Es gibt eine Reihe von Annahmen, wie hoch die Gesamtsumme des Vermögens Pasions anzusetzen ist: BELOCH, Griechische Geschichte II, S. 352 (30 Talente). HASEBROEK, Johannes, Zum griechischen Bankwesen der klassischen Zeit, in: Hermes 55 (1920), S. 113-173, S. 165-167 (40 Talente). BOGAERT, Banques et banquiers, S. 388-390 (Gesamtvermögen von 74 Talenten sowie 80 Talenten Kapital in der Bank), SCHMITZ, Winfried, Pasion in: DNP 9 (2003), Sp. 384 (20 Talente als Vermögen sowie weitere 39 Talente als vergebene Kredite), LEESE, Making Money, S. 118 (Vermögen: 20 Talente zuzüglich vergebener Kredite über 50 Talente (11 Talente Bankdeposite)).

675 Siehe dazu ERXLEBEN, Eberhard, Das Kapital der Bank des Pasion und das Privatvermögen des Trapeziten, in: Klio 55 (1973), S. 117-134, S. 118f.

676 Demosth. or. 36,5.

liehen, von denen elf Talente aus Depositen stammten? Dies liest sich jedenfalls so aus der Quelle heraus.[677]

Der Verleih von Geld mit Zinsen war es, der es dem ehemaligen Sklaven Pasion ermöglichte, einen rasanten sozialen Aufstieg zu erfahren und als geachteter, vermögender athenischer Bürger, der als Bankier und Besitzer einer großen Schildmanufaktur tätig war, zu sterben. Über die Einkünfte aus den Zinsen lässt sich nur spekulieren, da die Anlage vermutlich auf verschiedene Kreditkategorien mit unterschiedlichen Zinssätzen verteilt war. BOGAERT geht davon aus, dass Pasion insgesamt mehr als 67 Talente verliehen habe,[678] woraus sich ein enormer Profit ergeben würde. Ob Pasion, wie COHEN annimmt, auch Seekredite zur Verfügung stellte, kann aufgrund der Quellenlage nicht bestätigt werden.[679] Sehr unwahrscheinlich ist jedoch, dass er die ihm anvertrauten Depositen in Seekredite investierte. Vielmehr ist anzunehmen, dass Pasion als Privatmann mit seinem eigenen Vermögen Seehandelsreisen finanzierte oder Kontakte zwischen Investoren und Seehändlern vermittelte. Da seine uns bekannten Investitionen sich zumeist auf Landkredite und Manufakturen bzw. Ländereien beliefen, ist es durchaus möglich, dass Pasion sein Vermögen in sichere, wenn auch nicht ganz so profitable Kredite investierte.[680]

Über die verschiedenen Dienstleistungen, die die Bank des Pasion anbot, deren Sitz am Piräus lag, berichten vor allem Gerichtsreden. Neben der Möglichkeit von Depositen[681] und Konten[682] vergab

677 So beispielsweise auch BOGAERT, Banques et banquiers, S. 364; COHEN, Athenian Economy, S. 12 Anm. 48, S. 131, S. 183, BOGAERT, La banque, S. 421-428, sowie REDEN, Antike Wirtschaft, S. 64.

678 BOGAERT, Grundzüge, S. 14.

679 COHEN, Athenian Economy, S. 154.

680 LEESE, Making Money, S. 121f. Er nimmt an, dass Seekredite erst unter Pasions Nachfolger Phormion vergeben wurden.

681 Der Vater des Demosthenes hatte bspw. 24 Minen auf der Bank des Pasion deponiert.

682 So beispielsweise auch ein junger namentlich unbekannter Mann vom Bosporos, der eine große Getreidelieferung nach Athen und sein Geld auf die Bank des Pasion brachte (Isokr. or. 17,4). Dass die Bank des Pasion nicht die beste Anlaufstelle für den Bosporianer war, zeigt sich im weiteren Verlauf der Rede, in der er gegen Pasion zu klagen versucht. Allerdings wird auch Pasions Posi-

die Bank auch eine Vielzahl von Krediten und war weiterhin in Geldwechsel-Geschäfte eingebunden. 371 vor Christus erkrankte Pasion und verpachtete die Bank sowie die Schildmanufaktur an seinen Mitarbeiter und ehemaligen Sklaven Phormion für insgesamt 160 Minen im Jahr.[683] Phormion erzielte mit der Bank seinerseits einen Gewinn von 100 Minen,[684] der sich vermutlich aus Zinsen sowie Gebühren für seine Wechseltätigkeit zusammensetzte. Nach dem Tod des Pasion verteilte sich sein Erbe auf seinen Sohn Apollodoros, der die erwähnte Schildmanufaktur erbte,[685] sowie auf seinen Freigelassenen, Phormion,[686] der die Witwe des Verstorbenen heiratete und die Bankgeschäfte sowie die Vormundschaft für den noch minderjährigen Sohn Pasikles übernahm.[687]

Die Biographie des Phormion ähnelt in vielen Punkten der des Pasion, denn beiden gelang durch ihre Fähigkeiten im Finanzwesen der soziale Aufstieg.[688] ERXLEBEN resümiert über das Vermögen des Pasion: „Es bleibt dabei: bis in Alexanders Zeit ist Pasions Vermögen von keinem anderen an Höhe übertroffen worden. Die neuen Formen des Geld- und einfachen Warenhandels haben die herkömmliche Art des Gelderwerbs in den Schatten gestellt."[689]

4.2.3 Private Kreditgeber

Kredite wurden, wie in den vorherigen Kapiteln bereits deutlich geworden ist, nicht nur durch Banken, sondern vor allem durch

tion nicht nur innerhalb sondern auch außerhalb Athens deutlich. Er hatte gewinnbringende Kontakte.

683 Demosth. or. 36,4, 11, 37.

684 Demosth. or. 36,11. Gemeint ist hier vermutlich pro Monat und nicht pro Jahr, da sich die Pacht auf 160 Minen pro Jahr beläuft, vgl. Demosth. or. 36,37.

685 Demosth. or. 36,11.

686 Bei einigen Krediten waren Ländereien als Sicherheit angegeben. Diese Kredite konnten dementsprechend nur durch einen athenischen Bürger vollstreckt werden, da nur diese rechtmäßig Land besitzen durften (Demosth. or. 36,6). Für Pasions Nachfolger Phormion gestaltete sich dies deshalb zum Problem. Siehe ISAGER, HANSEN, Aspects of Athenian Society, S. 96.

687 Demosth. or. 36,8.

688 BOGAERT, Banques et banquiers, S. 74.

689 ERXLEBEN, Das Kapital der Bank des Pasion, S. 134.

Privatpersonen oder einen Zusammenschluss mehrerer Privatpersonen vergeben.[690] Dabei zeigt sich, dass diese Privatpersonen nicht zwingend Bürger der jeweiligen *polis* sein mussten, sondern aus dem ganzen Mittelmeerraum stammen konnten. Die folgenden Fallbeispiele versuchen drei verschiedene Aspekte in den Fokus zu rücken: Das erste Beispiel beleuchtet die Kreditvergabe aus der Perspektive einer einzelnen Person. Das zweite Fallbeispiel ist aus der Kategorie „Kreditgeber aus einer anderen *polis*“ gewählt, während sich die dritte Perspektive den Kreditgemeinschaften widmet.

4.2.3.1 Fallbeispiel Demosthenes, Vater des Demosthenes

Eine dieser Privatpersonen, deren Wirken durch die Reden des Demosthenes gegen seine Vormünder für die Nachwelt greifbar ist, ist Demosthenes, der Vater des gleichnamigen Redners.[691] Er gehörte zur vermögenden Oberschicht Athens und stammte aus dem Demos Paiania.[692] Er starb, als Demosthenes sieben Jahre alt war, und hinterließ, verwaltet von drei Vormündern, ein beachtliches Vermögen von ungefähr 14 Talenten.[693] Er besaß eine Schwertmanufaktur mit zweiunddreißig Sklaven, eine Manufaktur für Möbel mit weiteren zwanzig Sklaven sowie Bargeld und mehrere vergebene Kredite, die durch Zinsen jährlich Geld einbrachten. Dazu hatte er weiterhin ein gut eingerichtetes Haus.[694] Seine vergebenen Kredite lassen sich grob in drei Kategorien einteilen: zinslose Freundschaftskredite, Seekredite und andere Darlehen. Depositen benennt Demosthenes zwar auch, allerdings erbrachten diese keinen Gewinn, sondern dienten lediglich der sicheren Verwahrung von Geld, das jederzeit

690 Siehe dazu MILLETT, Lending and Borrowing, Kap. VII.
691 Ebenfalls als Fallbeispiel zieht LEESE den älteren Demosthenes heran, siehe dazu: LEESE, Making Money, Kapitel: Demosthenes the Elder: Profitable Choices for Long-Term Growth.
692 WILL, Wolfgang, Demosthenes, Darmstadt 2013, S. 22.
693 Eine tabellarische Aufstellung findet sich bei KORVER, Demosthenes gegen Aphobos, S. 9 sowie bei MILLETT, Lending and Borrowing, S. 168 sowie WILL, Demosthenes, S. 25-27.
694 Demosth. or. 27,10.

vom Geber zurückverlangt werden konnte.[695] Von solchen Depositen sind drei verschiedene aufgeführt: 24 Minen hinterlegte er bei der Bank des Pasion, 16 Minen bei Demomeles[696] und sechs Minen bei Pylades.[697] Unter die Auflistung von verschiedenen Krediten, die Demosthenes, Vater des Redners, vergeben hatte, gehörten auch mehrere zinslose Kredite,[698] die sich auf eine Gesamtsumme von einem Talent beliefen und in Kredite über zwei- bis dreihundert Drachmen aufgeteilt waren.[699]

Zusätzlich vergab er einen Seekredit, dessen Zinssatz in der Rede leider nicht benannt wird, über 70 Minen an einen nicht näher bekannten Xouthos.[700] Im Vergleich zu anderen Quellen, insbesondere der des einzigen überlieferten Seekreditvertrags[701] dieser Zeit, ist hier von einem hohen Zinssatz auszugehen. Dass der Kredit in der Auflistung nicht mit einem sich weiter addierenden Zinssatz genannt wird, erklärt sich durch den Umstand, dass Zinsen für Seekredite nicht monatlich oder jährlich erhoben wurden, sondern einmalig für die jeweilige Handelsreise. Der Seekredit samt Zins war vermutlich bereits zum Beginn der Vormundschaft zurückgezahlt worden oder könnte aufgrund der im vorherigen Kapitel genannten besonderen Bestimmungen verfallen sein. Denn nach attischem Recht war es Vormündern nicht gestattet, das Vermögen ihrer Mündel in unsichere Anlagen zu investieren.[702]

Folgende weitere Darlehen sind bekannt: Demosthenes der Ältere vergab einen Kredit über 40 Minen an einen unbekannten Emp-

---

695 THOMPSON, A View of Athenian Banking, S. 227. Dagegen BOGAERT, La banque, S. 407, der die Meinung vertritt, dass diese Depositen durchaus auch verzinst gewesen sein können, da sie in der Auflistung unter den Darlehen angeführt seien und es sich um runde Summen handelte.

696 BOGAERT, La banque, S. 408 vermutet, dass es sich hierbei nicht um eine Einlage, sondern um einen zinslosen Kredit aufgrund der verwandtschaftlichen Beziehung der beiden Männer handele.

697 Demosth. or. 27,11.

698 Dass diese Kredite zinslos vergeben worden sind, steht außer Frage. Siehe dazu Kapitel 3.1. Dagegen BOGAERT, La banque, S. 408.

699 Demosth. or. 27,11.

700 Demosth. or. 27,11.

701 Demosth. or. 35,10-13.

702 KORVER, Demosthenes, S. 13.

fänger, für den als Sicherheit eine Manufaktur hinterlegt worden war. Die Zinshöhe belief sich auf 12% und wurde aus dem Ertrag aus der bereits erwähnten Möbelmanufaktur generiert.[703] Weiterhin verlieh er ungefähr ein Talent mit einem Zinssatz von einer Drachme pro Mine und Monat, summiert auf sieben Minen im Jahr.[704] Anzunehmen ist hier, dass es sich der Einfachheit halber um eine gerundete Summe handelte, die durch das „ungefähr"[705] gekennzeichnet ist. Dass krumme Summen kreditiert wurden, wird – hier allerdings nicht gerundet – in der Aufstellung der Tempelkassen deutlich.[706]

Zusammenfassend lässt sich sagen, dass es sich bei Demosthenes um einen Privatmann gehandelt hat, der – neben seinen Einkünften aus den Manufakturen – sein Vermögen durch verschiedene Anlagemöglichkeiten vermehrte.[707] Der Großteil dieses Vermögen war sicher investiert bzw. verwahrt. Allerdings platzierte er auch 70 Minen in die risikoreiche und bei Gelingen besonders ertragsreiche Variante des Seekredites. Zusätzlich konnte er es sich leisten, mehrere „freundliche" zinslose Kredite zu vergeben.[708] Ob es sich bei dem älteren Demosthenes jedoch tatsächlich um einen ständig den Markt beobachtenden Geschäftsmann, – „ein high-interest moneylender" – der dementsprechend investierte und agierte, handelte, so wie LEESE ihn schafft, kann aufgrund der Quellenbasis nicht entschieden werden.[709] Gegen die These der Marktbeobachtung

703 Demosth. or. 27,10.
704 Demosth. or. 27,9.
705 Demosth. or. 27,9: ἀργυρίου δ' εἰς τάλαντον ἐπὶ δραχμῇ δεδανεισμένου, οὗ τόκος ἐγίγνετο τοῦ ἐνιαυτοῦ ἑκάστου πλεῖν ἢ ἑπτὰ μναῖ.
706 Siehe Nr. 2 im Quellenteil (=IG I³; 369).
707 Vgl. LEESE, Making Money, S. 67f.
708 Dagegen LEESE, Making Money, S. 72, der davon ausgeht, dass es sich um zinslose Kredite handele, da diese nicht explizit als *eranoi* benannt worden seien. Vielmehr präsentiere Demosthenes seinen Vater „as less profit-seeking that he actually was (lest he seem to be one of the *obolostatai*)." Dagegen spricht jedoch, dass es für Demosthenes in diesem Streitfall äußerst hilfreich gewesen wäre, wenn er die zinslosen Kredite seines Vaters ebenfalls als hochverzinste der Rechnung hätte hinzufügen könnte. Da dies jedoch nicht geschah, ist davon auszugehen, dass diese Kredite wirklich zinslos waren.
709 LEESE, Making Money, S. 69ff.

spricht allerdings, dass der ältere Demosthenes für die Produkte seiner Manufaktur feste Abnehmer besaß, die diese vermutlich zu festen Preisen bezogen. Auch dachte er nicht an Expansionen seiner Geschäfte, sondern beschränkte sich auf die vorhandenen, die ihm fest kalkulierbare Gewinne einbrachten.

4.2.3.2 Kreditgeber von außerhalb – Fallbeispiel Androtion

Anhand der Kreditverträge aus Arkesine sind mehrere Privatpersonen überliefert, die die *polis* mit Krediten unterstützten. Von diesen Privatpersonen sind oft nur der Name und ihre Herkunft näher bekannt, über ihre Lebensumstände und Vermögensverhältnisse weiß man hingegen fast nichts. Eine dieser Privatpersonen, die einen höheren Kredit vergab, war der Naxier Praxikles.[710] Bekannt ist, dass er wohl als privater Financier tätig war und der Stadt Arkesine auf Amorgos einen Kredit über drei Talente gab. Allerdings lassen sich durch die Inschrift einige Rückschlüsse auf Praxikles selbst tätigen: Er besaß sicherlich ein beachtliches Vermögen, das ihm erlaubte, einen Kredit in dieser Höhe zu vergeben. Auch scheint er über Mitarbeiter verfügt zu haben, die das Eintreiben der Zinsen sowie eventuelle Pfändungen für ihn übernahmen, wie es vergleichbar wohl auch bei den anderen arkesinischen Kreditgebern dieser Zeit üblich war.[711]

Ebenfalls ist das Handeln des Atheners Androtion als fremder Kreditgeber in Arkesine belegt, allerdings für den Zeitraum knapp 50 Jahre zuvor.[712] Auch er gab der *polis* Arkesine einen Kredit, für den er allerdings keinen Zins erhob.[713] Über Androtion ist jedoch mehr bekannt als über den Naxier Praxikles. Sein Vater Andron gehörte 411 vor Christus zum Rat der 400, beteiligte sich aber auch an dessen Sturz und blieb nach 410 vor Christus politisch aktiv.[714] An-

710 Siehe auch Nr. 5 im Quellenteil (=IG XII 7, 67B).

711 Siehe dazu Kapitel 4.1.1.2 Fallbeispiel Arkesine.

712 Zur Person des Androtion und seiner politischen Karriere siehe HARDING, Phillip, Androtion's Political Career, in: Historia: Zeitschrift für Alte Geschichte 25,2 (1976), S. 186-200.

713 IG XII 7,5.

714 HARDING, Androtion's Political Career, S. 187f.

drotions eigene politische Karriere begann wohl um 385 vor Christus.[715] Von da an gehörte er zu den führenden Politikern seiner Zeit und ist aus verschiedenen Quellen als athenischer Gesandter am Hof eines persischen Satrapen[716] sowie als Mitglied im Rat der 500 bekannt.[717] Seine Ausbildung als Redner erfolgte bei dem Logographen Isokrates.[718]

Androtion war im Zuge des Bundesgenossenkrieges auf Amorgos als Kommandeur der attischen Garnison stationiert.[719] Er kam in Kontakt mit der *polis*, als diese für die Unterbringung und den Sold der Soldaten zuständig war, die Ausgaben jedoch aus finanziellen Gründen nicht leisten konnte. So gab Androtion, der für die stationierten Soldaten zuständig war, – laut des Ehrendekretes von 357/6 vor Christus zur rechten Zeit[720] – Amorgos einen Kredit, bei dessen Rückzahlung er keine Zinsen forderte. Aus dem Text des Ehrendekretes geht weiterhin hervor, dass ein weiterer Kredit vergeben wurde, der bereits zum Zeitpunkt der Kreditvergabe als zinslos vereinbart worden war: καί χρήματα δανείσας ἐγ καιρῶι τῆι πόλει τόκον οὐδένα λαβεν ἠθέλησεν.[721]

Die Zinsersparnis für Amorgos belief sich auf zwölf Minen (1200 Drachmen),[722] was für einen durchaus stattlichen Kredit über eine einstellige Zahl an Talenten spricht. Eine Summe, die der Kreditgeber Androtion anscheinend mühelos aufbringen konnte. Seine Motivation für die Herausgabe eines zinslosen Kredits lässt sich dabei auf unterschiedliche Beweggründe zurückführen. Zum einen wirkte sich dieser Erlass positiv auf das Bild der *polis* Athen aus, als deren Repräsentant Androtion gesehen werden konnte. Ein Motiv, das gerade in Zeiten des Bundesgenossenkrieges nicht zu unter-

715 Harding, Androtion's Political Career, S. 189.
716 Demosth. or. 24,12.
717 Demosth. or. 22, die eine Anklageschrift gegen Androtion ist und sich gegen seine Praxis der Steuereintreibung wendet.
718 Meister, Klaus, Androtion, in: DNP 1 (2003), Sp. 696 sowie Harding, Androtion's Political Career, S.188f.
719 Harding, Androtion's Political Career, S. 194f.
720 IG XII, 7,5, Z.5. Zur Datierung Migeotte, L'emprunt public, S. 167.
721 IG XII, 7,5, Z.6-8.
722 IG XII, 7,5, Z.13.

schätzen war. Zum anderen gelang es Androtion, sich als Wohltäter der Stadt zu inszenieren, der nicht nur die Bürger der *polis* Arkesine unbehelligt ließ, sondern sie auch finanziell unterstützte. HARDING resümiert dahingehend, dass Androtion wohl als vorbildlicher Gouverneur angesehen wurde.[723] Als Belohnung für sein Handeln bekam er einen goldenen Kranz im Wert von 500 Drachmen sowie eine geschmückte Marmorstele, die an die Taten des Wohltäters erinnern sollte. Unter Berücksichtigung der Ausgaben für den Kranz, die Stele sowie der versprochenen Vergünstigungen für Androtion und seine Familie ergaben sich für Arkesine letztlich wohl Kosten, die vergleichbar mit der Höhe der potenziell zu zahlenden Zinsen waren.

4.2.3.4 Kreditgemeinschaften

Es vergaben nicht nur einzelne Personen Kredite, sondern es war durchaus üblich, dass mehrere Personen gemeinsam in Kredite investierten. So auch der Athener Androkles und sein Gastfreund Nausikratos aus Karystos auf Euböa, die Artemon und Apollodoros aus Phaselis einen Seekredit über 3000 Drachmen überließen.[724] Hier zeigt sich, dass sich Kreditgemeinschaften nicht auf Bürger einer *polis* beschränken mussten, sondern durchaus aus verschiedenen *poleis* zusammenkamen. Aus einer *polis*, namentlich Astypalaia, stammte dagegen die in IG XII 7, 67A überlieferte Gemeinschaft aus fünf Kreditgebern.

Als ein weiteres Beispiel kann die Kreditgemeinschaft zwischen Euergos und Nikobulos angeführt werden. Der bereits aus der Rede *gegen Pantainetos*[725] bekannte Nikobulos verdiente sein tägliches Brot in erster Linie als Seehändler.[726] Im Zuge dessen schien er zu Kapital gekommen zu sein, das er sicher mit Zinsen angelegt wissen wollte, da die Seehandelsreisen auch immer das Risiko mit sich brachten, hohe Verluste zu erleiden.[727] Einen vermeintlich für ihn

723 HARDING, Androtion's Political Career, S. 199.
724 Demosth. or. 35,10.
725 Demosth. or. 37. Siehe auch die Ausführungen unter 4.1.2.3 Private Schuldner.
726 Demosth. or. 37,6.
727 Siehe dazu Kapitel 3.4 Seekredite.

sicheren Kredit vergab er gemeinsam mit einem Geschäftspartner. Von der Gesamtsumme von 105 Minen stammten immerhin 45 Minen von Nikobulos selbst.[728] Abgesichert war dieser Kredit über eine Werkstatt mit Sklaven, als deren Miteigentümer Nikobulos eingetragen war. Ihr Wert übertraf die Kreditsumme[729] und diente somit als Sicherheit. Da Nikobulos die Investition unter der Annahme tätigte, sein Geld sei sicher verwahrt, traf ihn die Aufkündigung des Kreditverhältnisses durch seinen Geschäftspartner und den Schuldner unerwartet, zumal dies in seiner Abwesenheit geschah. Er musste sein angelegtes Geld verloren glauben und war darüber hinaus noch erfolglos von einer Handelsreise heimkehrt. Statt einen monatlichen Zinsgewinn über 45 Drachmen zu erzielen, sah er sich nun vor die Wahl gestellt, entweder seinerseits einen Kreditvertrag mit seinem vormaligen Geschäftspartner zu unterzeichnen oder mit ihm gemeinsam die Werkstatt zu führen.[730] Seine sicher geglaubte Anlage erbrachte ihm im Endeffekt folglich keinen Gewinn. Durch den Verkauf seiner Anteile gelang es ihm wenigstens noch, sein Kapital zu retten.[731] Nikobulos definierte sich selbst eindeutig nicht als professionellen Geldverleiher, sondern in erster Linie als Seehändler, der sein verdientes Geld sicher und gewinnbringend angelegt wissen wollte,[732] denn als Seehändler war er schließlich oft selbst Schuldner.[733]

Auch Euergos wird athenischer Bürger gewesen sein, da beide Männer als Besitzer des Bergwerkes, das sich auf attischem Boden in Maroneia im Gebirge Laurion befand, samt den 30 dort tätigen Sklaven eingetragen waren.[734] Auch das Verhältnis der beiden Männer zueinander wird in der Quelle thematisiert, das von enger

728 Demosth. or. 37,6.

729 Demosth. or. 37,12. Der Wert umfasste wohl über drei Talente (Demosth. or. 37,50).

730 Demosth. or. 37,10.

731 Demosth. or. 37,16.

732 Ob Nikobulos nicht doch auch professioneller Kreditgeber war, lässt sich abschließend nicht klären, EICH, Politische Ökonomie, S. 399.

733 Demosth. or. 37,52f.

734 Demosth. or. 37,4.

Freundschaft zeugte.[735] Das unternehmerische Risiko hatte die besagte Kreditgemeinschaft als Kapitalgeber indes auf ihren Schuldner, Pantainetos, abgewälzt, wodurch sich das eigene Risiko auf ein Minimum beschränkte. EICH kommt daher zu dem Schluss:

> Die Macht des Kapitalgebers über den Unternehmer ist also in diesem Fall noch um einiges größer als im Fall der Bodmereikredite, da ein emporos zum einen keine regelmäßigen Zinsen oder Abschlagszahlungen leisten mußte (...) und sich wenigstens im Fall eines Unglückes den Verlust mit dem Kapitalgeber teilte.[736]

Die vorgestellten Beispiele stehen stellvertretend für zahlreiche Kreditgemeinschaften, die sich immer wieder bildeten. Die Mitglieder der einzelnen Vereinigungen mussten dabei nicht in einem direkten Verhältnis zueinander stehen, wie am Beispiel der *eranoi* in Kapitel 3.1 deutlich geworden ist. Der Vorteil solcher Kreditgemeinschaften liegt auf der Hand. Zum einen ließen sich so höhere Kredite finanzieren und zum anderen verteilte sich das Risiko auf mehrere Anleger.

735 Demosth. or. 37,26.
736 EICH, Politische Ökonomie, S. 400.

5. Fallbeispiel Zinsregulation

Nachdem in den vorhergehenden Kapiteln die unterschiedlichen Kreditarten und ihre Zinsen sowie die Seiten der Kreditnehmer und -geber betrachtet wurden, widmet sich dieses Kapitel dem Aspekt der Zinsregulation. Wie bereits deutlich wurde, kann bei vielen Kreditarten von einem üblichen Zinssatz gesprochen werden, der jedoch in bestimmten Situationen nach oben oder unten abweichen konnte. In einigen Fällen wurde die Zinshöhe staatlich reguliert. So wurde bereits am Beispiel der Abrechnungen aus dem Tempelkassen[737] gezeigt, dass die Zinssätze mit Fortlaufen des Krieges immer weiter nach unten korrigiert wurden.

Eine weitere Zinsbeschränkung findet sich auch in den inschriftlich überlieferten Briefen[738] des Antigonos Monophthalmos. Er gehörte nach dem Tod Alexanders zu den einflussreichsten Akteuren der Diadochenepoche, dessen Herrschaft mit der Selbstkrönung im Jahr 306 vor Christus seinen Höhepunkt fand. Sein Herrscherstatus war indes nicht unbestritten und führte zu einer Vielzahl an militärischen Auseinandersetzungen.[739] In diesen Kontext fällt auch sein Versuch einer Zusammenführung der beiden kleinasiatischen *poleis* Teos und Lebedos, der durch zwei auf einer Stele überlieferte Briefe des Antigonos Monophthalmos aus dem ausgehenden vierten Jahr-

737 Siehe Nr. 3 im Quellenteil (=IG I³ 258).

738 Syll.³ 344.

739 BURASELIS, Kostas, Das hellenistische Makedonien und die Ägäis. Forschungen zur Politik des Kassandros und der drei ersten Antigoniden (Antigonos Monophthalmos, Demetrios Poliorketes und Antigonos Gonatas) im Ägäischen Meer und in Westkleinasien, München 1982, S. 38-86.

hundert vor Christus bezeugt ist.[740] Als *terminus post quem* für die Publikation der Briefe ist das Jahr 306 vor Christus anzunehmen, als spätester Zeitpunkt das Jahr 302 vor Christus.[741]

Auch für die Frage nach dem Zinswesen sind diese Briefe von Bedeutung: Wer sollte die durch eine der beiden Städte aufgenommenen Schulden tilgen? Wer soll die fälligen Zinsen zahlen? Diese und weitere Probleme versuchte der Feldherr in seinen Briefen zu klären. Zu der geplanten Zusammenführung kam es indes nicht, denn Antigonos Monophthalmos verstarb 301 vor Christus und sein Kontrahent und Nachfolger Lysimachos setzte die Pläne seines Vorgängers nicht um.

Zwei Passagen in den Briefen befassen sich mit Regelungen zur Zinsnahme. Der erste Fall befasst sich mit den Schulden der *polis* Lebedos. Diese sollen, ebenso wie die zu zahlenden Zinsen, auf die gemeinsame Kasse der zusammengeführten Städte umgelagert werden und zwar zu denselben Konditionen, zu denen die Kreditverträge zuvor abgeschlossen worden waren.[742] Auch der Zinssatz durfte in diesem Fall trotz Umschuldung nicht verändert werden.

Der zweite Fall ist für die Frage nach der Zinsregulierung interessant und behandelt Kredite, deren Zinsen sich angehäuft haben, da weder Zins noch Kredit abgezahlt wurden. Hier sah Antigonos Monophthalmos das reale Problem, dass diese sich über Jahre aufgehäuften Schulden samt Zinsen von den Schuldnern nicht zurückgezahlt werden konnten. Durch eine Beschränkung des höchstmöglichen Zinssatzes auf 100% der Gesamtschuld versucht er die Rückzahlungsmodalitäten zu regulieren.[743] Ebenfalls deutlich wird durch diesen hohen Satz, dass die Kredite schon länger liefen, da

740 MIGEOTTE, L'emprunt public, Nr. 86, sowie WELLES, C. Bradfort, Royal Correspondence in the Hellenistic Period. A Study in Greek Epigraphy, New Haven 1934, Nr. 3-4. Welles präsentiert neben einem edierten Text auch eine Übersetzung sowie einen ausführlichen Kommentar. Zur weiteren Einordnung BILLOWS, Richard A., Antigonos the One-Eyed and the Creation of the Hellenistic State, Berkeley/Los Angeles/London 1990, S. 213-215

741 WELLES, Royal correspondence, S. 25, BILLOWS, Antigonos, S. 214 spricht sich für 303 vor Christus aus.

742 Syll.[3] 344, A Z. 19f.

743 Syll.[3] 344, A Z. 35-37.

die Zahlung der Zinsen in Höhe von 100% als freiwilliges Angebot zu Gunsten des Schuldners dargestellt wird, folglich lukrativ für ihn sein musste. Um zu verhindern, dass es zu gerichtlichen Prozessen kam, führte Antigonos Monophthalmos einen weiteren Zinssatz ein, der sich an dem Erfolg des Schuldners vor Gericht orientierte. Im Falle einer Niederlage vor Gericht steigt der höchstmögliche Zinssatz auf das Dreifache der ursprünglichen Schuld.[744] Dies entspräche einem Zinssatz von 200% und lässt sich eindeutig in die Kategorie der Strafzinsen einordnen. Auch war es nur innerhalb eines Jahres möglich Klage zu erheben.[745] Der hohe Zinssatz in Verbindung mit dieser kurzen Klagefrist zeigt, dass es im Sinne des Herrschers war, die mit den aufgeschobenen Krediten im Zusammenhang stehenden Konflikte zügig zu beenden.

Auch die *polis* Ephesos sah sich veranlasst, in die Kreditgeschäfte ihrer Bürger einzugreifen und auch bestehende Verträge neu zu reglementieren, indem sie beispielweise ein Zinsmaximum vorgab. Überliefert sind diese Regelungen durch das sogenannte ephesische Schuldentilgungsgesetz, das seiner Gesamtheit hier nicht besprochen werden kann. Dafür sei auf die zahlreichen Editionen und Kommentare verwiesen, die sich bereits eingehender mit der Thematik befasst haben.[746] Erste Erwähnung fand das Gesetz in der zweiten Hälfte des 19. Jahrhunderts in Publikationen seines Ausgräbers John T. Wood. Zuletzt befasste sich Andreas Victor Walser in seiner Dissertation „Bauern und Zinsnehmer. Politik, Recht und Wirtschaft im frühhellenistischen Ephesos“ von 2008 ausführlich mit diesem *nomos*.[747]

Der Fokus der vorliegenden Arbeit liegt auf den zinsrelevanten Passagen, die im Folgenden näher beleuchtet werden sollen. Wie Walser bereits zutreffend feststellte, wurde mit dem Gesetz weder beabsichtigt, alle bestehenden Schulden zu tilgen noch eine gänzliche Neuordnung des Darlehensrechts beabsichtigt.[748] Vielmehr

744 Syll.³ 344, A Z. 38.
745 Syll.³ 344, A Z. 39.
746 Siehe Nr. 4 im Quellenteil (=Syll.³ 364), „Editionen“.
747 Walser, Bauern und Zinsnehmer.
748 Walser, Bauern und Zinsnehmer, S. 37.

regelte die *polis* Ephesos mit einem Volksbeschluss aktuelle Probleme, die sich aus der angespannten Situation des Kreditmarkts nach einem jüngst ausgefochtenen Krieg ergeben hatten.

In der Prytanie des Demagoras – das genaue Jahr nach unserer Zeitrechnung lässt sich nicht feststellen – befand sich die *polis* Ephesos in einem Krieg, der als κοινὸς πόλεμος in dem Dekret Erwähnung findet. Einzuordnen ist der Krieg vermutlich ins ausgehende vierte und beginnende dritte vorchristliche Jahrhundert. Der Ersteditor WOOD hatte dagegen noch dazu tendiert, das Gesetz in das ausgehende fünfte Jahrhundert vor Christus zu datieren.[749] Als Grundlage für diese Annahme diente ihm eine bei Xenophon beschriebene Passage, in der von einer Verwüstung der ephesischen *chora* berichtet wird.[750] Der nachfolgende Bearbeiter DARESTE wählte eine Datierung knapp 350 Jahre später und legte das ephesische Gesetz in den Ersten Mithridatischen Krieg.[751] HICKS entschloss sich in seiner Edition, auf Grundlage einer Buchstabenanalyse zu einer früheren Datierung und schlug eine Entstehung im Kontext des Aristonikos-Aufstandes nach 133 vor Christus vor.[752] HEBERDEY machte in seinem 1912 erschienen Buch *Forschungen in Ephesos* den Vorschlag, das Gesetz auf das Jahr 297 vor Christus zu datieren,[753] da es in Zusammenhang mit der Tyrannis des Hieron in Priene stehe, dessen Partei nach dem Tode des Antigonos Monophthalmos an die Macht gekommen sei. Der im Gesetz erwähnte *koinos polemos* sei dementsprechend der Krieg gewesen, den die Epheser im Bund mit den prienischen Exilanten und den Rhodiern gegen die Partei des Hieron gemeinsam führten. Unter *koinos polemos* verstand HEBERDEY einen Krieg der verbündeten Staaten, der nach drei Jahren mit

749 WOOD, John T., Discoveries at Ephesus, including the Site and remains of the Great Temple of Diana, London 1877, App. VIII, S. 17.

750 Xen. hell. 1,2,4.

751 DARESTE, Rodolphe, Une loi éphesienne du premier siècle avant notre ère, in: Nouvelle revue historique de droit français et étranger (1877), S. 161-178, S. 162-164.

752 HICKS, Edward L., The Collection of Ancient Greek Inscriptions in the British Museum, Part III, Chapter III: Ephesos, Oxford 1890, S. 112f.

753 Dieser Datierung schließt sich auch WANKEL, Hermann, Die Inschriften von Ephesos I, Bonn 1979, S. 13 an.

der Vertreibung des Hieron endete.[754] Einen neuen Datierungsvorschlag lieferte WALSER 2008, in dem er das Gesetz zunächst auf der Basis der Schriftformen in den Kontext der zwischen 320 und 280 vor Christus entstandenen Bürgerrechtsdekrete einordnet[755] und die Entstehung des Gesetzes auf die Jahre 300/299 vor Christus datierte.[756] Als Orientierung diente auch ihm der *koinos polemos*, den er – im Gegensatz zu HEBERDEY – plausibel in die Jahre ab 302 vor Christus datierte.[757] Der *koinos polemos* sei nämlich derjenige Krieg gewesen, den der antigonidische Hellenenbund gemeinsam geführt habe.[758]

WALSERS Theorie fügt sich dabei relativ schlüssig in die frühhellenistische Geschichte von Ephesos ein, die hier nur in aller Kürze skizziert werden soll.[759] Die kleinasiatischen *poleis*, und damit auch Ephesos, standen seit den Feldzügen Alexanders nicht mehr unter persischer Herrschaft. Nach Ephesos gelangte Alexander im Jahr 334 vor Christus, er setzte das persisch geprägte Regime ab und führte die Demokratie ein.[760]

Nach dem Tod Alexanders im Jahr 323 vor Christus war es Antigonos Monophtalmos, der 319 vor Christus Ephesos für sich einnahm.[761] 302 vor Christus gelang es Prepelaos, einem General seines Gegenspielers Lysimachos, Ephesos zu erobern. WALSER kommt zu dem Schluss, dass es keine antigonidische Garnison in Ephesos gegeben habe und wertet dies als ein Zeichen der ephesischen Loyalität gegenüber den Antigoniden.[762] Die Rückeroberung der Stadt durch den Sohn des Antigonos Monophtalmos erfolgte im Jahr 301.

754 HEBERDEY, Rudolf, Forschungen in Ephesos II, Wien 1912, S. 98.
755 WALSER, Bauern und Zinsnehmer, S. 95.
756 WALSER, Bauern und Zinsnehmer, S. 103.
757 WALSER, Bauern und Zinsnehmer, S. 102f.
758 WALSER, Bauern und Zinsnehmer, S. 100f.
759 Für eine umfangreiche Darstellung siehe KARWIESE, Stefan, Groß ist die Artemis von Ephesos. Die Geschichte einer der größten Städte der Antike, Wien 1995.
760 WALSER, Bauern und Zinsnehmer, S. 47.
761 WALSER, Bauern und Zinsnehmer, S. 55 merkt an, dass sich Ephesos bereits im Sommer 321 vor Christus zumindest kurzfristig unter der Herrschaft des Antigonos befunden habe.
762 WALSER, Bauern und Zinsnehmer, S. 160.

Obwohl sein Vater kurz darauf in der Schlacht bei Ipsos fiel, gelang es Demetrios, Ephesos zu halten und die Verhältnisse in der *polis* zu ordnen.[763] Es ist daher naheliegend, dass es gerade diese sieben Jahre (301-294 vor Christus) der Ruhe waren, in die die Entstehung und Anwendung des Schuldentilgungsgesetzes fällt.[764] 294 vor Christus eroberte Lysimachos erneut die Stadt und konnte sich – bis auf eine kleine Episode – endgültig durchsetzen. Er plante nun eine Verlegung und Vergrößerung der Stadt in Küstennähe. Vermutlich 281 begann er auch mit dem Bau des Theaters, vor dem sich, im Boden verbaut, auch die Spolien des Schuldentilgungsgesetzes befanden.[765] Ob 281 vor Christus damit auch als *terminus ante quem* der Publikation des Gesetzes gesehen werden muss oder die Verbauung aus einem späteren Umbau resultierte, kann archäologisch nicht geklärt werden. Jedoch erscheint es durchaus plausibel, dass die politische Führung in Ephesos zu Zeiten des Lysimachos das unter Demetrios beschlossene Gesetz nicht mehr für wichtig und aktuell erachtete und es daher mit weiteren Dekreten verbaute.

Insgesamt birgt nicht nur die zeitliche Verortung des Gesetzes einige Schwierigkeiten, sondern auch die Datierung der in dem Gesetz beschriebenen Ereignisse und Beschlüsse. WALSER geht davon aus, dass der *koinos polemos* 25 Monate gedauert und im Monat Lenaion in der Prytanie des Apollas sein Ende gefunden habe.[766] Dagegen spricht jedoch die in Z. 72 festgehaltene Bestimmung, dass eben die Gläubiger, die seit dem Monat Lenaion Kredite vergaben, mit gültigen Verträgen und dem Recht auf Zinserhebung belohnt werden sollten, da sie im Krieg Vertrauen bewiesen und Geld zur Verfügung gestellt hätten. Der Krieg muss zu diesem Zeitpunkt daher noch im Gange gewesen sein.

Aus dem Schuldentilgungsgesetz selbst lassen sich folgende Eckdaten für den *koinos polemos* übernehmen: Der Kriegsbeginn fiel in die Prytanie des Demagoros im Monat Posideon und der Krieg in Gänze erstreckte sich vermutlich sowohl über die Prytanie des Man-

---

763 Siehe KARWIESE, Artemis von Ephesos, besonders S.60ff.
764 So auch WALSER, Bauern und Zinsnehmer, S. 103.
765 HEBERDEY, FiE II.
766 WALSER, Bauern und Zinsnehmer, S. 103.

tikrates als auch die seines Nachfolgers Apollas. Erst in der folgenden Prytanie, deren Inhaber nicht überliefert ist, kam es zu einer Beendigung der kriegerischen Handlungen.[767] Die von WALSER veranschlagten 25 Monate müssen somit um eine unbekannte Anzahl an Monaten erweitert werden.[768]

Wenn auch der genaue Zeitpunkt der Entstehung nicht mit abschließender Sicherheit festgestellt werden kann, so lässt sich doch mit Bestimmtheit sagen, dass sich der als *koinos polemos* betitelte Krieg auf die in Ephesos bestehenden, mit Liegenschaften besicherten Darlehensverhältnisse auswirkte. Denn zum einen war es vielen Schuldnern aus verschiedenen Gründen – z.B. wegen ihres Einsatzes im Krieg, wegen Verwüstung ihrer Ackerflächen, fehlender Einnahmen – nicht möglich, ihre Schuld zu begleichen oder die vertraglich bestimmte Laufzeit einzuhalten, zum anderen befanden sich sicherlich einige der als Sicherheit eingesetzten Liegenschaften nicht mehr in dem gleichen Erhaltungszustand wie vor dem Krieg. Durch Verwüstungen und ausgefallene Bestellungen des Ackerlandes konnte es zu erheblichen Wertminderungen gekommen sein. Hinzu kam, dass in verschiedenen Kreditverträgen noch eine weitere Partei genannt wurde – der Bürge –, dessen Bürgschaft nun durch den Krieg eventuell unter anderen Voraussetzungen gesehen werden musste. Die Liegenschaften, die neben der Bürgschaft als Sicherheit dienten, konnten aufgrund ihres Wertverlustes die Höhe der Schulden und der angelaufenen Zinsen allein nicht mehr absichern. Der Bürge, der eventuell selbst finanzielle Probleme hatte, musste in solchen Fällen einspringen, wenn eine Vollstreckung verhindert werden sollte. Das aus dieser Konstellation resultierende Konfliktpotenzial versuchte die *polis* durch mindestens vier Maßnahmen, die teilweise schon während des Krieges beschlossen worden sind, zu reduzieren.

Erstens wurde zu Beginn des Krieges beschlossen, dass die Schuldner, deren Grundstücke gepfändet und von den Gläubigern

767 Siehe dazu den visualisierten Datierungsvorschlag unter Nr. 4 im Quellenteil (=Syll.^{3} 364).

768 WALSER, Bauern und Zinsnehmer, S. 103.

in Besitz genommen worden waren, nun wieder als Besitzer eingesetzt werden sollten, wobei die Schuld allerdings weiterhin bestand.[769] *Zweitens* wurde in den Regelungen zum *koinos polemos* in der Prytanie des Manikrates festgehalten, dass vorläufig keine Kredite mehr vergeben werden durften, auch ein Schuldenmoratorium wurde eingeführt.[770] *Drittens* wurde in der Prytanie des Apollas im Monat Lenaion wohl das Kreditvergabeverbot aufgehoben und die Vergabe von Krediten wieder gestattet.[771] Bei der *vierten* Regelung handelt es sich eben um das inschriftlich überlieferte Schuldentilgungsgesetz.[772] In diesem wurden sowohl Regelungen zur Pfändung und der daraus resultierenden Aufteilung des Besitzes zur Tilgung der bestehenden Schulden als auch Regelungen zur Verzinsung der bestehenden Kredite sowie Investitionen seitens der Kreditgeber getroffen.

Im Fokus des Gesetzes stand die Tilgung der über den Krieg angelaufenen Schulden und die damit verbundene Pfändung der als Sicherheit hinterlegten Grundstücke. [773] Zunächst ist anzumerken, dass es sich bei diesen Sicherheiten keinesfalls um Ersatzpfänder gehandelt hat, sondern dass bereits vor dem Gesetz zur Schuldentilgung ausschließlich ein Teil des Grundstückes als Sicherheit diente.[774] Ein Grundstück konnte nämlich als Sicherheit für meh-

769 Nr. 4 im Quellenteil (=Syll.[3] 364), Z. 79-82. Siehe dazu auch die Ausführungen von WALSER, Bauern und Zinsnehmer, S. 197-208. Allerdings geht Walser davon aus, dass das Schuldenmoratorium bereits zu Beginn des Krieges beschlossen worden sei (S. 198). Der Verweis auf das Psephisma (Z. 79-82) belegt aber ganz klar nur ein Verbot der Vollstreckung und eine Wiedereinsetzung der Schuldner als Besitzer.

770 Nr. 4 im Quellenteil (=Syll.[3] 364), Z. 69f.

771 Nr. 4 im Quellenteil (=Syll.[3] 364), Z. 72f. Dagegen WALSER, Bauern und Zinsnehmer, S. 188, der davon ausgeht, dass der Krieg zu diesem Zeitpunkt bereits beendet gewesen sei.

772 Nr. 4 im Quellenteil (=Syll.[3] 364). Siehe auch den Einzelstellenkommentar in der Edition.

773 Siehe dazu auch die Ausführungen von WALSER, Bauern und Zinsnehmer, S. 208-249.

774 Siehe zu den Pfändern RUPPRECHT, Hans-Albert, Zwangsvollstreckung und dingliche Sicherung in den Papyri der ptolemäischen und römischen Zeit, in: Symposion 1995. Vorträge zur griechischen und hellenistischen Rechtsgeschichte, Köln/Weimar/Wien 1997, S. 291-302.

rere Kredite dienen.[775] Das Tilgungsverfahren selbst gliederte sich in mehrere Schritte und betraf nur diejenigen Kreditgeschäfte, bei denen sich Schuldner und Gläubiger nicht gütig einigen konnten: Zunächst sollte die gesamte Schuldhöhe (Darlehen plus Zinsen) festgestellt werden.[776] Daraufhin erfolgte eine Bewertung des Grundstückes, wobei dafür der Wert der Liegenschaft zum Zeitpunkt der Kreditaufnahme berücksichtigt werden sollte.[777] Anhand dieser beiden Werte konnte schließlich eine Teilung durch ausgeloste Landaufteiler erfolgen.[778]

Neben den Schritten zur Schuldentilgung befasste sich das Gesetz auch mit verschiedenen Maßnahmen zur Zinsregulierung, die sich in zwei Hinsichten unterschieden: mit der Festlegung zweier Höchstzinssätze und der zeitlichen Beschränkung der Zinsnahme. Die Zinsregulierung auf einen Höchstzinssatz galt jedoch nur für Verträge, die nach dem Monat Lenaion in der Prytanie des Apollas (einem mehrfach in der Inschrift genannten Fixzeitpunkt) geschlossen wurden, also zu einem Zeitpunkt, ab dem die Kreditvergabe durch einen Beschluss wieder erlaubt war. So heißt es in Zeile 74: τόκους δὲ αὐτοῖς εἶναι μὴ πλείους δωδεκάτων (Zinsen aber sollen sie nicht mehr als ein Zwölftel bekommen).[779] Anzunehmen ist, dass die Verträge ursprünglich bedingt durch das höhere Risiko mit einem höheren Zinssatz abgeschlossen worden sind.[780] Es wurde folglich ein Höchstsatz von maximal 8% der Kreditsumme festgehalten, weshalb es den Gläubigern demnach freistand, einen niedrigeren Satz zu wählen. Auch sollten für sie nicht die zuvor beschriebenen Regelungen für den Bundesgenossenkrieg zutreffen.[781] Bei Pfändung der Sicherheit wurde in diesem Fall vermutlich der Ist-Zustand des Grundstückes berücksichtigt, auch sollten die vertraglich getroffenen Bestimmungen gültig sein und nicht die im Schuldentilgungs-

---

775 Nr. 4 im Quellenteil (=Syll.³ 364), Z. 32-35.
776 Nr. 4 im Quellenteil (=Syll.³ 364), Z. 1-3.
777 Nr. 4 im Quellenteil (=Syll.³ 364), Z. 68f.
778 Nr. 4 im Quellenteil (=Syll.³ 364), Z. 9-14.
779 Nr. 4 im Quellenteil (=Syll.³ 364), Z. 74.
780 WALSER, Bauern und Zinsnehmer, S. 189, nimmt an, dass der Zinssatz mangels Angebots gestiegen sei.
781 Nr. 4 im Quellenteil (=Syll.³ 364), Z. 72f.

gesetz getroffenen, mit Ausnahme des maximalen Zinssatzes. Die Gläubiger, die im Krieg ihr Kapital legal zur Verfügung stellten, sollten folglich durch diese Bestimmungen geschützt werden.
Als weitere Bestimmung im Schuldentilgungsgesetz wurde eine Zinsbremse eingeführt. So war es dem Gläubiger nicht gestattet, ohne Einverständnis des Bürgens über die im Kreditvertrag vereinbarte Laufzeit hinaus Zinsen anfallen zu lassen.[782] Diskussionswürdig ist dabei die Interpretation von ἐπιτοκίζειν, das von WANKEL[783] und WALSER[784] mit „Zins auf Zins stehenlassen" übersetzt wird und dementsprechend das Vorkommen von Zinseszinsen voraussetzt. Dies ist jedoch nicht der Fall. Vielmehr sollte verhindert werden, dass der Gläubiger ohne Absprache mit dem Bürgen, die Schuld durch die nach Ende der Laufzeit weiter anfallenden (regulären) Zinsen weiter steigerte und sich so auch die Summe, für die der Bürge einstand, erhöhte.

Eine weitere Beschränkung der Zinshöhe galt auch unter der Bedingung, dass der Gläubiger in Abwesenheit des Schuldners sein Land nicht nur bewirtschaftet, sondern auch in das Land investiert hatte. In diesem Fall durfte der Gläubiger auch diese Investitionen, die vermutlich ohne Absprache mit dem Schuldner erfolgt waren, mit dem Satz von einem Vierzehntel (7%) verzinsen.[785] Allerdings galt dieses Angebot nicht unbegrenzt, denn die ausstehenden Summen mussten im folgenden Jahr zurückgezahlt werden.[786] Geschah dies nicht, so verblieb das Grundstück in Besitz des Gläubigers. Gerade an diesen drei Beispielen wird deutlich, dass die finanziellen Interessen der Gläubiger (im Rahmen der im Kreditvertrag getroffenen Vereinbarungen) gewahrt werden sollten, obwohl die *polis* mit ihren Reglementierungen in bestehende Kreditverträge eingriff und somit alle beteiligten Parteien – zur Aufrechterhaltung des inneren Friedens – zu Kompromissen bewegte.

---

782 Nr. 4 im Quellenteil (=Syll.³ 364), Z. 48-52.
783 WANKEL, Ephesos, S. 25, Übersetzung zu Z. 45-50.
784 WALSER, Bauern und Zinsnehmer, S. 31. In seinem Kommentarteil (S. 191f.) spricht er sich dagegen für die Übersetzung „Zins anhäufen" aus.
785 Nr. 4 im Quellenteil (=Syll.³ 364), Z.89f.
786 Nr. 4 im Quellenteil (=Syll.³ 364), Z. 93.

Die Ausgangssituation, die sowohl dem ephesischen Schuldentilgungsgesetz als auch den Briefen des Antigonos Monophthalmos zu Grunde liegt, ist vermutlich die gleiche. Während der andauernden kriegerischen Auseinandersetzungen in der nachalexandrinischen Zeit kam es vermutlich in den vielen *poleis* an der kleinasiatischen Küste zu Problemen im Kreditwesen. So war es auch hier notwendig, dass im Zuge der Vereinigung der Städte Lebedos und Teos die brachliegenden Kreditsituationen zu klären und somit auch einen erneuten Konflikt innerhalb der neugegründeten Stadt vorzubeugen.[787]

Im Vergleich zum ephesischen Schuldentilgungsgesetz wird in den Briefen eine völlig andere Vorgehensweise an den Tag gelegt. Hier wird nicht auf eine Begrenzung des Zinses auf 8% geachtet und es kommt auch nicht zu einer Begrenzung der Laufzeit. Die im Schuldentilgungsgesetz beschlossenen Maßnahmen vermitteln eher einen Schutz der Schuldner, während dies in den Brief nicht vermittelt wird. Im Gegenteil, es scheint hier eher um eine schnelle Lösung der stehenden Kredite zu gehen, ungeachtet der Umstände und Konsequenzen für die Schuldner.

787 Dabei ist der Grund der geplanten Zusammenführung der beiden Städte unerheblich. Ob der Wunsch nach der Zusammenführung aus der Gruppe der Bürger der vermutlich durch ein Erdbeben zerstörten *polis* Lebedos oder durch den Diadochen selbst gefasst wurde, spielt für die Regelungen zum Kreditwesen keine Rolle. Zur Theorie der Vereinigung aufgrund der Zerstörung bzw. Beschädigung der beiden *poleis* siehe BILLOWS, Antigonos, S. 214.

6. Fazit

Die Praxis der Zinsnahme in Form von Pachtzins findet das erste Mal Erwähnung in Quellen über das sechste vorchristliche Jahrhundert. Dafür, dass Bauern Land bewirtschaften durften, mussten sie einen Pachtzins von einem Sechstel des Erwirtschafteten zahlen. Die Zinshöhe orientierte sich in diesem Fall nicht an der Größe des Grundstückes, sondern allein an der jährlichen Wirtschaftsleistung der Bauernfamilien. War es den Bauern nicht möglich, den Zins für das zur Verfügung gestellte Land zu begleichen, so drohten ihnen Sanktionen in Form von Strafzinsen oder Pfändungen. Da Besitz in vielen Fällen jedoch schlichtweg nicht vorhanden war, kamen manche nicht um das Abrutschen in eine Schuldknechtschaft herum. Im ausgehenden 19. Jahrhundert gab es innerhalb der Forschung noch viele Anhänger der Theorie, dass Bauern zur Begleichung ihrer Schulden Gelddarlehen aufnehmen mussten. Heutzutage gilt es allerdings vielmehr als erwiesen, dass es sich in diesen Fällen vielmehr um Naturaldarlehen und dementsprechend auch Naturalzinsen als Zahlungsform handelte.

Auf eine wesentlich breitere Quellenbasis konnte die wissenschaftliche Forschung zum Zinswesen im griechischen Kulturraum für den Zeitraum ab der Mitte des fünften Jahrhunderts vor Christus zurückgreifen. Ab diesem Zeitpunkt, so lässt sich feststellen, wurden vermehrt Gelddarlehen aufgenommen und vergeben. Auch weisen die getätigten Anleihen eine zunehmende Komplexität auf. Zur Erfassung wurde daher innerhalb der Arbeit zwischen unterschiedlichen Kreditarten unterschieden, die anhand der Kategorien

„Freundschaftskredite“[788], „Naturaldarlehen“[789], „Konsum- und Überbrückungskredit“[790], „Seedarlehen“[791] sowie „Sonstige Verzinsungen“[792] eingängiger behandelt wurden. Problematisch gestaltete sich die genaue Betrachtung der „Naturaldarlehen“, da für das klassische Griechenland keine Kreditverträge diesbezüglich überliefert sind, jedoch konnten einzelne Rückschlüsse unter Zuhilfenahme ägyptischer Papyri gezogen werden. Die übrigen Kategorien hingegen begründen auf einer reichhaltigeren Quellenbasis und lassen aufgrund dessen folgende Schlüsse zu: Für verzinsten Darlehen lässt sich ein Zinssatz zwischen 1,2% und 58% konstatieren, Strafzinsen fielen allerdings deutlich höher aus und konnten sogar zu einer Verdopplung der Darlehenssumme führen.

Anhand der Analyse zu den Zahlungsmodalitäten der Zinsen ließ sich feststellen, dass die Angabe der Zinshöhe in der Form „pro Mine und Monat“ keine Rückschlüsse zum Zahlungszeitpunkt der Zinsen erlaubt, sondern die Zahlung in vielen Fällen trotzdem jährlich erfolgte. Monatliche und sogar tägliche Zinszahlungen waren jedoch ebenfalls möglich. Einige Tempelbanken rechneten ihre Zinsen in Gänze sogar nur alle vier Jahre für alle laufenden Kreditverträge ab. Fand die Rückzahlung des Kredites oder der Zinsen nicht zum vorgesehenen Zeitpunkt statt, so wurden Strafzahlungen fällig. Abschließend konnte auch festgestellt werden, dass kein einheitliches Vorgehen bei der Zahlung von Zinsen und der Rückzahlung des Kapitals zu beobachten ist.

Bei den dokumentierten Fällen handelte es sich zumeist um Zinsen für Privatkredite, für die als Verwendungszwecke sowohl Anschaffungen für das tägliche Überleben genannt werden, als auch der Erwerb von Luxusgütern. Ebenso wie der Verwendungszweck unterschiedlich ausfiel, so konnten auch die veranschlagten Zinsen in der Höhe variieren. Während sie bei dringend notwendigen Tageskrediten deutlich höher ausfielen, wurde bei den übrigen Kre-

788 S. 55-63.
789 S. 66-68.
790 S. 70-76.
791 S. 84-103.
792 S. 103-106.

diten häufig ein Zinssatz von einer Drachme pro Mine und Monat gefordert. Eine Höhe, die so auch auf dem Bleitäfelchen aus Kalapodi aus der zweiten Hälfte des fünften Jahrhunderts vor Christus eingeritzt worden ist und unter anderem als einer der frühsten Nachweise dient.[793]

In den *Wolken* des Aristophanes wird nicht nur die Praxis der Zinseintreibung geschildert, sondern es findet sich dort auch der früheste Beleg für Zinseszinsen. Bei den erwähnten Kreditgebern handelte es sich vermutlich um athenische Bürger, die Mitbürgern aus ihrem privaten Vermögen Kredite zur Verfügung stellten. Besonders im urbanen Raum boten Bankiers auf der Agora oder auch an den Häfen ihre Dienste an und wechselten nicht nur Geld, sondern vergaben auch verzinste Kredite oder boten das Deponieren von abgeschlossenen Kreditverträgen bei sich an. Dass auch Demen die Kreditvergabe als profitables Mittel erkannten, zeigt das Beispiel des attischen Demos Plotheia, der mit seinem Kapital spekulierte und Anleihen zu möglichst hohen Zinsen vergab, um so Opferfeste und andere Ausgaben finanzieren zu können.[794] Weiter erfolgte die Vergabe von verzinsten Krediten auch durch Tempelbanken, wobei hier ein geringerer Zinssatz als bei den privaten Kreditgebern nachgewiesen werden kann.

In den gleichen Zeitraum wie der Demenbeschluss aus Plotheia und die *Wolken* des Aristophanes lässt sich auch die wohl umfangreiche Buchhaltung von staatlichen Anleihen datieren, die die *polis* Athen bei den in Athen ansässigen Tempelbanken tätigte. Während sich im ersten dokumentierten Jahr (426/5 vor Christus) noch ein Zinssatz von fast 6% beobachten lässt, sank die Zinshöhe mit Fortschreiten des Krieges immer mehr, bis schließlich ein Fonds eingerichtet werden musste, aus dem die Stadt ihre Kriegsausgaben vermutlich ohne die Zahlung von Zinsen bestreiten konnte. Anhand dieses Beispiels konnte gezeigt werden, dass Athen einen durchaus massiven Einfluss auf ihre kreditgebenden Institutionen ausüben und die zu zahlenden Zinsen auch dementsprechend anpassen

793 Siehe Nr. 1 im Quellenteil.
794 Siehe Nr. 2 im Quellenteil.

konnte, und das, obwohl es bereits Kredite über mehrere tausend Talente seinen Göttern schuldete.

Für das vierte Jahrhundert vor Christus lässt sich im Gegensatz zum vorherigen Jahrhundert kein Wandel im Zinswesen beobachten, weshalb eine gemeinsame Analyse vorgenommen worden ist. Vielmehr werden die aus Quellen ab der Mitte des fünften Jahrhunderts vor Christus bekannten Phänomene nun durch eine breitere Quellenbasis bestätigt. Somit wird deutlich, dass es sich bei den bereits bekannten Fällen um keine Einzelfälle gehandelt hat, sondern lediglich die bisherigen Annahmen verifiziert werden. Somit ist verstärkt anzunehmen, dass es bereits im fünften Jahrhundert vor Christus Seekredite gab, diese für uns aber erst durch die dem *corpus Demosthenicum* zugeordneten Reden belegt werden.

Hinsichtlich der Seekredite lassen sich mehrere Beobachtungen machen und daher auch folgende Aussagen treffen: *Erstens* wurden sie deutlich höher verzinst als andere Kredite. *Zweitens* gab es eine risikobedingte Variation innerhalb der Seekredite, die in ihrer Zinshöhe schwanken konnten, und *drittens* galten für die Rückzahlung von Kredit und Zins andere Bestimmungen als bei anderen Kreditarten. So wurde der Zinssatz nicht pro Monat berechnet, sondern für die gesamte Reisedauer, für die der Kredit auch ursprünglich gewährt worden war. Der Zinssatz variierte zwischen 12,5 % für eine einfache Fahrt bis zu 30% für Hin- und Rückfahrt. Die Rückzahlung musste wenige Tage nach sicherer Ankunft des Schiffes im Zielhafen erfolgen. In Fällen, in denen das Schiff während der Fahrt verunglückte und die Ware des Seehändlers verloren ging, musste der hochverzinste Kredit hingegen nicht getilgt werden. Der Investor und sein Unternehmer teilten sich folglich das hohe Risiko dieser Unternehmung und profitierten beide bei gelungener Reise von den ebenso hohen Profiten des Seehandels.

Neben den verzinsten Krediten lassen sich in den Quellen auch eine Vielzahl an unverzinsten Krediten ausmachen. An erster Stelle sind die *eranoi* zu nennen, ein Darlehen, die von Bekannten oder Vereinen zur Verfügung gestellt wurden. Das Darlehen selbst war dabei stets zinslos, aber von einer Schenkung deutlich zu unterscheiden, da eine Rückzahlung der geliehenen Summe zumeist angestrebt und auch Sicherheiten für die Kredite hinterlegt wurden. Oft handelte es sich dabei um Sicherheiten in Form von Häusern oder Ländereien, die dann durch die Aufstellung eines *horos* markiert wurden. Beglich der Begünstigte den Kredit nicht innerhalb der vertraglich festgelegten Zeit, so wurden auch bei den *eranoi* Zinsen fällig. Begünstigte von den *eranoi* waren dabei ausschließlich Privatpersonen. Dass aber auch Städte Kredite gewährt bekamen, die allerdings nicht auf Sammlungen beruhten, sondern von vermögenden Privatpersonen an die kreditsuchende *polis* verliehen wurden, konnte anhand zahlreicher Ehreninschriften aus dem griechischen Kulturraum deutlich gemacht werden. Eine Art Zins im Sinne von Profit erlangten die Kreditgeber trotzdem, denn neben der Ehrung wurden ihnen in vielen Fällen auch ein goldener Kranz sowie verschiedene Privilegien zuteil.

Die größte Gruppe innerhalb der in den Quellen überlieferten Kredite nehmen nachweislich Konsum- und Überbrückungskredite ein. Sie konnten nur wenige Obolen, aber auch mehrere Talente umfassen. Auch wurde transparent, dass nicht nur die Kredithöhe einer starken Varianz unterlag, sondern auch die Verzinsung. Bei den Kreditgebern handelte es sich um Bankiers, Privatpersonen, Demen und auch Tempelbanken. Als Kreditnehmer konnten sowohl Privatpersonen als auch Städte identifiziert werden. Aufgrund ihrer Masse wurde diese Kategorie anhand ihrer Verwendungszwecke um zwei weitere Unterkategorien erweitert: „Kredite für kriegerische Unternehmungen“ und „Kleinstkredite“. In der ersten der beiden Kategorien ließ sich zwar die höchste Kreditsumme mit fast 5600 Talenten beobachten, aber auch mit 1,2% der niedrigste Zinssatz unter den verzinsten Krediten. Ein anderes Bild zeigte sich bei den Kleinstkrediten. In Bezug auf diese wurde festgestellt, dass es zumeist die kleineren Kredite waren, die hohe Zinsen forderten (bis zu 58%). Begründet lag dies in dem Umstand, dass eine geringfügigere verliehene Summe zumeist nicht durch pfändbare Sicherheiten geschützt werden konnte. Bei höheren Krediten dienten dagegen Landgüter, Manufakturen oder auch, wie am Beispiel der Stadt Arkesine gezeigt worden ist, das Vermögen aller Bewohner als Sicherheit.

Innerhalb der Kategorie „Sonstige Verzinsungen“ konnte aufgezeigt werden, dass Zinsen nicht nur im Rahmen von Kreditverträgen erhoben werden konnten, sondern auch auf ausstehende Zahlungen wie Erbe, Mitgift oder gar Bestechungsgelder. Der Zinssatz für ein ausstehendes Erbe oder nicht gezahlte Bestechungsgelder belief sich dabei wohl auf eine Drachme pro Mine und Monat (12%), die Verzinsung der ausstehenden Mitgift variierte zwischen 9% und 18%, wobei die Festlegung der genauen Zinshöhe letztlich im Ermessensspielraum des Geschädigten lag. Anzunehmen ist in diesem Fall, dass die zu zahlenden Zinsen für den Unterhalt der Frau dienen sollten.

Anhand verschiedener Fallbeispiele wurde weiterhin der Frage nachgegangen, welche Personen und Institutionen verzinste Kredite vergaben und aufnahmen. Es wurde deutlich, dass Kreditgeber und Kreditnehmer in einem persönlichen Verhältnis zueinanderstehen konnten, aber nicht unbedingt mussten. Während Apollodoros auf die Kontakte seines Vaters zurückgreifen konnte, als er in finanzielle Nöte während seiner Trierarchie geriet, mussten sich andere Kreditsuchende auf Vermittler verlassen, die Kreditgeber und Kreditnehmer miteinander in Kontakt brachten. In diesem Zusammenhang war es nicht von Belang, ob es sich um einen verzinsten Kredit oder um einen *eranos*-Kredit handelte, denn auch die *eranoi* konnten durch einen Vermittler gesammelt werden. Anhand eines der Fallbeispiele konnte aufgezeigt werden, dass es wohl durchaus auch möglich gewesen ist, dass der ursprüngliche Kreditgeber sich selbst um einen neuen Kreditgeber bemühte, der den laufenden Kredit von ihm übernahm. An dem Beispiel der Seehändlerfamilie des Lakritos wurde deutlich, dass auch eine Aufgabenteilung praktiziert werden konnte: Lakritos beschäftigte sich mit dem Akquirieren von Krediten, die seine beiden Brüder für die Seehandelsunternehmungen nutzten.

Als Kreditgeber traten Banken, Privatpersonen oder sogar Demen auf. Dabei ist der Profit, den die Kapitalgeber aus dem Kreditgeschäft schlagen konnten, nicht zu unterschätzen, wie am Beispiel des Pasion eindrücklich gezeigt werden konnte. Denn die Zinsen und das daraus gewonnene Vermögen waren es, die dem Freigelassenen den Aufstieg in die athenische Vermögenselite ermöglichten. Auch für den Demos Plothaia stand ein eben solcher Profit im Vordergrund: Er verlieh sein Vermögen unter der Prämisse, einen höchstmöglichen Zinssatz zu erzielen.

Dass die *polis* auch zinsregulatorisch eingreifen konnte, wurde anhand des Fallbeispiels Ephesos eindrücklich verdeutlicht. Hier regelte die *polis* Ephesos per Volksbeschluss aktuelle Probleme, die sich aus der angespannten Situation des Kreditmarkts nach einem jüngst ausgefochtenen Krieg ergeben hatten und der damit verbundenen Schwierigkeit der Schuldner, die aufgelaufenen Zinsen zu begleichen. Eine relevante Bestimmung im sogenannten Schuldentilgungsgesetz war die Einführung einer Zinsbremse, die es dem Gläubiger nicht gestattete, ohne Einverständnis des Bürgens über die im Kreditvertrag vereinbarte Laufzeit hinaus Zinsen anfallen zu lassen. Zusätzlich wurde ein Höchstzinssatz von 8% festgelegt, wobei es dem Gläubiger offenstand, auch einen niedrigeren Zinssatz zu fordern.

Zusammenfassend ließ sich feststellen, dass sich die Spanne der geforderten Zinssätze im Bereich von 1,2% bis 58% bewegte und abhängig von der Kreditaufnahmesituation sowie der Person des Kreditgebers bzw. -nehmers war. Die Praxis der Zinsnahme steht für den griechischen Kulturraum des sechsten bis vierten Jahrhunderts auf einer breiten Quellenbasis und ließ sich dadurch in vielen Bereichen des öffentlichen und privaten Lebens nachvollziehen.

Literaturverzeichnis

ADAK, Mustafa, STAUNER, Konrad, Die Neoi und das Temenos des Dionysas. Eine hellenistische Pachturkunde, in: Philia 4 (2018), S. 1-25.

AMOURETTI, Marie-Claire, Le pain et l'huile dans la Grèce. De l'araire au moulin, Paris 1986.

BATS, Michel, Les amphores de Marseille grecque, Aix-en-Provence 1990.

BEIGEL, Thorsten, Die Kosten der Demokratie, in: Beigel, Thorsten, Eckert, Georg (Hgg.), Vom Wohl und Wehe der Staatsverschuldung. Erscheinungsformen und Sichtweisen von der Antike bis zur Gegenwart, Münster 2012, S. 29-48.

BILLETER, Gustav, Geschichte des Zinsfusses im griechisch-römischen Altertum bis auf Justinian, Leipzig 1898.

BILLOWS, Richard A., Antigonos the One-Eyed and the Creation of the Hellenistic State, Berkeley/Los Angeles/London 1990.

BOECKH, August, Die Staatshaushaltung der Athener, Berlin 1886[3].

BOGAERT, Raymond, Banquiers, courtiers et prêts maritimes à Athènes et à Alexandrie, in: Chronique d'Egypte 15 (1965), S. 140-156.

BOGAERT, Raymond, Banques et banquiers dans les cités grecques, Leyde 1968.

BOGAERT, Raymond, Remarques sur deux inscriptions grecques concernant le credit public, in: Zeitschrift für Papyrologie und Epigraphik 33 (1979), S. 126-130.

BOGAERT, Raymond, Grundzüge des Bankwesens im alten Griechenland, Konstanz 1986.

BOGAERT, Raymond, La banque à Athènes au IVe siècle. État de la question, in: Brulé, Pierre, Oulhen, Jacques, Prost, Francis (Hgg.), Économie et Société en Grèce antique (478-88 av. J.-C.), Rennes 2007, S. 405-436.

BOSWINKEL, Ernst, PESTMAN, Pieter W. (Hgg.), Les archives privée de Dionysios, fils de Kephalas (P. L. Bat. 22). Textes grecs et démotiques. Leiden 1982.

BREDOW, Iris von, Daneion, in: DNP 3 (2003), Sp. 309.

BRESSON, Alain, Merchants and Politics in Ancient Greece: Social and economic Aspects, in: Zaccagnini, Carlo (Hg.), Mercanti e politica nel mondo antico, Rom 2003, S. 139-164.

BRESSON, Alain, The Making of the Ancient Greek Economy. Institutions, Markets, and Growth in the City-States. Expanded and updated English edition, translated by Steven Rendall, New Jersey 2016.

BRIANT, Pierre, DESCAT, Raymond, Un régistre douanier de la satrapie d'Égypte à l'époque achéménide, in: Grimal, Nicolas, Menu Bernadette (Hgg.), Le commerce en Égypte ancienne, Kairo 1998, S. 59-104.

BRINGMANN, Klaus, STEUBEN, Hans von (Hgg.), Schenkungen hellenistischer Herrscher an griechische Städte und Heiligtümer, Berlin 1995.

BRUN, Patrice, Eisphora – Syntaxis – Stratiotika, Recherches sur les finances militaires d'Athènes au IVe siècle av. J.-C., Paris 1983.

BURASELIS, Kostas, Das hellenistische Makedonien und die Ägäis: Forschungen zur Politik des Kassandros und der drei ersten Antigoniden (Antigonos Monophthalmos, Demetrios Poliorketes und Antigonos Gonatas) im Ägäischen Meer und in Westkleinasien, München 1982.

BURKE, Edmund M., Lycurgan Finances, in: Greek, Roman and Byzantine Studies 26 (1985), S. 251-264.

CALHOUN, George M., Risk in Sea Loans in Ancient Athens, in: Journal of Economic and Business History 2 (1930), S. 561-584.

CANEVARO, Mirko, The Documents in the Attic Orators: Laws and Decrees in the Public Speeches of the Demosthenic corpus, Oxford/ New York 2013.

CASSON, Lionel, Ancient Trade and Society, Detroit 1984.

CASSON, Lionel, New Light on Maritime Loans, in: Zeitschrift für Papyrologie und Epigraphik 84 (1990), S. 195-206.

CHANKOWSKI, Veronique, Le sanctuaire d'Apollon et le marché délien: une lecture des prix dans les comptes des hiéropes, in: Andreau, Jean, Briant, Pierre, Descat, Raymond (Hgg.), Économie antique. Prix et formation des prix dans les économies antiques. Entretiens d'archéologie et d'histoire, Saint-Bertrand-de-Comminges 1997, S. 74-89.

CHANKOWSKI, Veronique, Athènes et Délos à l'époque classique. Recherches sur l'administration du sanctuaire d'Apollon délien, Athen 2008.

CHRIST, Matthew R., The Evolution of the Eisphora in Classical Athens, in: The Classical Quarterly 57,1 (2007), S. 53-69.

COHEN, Edward E., Ancient Athenian Maritime Courts, Princeton 1973.

COHEN, Edward, Commercial Lending by Athenian Banks: Cliometric Fallacies and Forensic Methodology, in: Classical Philology 85 (1990), S. 177–190.

COHEN, Edward, Athenian Economy and Society. A Banking Perspective, Princeton 1992.

CRAMME, Stefan, Die Bedeutung des Euergetismus für die Finanzierung städtischer Aufgaben in der Provinz Asia, Köln 2001.

CROSBY, Margaret, The Leases of the Laureion Mines, in: Hesperia 19 (1950), S. 189-312.

CVETLER, Jiří, Daneion und Chresis, in: Zeitschrift der Savigny-Stiftung für Rechtsgeschichte 55 (1935), S. 275-277.

DARESTE, Rodolphe, Une loi éphesienne du premier siècle avant notre ère, in: Nouvelle revue historique de droit français et étranger (1877), S. 161-178.

DAVIES, John K., The Date of IG ii² 1609, in: Historia: Zeitschrift für Alte Geschichte 19 (1969), S. 309-333.

DAVIES, John K., Temples, Credit, and the Circulation of Money, in: Meadows, Andrew, Shipton, Kirsty (Hgg.), Money and its Uses in the Ancient Greek World, Oxford 2001, S. 117-128.

DEMETRIOU, Denise, Negotiating Identity in the Ancient Mediterranean. The Archaic and Classical Greek Multiethnic Emporia, Cambridge 2012.

EICH, Armin, Die politische Ökonomie des antiken Griechenland, Köln u. a. 2006.

EICH, Armin, Editionswissenschaft und antike Epigraphik, in: Eich, Armin (Hg.), Inschriften edieren und kommentieren, Beihefte zu editio, Berlin 2022, S.1- 24.

EICH, Armin, Geld, Kredit und Banken, in: Reden, Sitta von, Ruffing, Kai (Hgg.), Handbuch Antike Wirtschaft, Berlin/Boston 2023, S. 459-484.

ENGEN, Darel Tai, Honor and Profit: Athenian Trade Policy and the Economy and Society of Greece, 415-307 B.C.E., Ann Arbor 2010.

ERXLEBEN, Eberhard, Das Kapital der Bank des Pasion und das Privatvermögen des Trapeziten, in: Klio 55 (1973), S. 117-134.

FELSCH, Rainer, SIEWERT, Peter, Inschriften aus dem Heiligtum von Hyampolis bei Kalapodi, in: Archäologischer Anzeiger 1987, S. 681-687.

FINCKH, Helmut Ernst, Das Zinsrecht der gräko-ägyptischen Papyri, Erlangen/Nünberg 1962.

FINE, John V. A., Horoi. Studies in Mortgage, Real Security, and Land Tenure in Ancient Athens, Athen 1951.

FINLEY, Moses, ἔμπορος, ναύκληρος and κάπηλος: A Prolegomena to the Study of Athenian Trade, in: Classical Philology 30, 4 (1935), S. 320-336.

FINLEY, Moses I., Studies in Land and Credit in Ancient Athens. 500–200 B. C. The Horos-Inscriptions, New Brunswick/New Jersey 1951.

FINLEY, Moses, The Ancient Economy, Berkeley/Los Angeles 1973.

FINLEY, Moses I., Die Schuldknechtschaft, in: Kippenberg, Hans G. (Hg.), Seminar: Die Entstehung der antiken Klassengesellschaft, Frankfurt am Main 1977, S. 173-204.

FINLEY, Moses I., The Legacy of Greece: A new Appraisal, Oxford 1981.

FLAMENT, Christophe, Une économie monétarisée: Athènes à l'étude du phénomène monétaire en Grèce ancienne, Namur 2007.

GABRIELSEN, Vincent, Financing the Athenian Fleet. Public Taxation and Social Relations, Baltimore/London 1994.

GAUTHIER, Philippe, Nouvelles récoltes et grain nouveau: à propos d'une inscription de Gazarôs, in: Bulletin de Correspondance Hellénique 111 (1987), 413-418.

HANSEN, Mogens H., Solonian Democracy in Fourth-Century Athens, in: Connor, Robert (Hg.), Aspects of Athenian Democracy, Kopenhagen 1990, S. 71-99.

HARDING, Phillip, Androtion's Political Career, in: Historia: Zeitschrift für Alte Geschichte 25,2 (1976), S. 186-200.

HARTMANN, Elke, Frauen in der Antike. Weibliche Lebenswelten von Sappho bis Theodora, München 2007.

HARRIS, Edward M., Women and Lending in Athenian Society. A "Horos" Re-Examined, in: Phoenix 46, 4 (1992), S. 309-321.

HARRISON, Alick R. W., The Law of Athens. The Family and Property, Oxford 1968.

HASEBROEK, Johannes, Zum griechischen Bankwesen der klassischen Zeit, in: Hermes 55 (1920), S. 113-173.

HASEBROEK, Johannes, Staat und Handel im alten Griechenland. Untersuchungen zur antiken Wirtschaftsgeschichte, Hildesheim 1966.

HEBERDEY, Rudolf, Forschungen in Ephesos II, Wien 1912.

HICKS, Edward L., The Collection of Ancient Greek Inscriptions in the British Museum, Part III, Chapter III: Ephesos, Oxford 1890.

HILLGRUBER, Michael, Die zehnte Rede des Lysias. Einleitung, Text und Kommentar mit einem Anhang über die Gesetzesinterpretation bei den attischen Rednern, Berlin/New York 1988.

HORSTER, Marietta, Landbesitz griechischer Heiligtümer in archaischer und klassischer Zeit, Berlin 2004.

HOWGEGO, Christopher, Geld in der Antiken Welt. Eine Einführung, Darmstadt 2011[2].

HUDSON, Michael, Did the Phoenicians Introduce the Idea of Interest to Greece and Italy – And If So, When?, in: Kopcke, Günter, Tokumaru, Isabelle (Hgg.), Greece between East and West: 10th–8th centuries BC. Papers of the Meeting at the Institute of Fine Arts, New York University, March 15–16th, 1990, Mainz 1992, S. 128–143.

HUDSON, Michael, How Interest Rates Were Set, 2500 BC–1000 AD: Máš, tokos and fœnus as Metaphors for Interest Accruals, in: Journal of the Economic and Social History of the Orient 43,2 (2000), S. 132–161.

ISAGER, Signe, HANSEN, Mogens H., Aspects of Athenian Society in the Fourth Century, Odense 1975.

KALLET-MARX, Lisa, Money, Expense and Naval Power in Thucydides' History 1-5.24, Berkeley/Los Angeles 1993.

KALLET, Lisa, Money and the Corrosion of Power in Thucydides. The Sicilian Expedition and Its Aftermath, Berkeley/Los Angeles/London 2001.

KALTSAS, Demokritos, Dokumentarische Papyri des 2. Jh. v. Chr. aus dem Herakleopolites, Heidelberg 2001.

KARWIESE, Stefan, Groß ist die Artemis von Ephesos. Die Geschichte einer der größten Städte der Antike, Wien 1995.

KNORRINGA, Heiman, Emporos: Data on Trade and Traders in Greek Literature from Homer to Aristotle, Amsterdam 1926.

KÖHLER, Ulrich, Hypothekensteine aus Sparta, in: Mittheilungen des Deutschen archäologischen Institutes in Athen 2 (1877).

KORVER, Johannes, Demosthenes gegen Aphobos, in: Mnemosyne 10,1 (1941) S. 8-22.

KÜHNERT, Hanno, Zum Kreditgeschäft in den hellenistischen Papyri Ägyptens bis Diokletian, Freiburg im Breisgau 1965.

LAMBERT, Stephen D., Ten Notes on Attic Inscriptions, in: Zeitschrift für Papyrologie und Epigraphik 135 (2001), S. 51-62.

LAUFFER, Siegfried, Die Bergwerkssklaven von Laureion, Wiesbaden 1979[2].

LEESE, Michael, Making Money in Ancient Athens, Ann Arbor 2021.

LEFÈVRE, François, PILLOT, William, La confédération d'Athéna Ilias. Administration et pratiques financières, in: Revue des Études Grecques 128,1 (2015) S. 1-27.

LE RIDER, Georges, La naissance de la monnaie. Pratiques monétaires de l'Orient ancien, Paris 2001.

LOHMANN, Hans, Plotheia, in: DNP 9 (2003), Sp. 1145.

LOTZE, Detlef, Grundbesitz- und Schuldverhältnisse im vorsolonischen Attika, in: Lotze, Detlef (Hg.), Bürger und Unfreie im vorhellenistischen Griechenland, Stuttgart 2000. S. 49-55.

MAIER, Günther, Eranos als Kreditinstitut, Erlangen 1969.

MEADOWS, Andrew, SHIPTON, Kirsty (Hgg.), Money and its Uses in the Ancient Greek World, Oxford/New York 2001.

MEIER, Mischa, Die athenischen Hektemoroi – eine Erfindung?, in: Historische Zeitschrift 292 (2012), S. 1-29.

MEIGGS, Russel, Trees and Timber in the Ancient Mediterranean World, Oxford 1982.

MEISTER, Klaus, Androtion, in: DNP 1 (2003), Sp. 696.

MERITT, Benjamin D., The Athenian Calendar in the Fifth Century, Cambridge, Massachusetts 1928.

MERITT, Benjamin D., Athenian Financial Documents of the fifth Century, Ann Arbor 1932.

MERITT, Benjamin D., WADE-GERY, Henry T., MCGREGOR, Malcom F., The Athenian Tribute Lists, 4 Bde., Athen 1939-1953.

MIGEOTTE, Léopold, L'emprunt public dans les cités grecques. Recueil des documents et analyse critique, Québec/Paris 1984.

MIGEOTTE, Léopold, Les Finances des cités grecques aux périodes classique et hellénistique, Paris 2014.

MILLETT, Paul, Maritime Loans and the Structur of Credit in fourth-century Athens, in: Garnsey, Peter (Hg.), Trade in the ancient economy, London 1983.

MILLETT, Paul, Lending and Borrowing in Ancient Athens, Cambridge 1994.

MORLEY, Neville, Trade in Classical Antiquity, Cambridge 2007.

OSBORNE, Robin, RHODES, Peter J., Greek Historical Inscriptions 478-404 BC, Oxford 2017.

PLATNER, Eduard, Der Process und die Klagen bei den Attikern, Bd. 2, Darmstadt 1825.

PRINGSHEIM, Fritz, The Greek Law of Sale, Weimar 1950.

PRITCHARD, David M., Costing Festivals and War: Spending Priorities of the Athenian Democracy, in: Historia: Zeitschrift für Alte Geschichte 61 (2012), S. 18-64.

PRITCHARD, David M., Athenian Democracy at War. Cambridge, Cambridge 2019.

PRITCHETT, William Kendrick, NEUGEBAUER, Otto, The Calendars of Athens, Cambridge, Massachusetts 1947.

PRITCHETT, William Kendrick, Ancient Athenian Calendars on Stone, Berkeley 1963.

RAMELET, Denis, Le prêt à intérêt dans l'Antiquité préchrétienne: Jérusalem, Athènes, Rome. Étude juridique, philosophique et historiographique, Genf 2014.

REDEN, Sitta von, Antike Wirtschaft, Berlin/Boston 2015.

ROUSSET, Denis, Épigrahie grecque et géographie historique du monde hellénique, in: Annuaire de l'École pratique des hautes études (EPHE), Section des sciences historiques et philologiques. Résumés des conférences et travaux 149 (2018), S. 96-101.

RUPPRECHT, Hans-Albert, Untersuchungen zum Darlehen im Recht der graeco-aegyptischen Papyri der Ptolemäerzeit, München 1967.

RUPPRECHT, Hans-Albert, Zwangsvollstreckung und dingliche Sicherung in den Papyri der ptolemäischen und römischen Zeit, in: Symposion 1995. Vorträge zur griechischen und hellenistischen Rechtsgeschichte, Köln/Weimar/Wien 1997.

RUSCHENBUSCH, Eberhard, Solonos Nomoi. Die Fragmente des solonischen Gesetzeswerkes mit einer Text- und Überlieferungsgeschichte, Wiesbaden 1966.

RUSCHENBUSCH, Eberhard, Solon: Das Gesetzeswerk – Fragmente. Übersetzung und Kommentar, hrsg. von Klaus Bringmann, Stuttgart 2010.

SAMONS, Loren J., Empire of the Owl. Athenian Imperial Finance, Stuttgart 2000.

SCAFURO, Adele C., Identifying Solonian Laws, in: Block, Josine H./ Lardinois, André P. M. H. (Hgg.), Solon of Athen. New Historical and Philological Approaches, Leiden/Boston 2006, S. 175-196.

SCHEIBELREITER, Philipp, Der „ungetreue“ Verwahrer. Eine Studie zur Haftungsbegründung im griechischen und frühen römischen Depositenrecht, München 2020.

SCHMITZ, Winfried, Darlehen, in: DNP 3 (2003), Sp. 326-329.

SCHMITZ, Winfried, Nautikon daneion, in: DNP 8 (2003), Sp. 759-760.

SCHUSTER, Stephan, Das Seedarlehen in den Gerichtsreden des Demosthenes, Berlin 2005.

SIEVEKING, Heinrich, Das Seedarlehen des Altertums, Leipzig 1893

STANLEY, Philip V., Ancient Greek Markets. Regulations and Controls, Berkeley. 1976.

SZANTO, Emil, Untersuchungen über das attische Bürgerrecht, Wien 1881.

SZLECHTER, Émile, Le prêt dans l’Ancien testament et dans les Codes mésopotamiens d’avant Hammourabi, in: Revue d’Histoire et de Philosophie religieuses 35,1 (1955), S.16-25.

TERPSTRA, Taco, Trade in the Ancient Mediterranean: Private Order and Public Institutions, Princeton 2019.

THALHEIM, Theodor, Griechische Rechtsaltertümer, Freiburg im Breisgau/Leipzig 1895[4].

THOMPSON, Wesley E., A View of Athenian Banking, in: Museum Helveticum 36, 4 (1979), S. 224-241.

THOMSEN, Christian A., The Eranistai of Classical Athens, in: Greek, Roman and Byzantine Studies 55, 1 (2015), S. 154-175.

THÜR, Gerhard, Armut, in: Simon, Dieter (Hg.), Eherecht und Familiengut in Antike und Mittelalter, München 1992, S. 121-132.

THÜR, Gerhard, Eranos, in: DNP 4 (2003), Sp. 40.

THÜR, Gerhard, Proix, in: DNP 10 (2003), Sp. 379-380.

TREVETT, Jeremy, Apollodoros the Son of Pasion, Oxford 1992.

VÉRILHAC, Anne-Marie, VIAL, Claude, Le mariage grec du vie siècle av. J.-C. à l'époque d'Auguste, Paris 1998.

VONDELING, Johannes, Eranos. Groningen 1961.

WAGNER-HASEL, Beate, Hektemoroi: Kontraktbauern, Schuldknechte oder abgabenpflichtige Bauern?, in: Ruffing, Kai, Dross-Krüpe, Kerstin (Hgg.), Emas non quod opus est, sed quod necesse est: Beiträge zur Wirtschafts-, Sozial-, Rezeptions- und Wissenschaftsgeschichte der Antike: Festschrift für Hans-Joachim Drexhage zum 70. Geburtstag, Wiesbaden 2018, S. 295-308.

WALSER, Andreas V., Bauern und Zinsnehmer. Politik, Recht und Wirtschaft im frühhellenistischen Ephesos, München 2008.

WANKEL, Hermann, Die Inschriften von Ephesos I, Bonn 1979.

WARNKING, Pascal, Lakritos? Schuldig! Neue Beweise für einen Betrug bei einem ναυτικόν δάνειον, in: Marburger Beiträge zur antiken Handels-, Wirtschafts- und Sozialgeschichte 35 (2017), S. 175-206.

WELLES, C. Bradfort, Royal Correspondence in the Hellenistic Period: a Study in Greek Epigraphy, New Haven 1934.

WELWEI, Karl-Wilhelm, Athen – Vom neolitischen Siedlungsplatz zur archaischen Großpolis, Darmstadt 1992.

WHITEHEAD, David, The Demes of Attica. 508/7 – ca. 250 B.C. A Political and Social Study, Princeton 1986.

WHITEHEAD, David, Women and Naturalization in Fourth-Century Athens: The Case of Archippe, in: The Classical Quarterly 36 (1986), S. 109-114.

WILL, Wolfgang, Demosthenes, Darmstadt 2013.

WOLFF, Hans Julius, Προίξ, in: RE, XLV (1957), Sp. 133-170.

Wood, John T., Discoveries at Ephesus, including the Site and Remains of the Great Temple of Diana, London 1877.

Indices

1. Literarische Quellen

2. Inschriften

3. Orte

4. Namen

5. Thematischer Index